Subsidiarität der Lebendorganspende

Recht und Medizin

Herausgegeben von den Professoren
Dr. Erwin Deutsch (†), Dr. Bernd-Rüdiger Kern, Dr. Thorsten Kingreen,
Dr. Adolf Laufs (†), Dr. Hans Lilie, Dr. Hans-Ludwig Schreiber,
Dr. Andreas Spickhoff

Bd./Vol. 127

*Zur Qualitätssicherung und Peer
Review der vorliegenden Publikation*

Die Qualität der in dieser Reihe
erscheinenden Arbeiten wird
vor der Publikation durch
Herausgeber der Reihe geprüft.

*Notes on the quality assurance
and peer review of this publication*

Prior to publication,
the quality of the work
published in this series
is reviewed by editors of the series.

Rainer Hellweg

Subsidiarität der Lebendorganspende

Bibliografische Information der Deutschen Nationalbibliothek
Die Deutsche Nationalbibliothek verzeichnet diese Publikation
in der Deutschen Nationalbibliografie; detaillierte bibliografische
Daten sind im Internet über http://dnb.d-nb.de abrufbar.

Zugl.: Halle-Wittenberg, Univ., Diss., 2016

Gedruckt auf alterungsbeständigem,
säurefreiem Papier.

3
ISSN 0172-116X
ISBN 978-3-631-67636-3 (Print)
E-ISBN 978-3-653-07011-8 (E-PDF)
E-ISBN 978-3-631-70927-6 (EPUB)
E-ISBN 978-3-631-70928-3 (MOBI)
DOI 10.3726/b10460

© Peter Lang GmbH
Internationaler Verlag der Wissenschaften
Frankfurt am Main 2017
Alle Rechte vorbehalten.
PL Academic Research ist ein Imprint der Peter Lang GmbH.

Peter Lang – Frankfurt am Main · Bern · Bruxelles · New York ·
Oxford · Warszawa · Wien

Diese Publikation wurde begutachtet.

www.peterlang.com

Mit herzlichem Dank für die Unterstützung und
in Liebe für Susan, Paula, Emil und Clara.

Inhaltsverzeichnis

Literaturverzeichnis

Ach, Johann S.: Anmerkungen zur Ethik einer Organtransplantation. In: Marcus Düwell/Klaus Steigleder [Hrsg.], Bioethik, Eine Einführung, Frankfurt am Main 2003, Seiten 276–283, (zitiert: Ach in Düwell/Steigleder, Bioethik).

Ach, Johann S./Marckmann, Georg: Einführung zur Transplantationsmedizin. In: Urban Wiesing [Hrsg.], Ethik in der Medizin, Ein Studienbuch, unter Mitarbeit von Johann S. Ach, Matthias Bormuth und Georg Marckmann, 2. Auflage, Stuttgart 2004, Seiten 294–302, (zitiert: Ach/Marckmann in Wiesing, Ethik in der Medizin).

Alpmann Brockhaus: Studienlexikon Recht, 4. Auflage, herausgegeben von Annegerd Alpmann-Pieper, Josef A. Alpmann, Rolf Krüger und Horst Wüstenbecker, München 2014.

Augsberg, Steffen: Anmerkung zum Urteil des LG Essen vom 11.01.2007 – Az.: 1 O 312/07. In: GesR 2/2009, Seite 78.

Baumann, Eva: Organspende unter Lebenden: Über den Vorrang der Missbrauchsverhütung. In: Ethik in der Medizin 10 (1998), Seiten 43–44.

Beauchamp, Tom L./Childress, James F.: Principles of Biomedical Ethics, 2. Auflage, Oxford 1983.

Bickeböller, Ralf: Grundzüge einer Ethik der Nierentransplantation, Ärztliche Praxis im Spannungsverhältnis von pragmatischer Wissenschaftstheorie, anthropologischen Grundlagen und gerechter Mittelverteilung zugleich: Habilitationsschrift, von der Universität Frankfurt am Main 1998 angenommen, Münster 2000, (zitiert: Bickeböller, Grundzüge einer Ethik der Nierentransplantation).

Bickeböller, Ralf/Gossmann, J./Kramer, W./Scheuermann, E. H.: „Sich in besonderer Verbundenheit offensichtlich nahestehen", Eine Interpretation des Gesetzestextes zur Lebendnierenspende im Sinne der personalen Freundschaft. In: Zeitschrift für medizinische Ethik 44 (1998), Seiten 325–333 (zitiert: Bickeböller/Gossmann/Kramer/Scheuermann, Zeitschrift für medizinische Ethik 44 (1998), 325).

Biller-Andorno, Nikola, Schauenburg, Henning: Vulnerable Spender, Eine medizinethische Studie zur Praxis der Lebendorganspende. In: Ethik in der Medizin 15 (2003), Seiten 25–35.

Birnbacher, Dieter: Organtransplantation – Stand der ethischen Debatte. In: Gerd Brundermüller/Kurt Seelmann [Hrsg.], Organtransplantation, mit Beiträgen von Dieter Birnbacher, Kurt Seelmann, Johann S. Ach, Bernd Pohlmann-Eden u.a., Würzburg 2000, Seiten 13–27.

Blaeser-Kiel, Gabriele: Erfahrungen mit der Lebendspende. In: Deutsches Ärzteblatt 100 (2003), Seiten A 3214–A 3216.

Bock, Nadine: Rechtliche Voraussetzungen der Organentnahme von Lebenden und Verstorbenen: Eine juristische Untersuchung, basierend auf den medizinischen Grundlagen der Organtransplantation, unter besonderer Berücksichtigung der aktuellen rechtspolitischen und rechtsethischen Diskussion, zugleich: Jur. Diss., von der Universität Köln 1998 angenommen, Frankfurt am Main 1999.

Breyer, Friedrich/van den Daele, Wolfgang/Engelhard, Margret/Gubernatis, Gundolf/ Kliemt, Hartmut/Kopetzki, Christian/Schlitt, Hans Jürgen/Taupitz, Jochen: Organmangel – Ist der Tod auf der Warteliste unvermeidbar?, Berlin, Heidelberg 2006.

Doehring, Karl: Die Gesunderhaltung des Menschen im Spannungsverhältnis zwischen Staatsfürsorge und Individualentscheidung. In: Walther Fürst/ Roman Herzog/Dieter C. Umbach [Hrsg.], Festschrift für Wolfgang Zeidler, Band 2, mit Beiträgen von Hartmut Schiedermair, Hans-Jochen Vogel, Catherine Mary King, Joachim Rottmann u.a., Berlin, New York 1987, Seiten 1553–1566.

Dörner, Klaus: Der gute Arzt, Lehrbuch der ärztlichen Grundhaltung, 2. Auflage, Stuttgart 2003.

DSO Jahresbericht 2014: Organspende und Transplantation in Deutschland, Jahresbericht 2014, herausgegeben von der DSO (Deutsche Stiftung Organtransplantation), Frankfurt/Main 2015.

Düwell, Markus: Utilitarismus und Bioethik: Das Beispiel von Peter Singers Praktischer Ethik. In: Marcus Düwell/Klaus Steigleder [Hrsg.], Bioethik, Eine Einführung, Frankfurt am Main 2003, Seiten 57–71.

Dworkin, Gerald: Paternalism. In: Rolf Sartorius [Hrsg.], Paternalism, Minneapolis 1983, Seiten 19 ff..

Dworkin, Ronald: Die Grenzen des Lebens – Abtreibung, Euthanasie und persönliche Freiheit, Reinbeck 1994.

Edelmann, Hervé: Ausgewählte Probleme bei der Organspende unter Lebenden. In: VersR 1999, Seiten 1065–1069.

Egenter, Richard: Die Organtransplantation im Lichte der biblischen Ethik. In: Franz Böckle/Franz Groner [Hrsg.], Moral zwischen Anspruch und Verantwortung, Festschrift für Werner Schöllgen, Düsseldorf 1964, Seiten 142–153.

Eibach, Ulrich: Organspende von Lebenden: Auch unter Fremden ein Akt der „Nächstenliebe"?. In: Zeitschrift für medizinische Ethik, 45 (1999), Seiten 217–231.

Eigler, Friedrich Wilhelm: Das Problem der Organspende vom Lebenden. In: Deutsche Medizinische Wochenschrift 122 (1997), Seiten 1398–1401.

Enderlein, Wolfgang: Rechtspaternalismus und Vertragsrecht, München 1996.

Epping, Volker: Grundrechte, 6. Auflage, Heidelberg, Dordrecht, London, New York 2014.

Esser, Dirk: Verfassungsrechtliche Aspekte der Lebendspende von Organen zu Transplantationszwecken, Jur. Diss., von der Justus-Liebig-Universität Gießen 2000 angenommen.

Fateh-Moghadam, Bijan: Die Einwilligung in die Lebendorganspende, Die Entfaltung des Paternalismusproblems im Horizont differenter Rechtsordnungen am Beispiel Deutschlands und Englands, München 2008.

Feinberg, Joel: Legal Paternalism. In: Rolf Sartorius [Hrsg.], Paternalism, Minneapolis 1983, Seiten 3 ff..

Forst, Rainer: Kontexte der Gerechtigkeit: Politische Philosophie jenseits von Liberalismus und Kommunismus, Frankfurt am Main 1994.

Frewer, Andreas: Moral und Ethik in der Medizin – Grundlagen und Grundmodelle ärztlichen Handelns. In: Andreas Frewer/Rolf Winau [Hrsg.], Grundkurs Ethik in der Medizin, Band 1: Geschichte und Theorie der Ethik in der Medizin, mit Beiträgen von Dietrich von Engelhardt, Andreas Frewer, Giovanni Maio, Richard Toellner u.a., Erlangen, Jena 1997, Seiten 63–86.

Fritz, Annette: Zivilrechtliche Ersatzansprüche nach Organentnahme vom lebenden und toten Spender, zugleich: Jur. Diss., von der Universität Tübingen 2003 angenommen, Frankfurt am Main 2003.

Furger, Franz: Ethik der Lebensbereiche, Freiburg 1985.

Gahl, Klaus: Beziehung zwischen Arzt und Patient. In: Winfried Kahlke/Stella Reiter-Theil [Hrsg.], Ethik in der Medizin, mit Beiträgen von Klaus Gahl, Fanz-Josef Illhardt, Günther Patzig, Helmut Piechowiak u.a., Stuttgart 1995, Seiten 23–33.

Gethmann, Carl Friedrich: Ist die Anwendung utilitärer Kriterien bei der Lebendorganspende ethisch erlaubt?. In: Christian Rittner/Norbert W. Paul [Hrsg.], Ethik der Lebendorganspende, Beiträge des Symposiums in der Akademie der Wissenschaften und der Literatur, Mainz, vom 11. September 2004, unter Mitarbeit von Gertrud Greif-Higer und Paul Schölmerich, Basel 2005, Seiten 147–162.

Gründel, Johannes: Ethische Probleme bei Lebendspende von Organen. In: Urban Wiesing [Hrsg.], Ethik in der Medizin, Ein Studienbuch, unter Mitarbeit von Johann S. Ach, Matthias Bormuth und Georg Marckmann, 2. Auflage, Stuttgart 2004, Seiten 315–318.

Gutmann, Thomas: Für ein neues Transplantationsgesetz, Eine Bestandsaufnahme des Novellierungsbedarfs im Recht der Transplantationsmedizin, Berlin, Heidelberg, New York 2006, (zitiert: Gutmann, Für ein neues Transplantationsgesetz).

Gutmann, Thomas: Gesetzgeberischer Paternalismus ohne Grenzen?, Zum Beschluss des Bundesverfassungsgerichts zur Lebendspende von Organen. In: NJW 1999, Seiten 3387–3389, (zitiert: Gutmann, NJW 1999, 3387).

Gutmann, Thomas: Medizinische Ethik und Organtransplantation. In: Ethik in der Medizin 10 Supplement 1 (1998), Seiten 58–67, (zitiert: Gutmann, Ethik in der Medizin 10 Supplement 1 (1998), 58).

Gutmann, Thomas: Probleme einer gesetzlichen Regelung der Lebendspende von Organen. In: MedR 1997, Seiten 147–155, (zitiert: Gutmann, MedR 1997, 147).

Gutmann, Thomas: Rechtsphilosophische Aspekte der Lebendspende von Nieren. In: Zeitschrift für Transplantationsmedizin 5 (1993), Seiten 75–87, (zitiert: Gutmann, Zeitschrift für Transplantationsmedizin 5 (1993), 75).

Gutmann, Thomas: Zur philosophischen Kritik des Rechtspaternalismus. In: Ulrich Schroth/Klaus A. Schneewind/Thomas Gutmann/Bijan Fateh-Moghadam, Patientenautonomie am Beispiel der Lebendorganspende, mit Beiträgen von Klaus A. Schneewind, Ursula Sedlmayer, Markus Schaer, Maximilian Riederer u.a., Göttingen 2006, Seiten 189–277, (zitiert: Gutmann in Schroth/Schneewind/Gutmann/Fateh-Moghadam, Patientenautonomie am Beispiel der Lebendorganspende).

Gutmann, Thomas/Schroth, Ulrich: Organlebendspende in Europa, Rechtliche Regelungsmodelle, ethische Diskussion und praktische Dynamik, unter Mitarbeit von Daniela Baur, Berlin, Heidelberg, New York 2002, (zitiert: Gutmann/Schroth, Organlebendspende in Europa).

Gutmann, Thomas/Schroth, Ulrich: Rechtliche und ethische Aspekte der Lebendspende von Organen. In: Fuat S. Oduncu/Ulrich Schroth/Wilhelm Vossenkuhl [Hrsg.], Transplantation, Organgewinnung und -allokation, Göttingen 2003, Seiten 271–290, (zitiert: Gutmann/Schroth in Oduncu/Schroth/Vossenkuhl, Transplantation).

Harborth, Silke: Einfluss psychosozialer Faktoren auf Einstellungen zur Organspende in der Bevölkerung. Med. Diss., von der Medizinischen Hochschule Hannover 2001 angenommen.

Hassan, N. et al.: Long-Term Consequences of Kidney Donation. In: New England Journal of Medicine 360 (2009), Seiten 459–469.

Heck, G. et al.: Psychological effects of living related kidney transplantation – risks and chances. In: Clinical Transplantation 18 (2004), Seiten 716–721.

Heene, Dieter Ludwig: Ärztliches Selbstverständnis und ärztliches Handeln. In: Axel W. Bauer [Hrsg.], Medizinische Ethik am Beginn des 21. Jahrhunderts, Theoretische Konzepte – Klinische Probleme – Ärztliches Handeln, mit Beiträgen von H. Baitsch, A. W. Bauer, H. J. Bender, U. Bleyl u.a., Heidelberg, Leipzig 1998, Seiten 155–164.

Hellweg, Rainer/Beitz, Ulrike: Recht der Transplantations- Transfusions- und Reproduktionsmedizin. In: Michael Terbille/Tilman Clausen/Jörn Schroeder-Printzen [Hrsg.], Münchener Anwaltshandbuch Medizinrecht, 2. Auflage, München 2013, Seiten 1105–1160, (zitiert: Hellweg/Beitz in Terbille/Clausen/Schroeder-Printzen, Münchener Anwaltshandbuch Medizinrecht).

Hellweg, Rainer/Clausen, Tilman: Versorgungssituation des Lebendspenders: die Rechtslage. In: Gesundheitsdienst 4/2010, Seite 6, (zitiert: Hellweg/Clausen, Gesundheitsdienst 4/2010).

Hillgruber, Christian: Der Schutz des Menschen vor sich selbst, zugleich: Jur. Diss., von der Universität Köln 1991 angenommen, München 1992.

Hirte, Ingrid/Stötzner, Christiane: Einstellungen und Informationsstand zur Nierenlebendspende bei Patienten mit Nierenersatztherapie und ihren Angehörigen. In: Hans-Werner Künsebeck/Fritz A. Muthny [Hrsg.], Einstellungen zur Organspende und ihre klinische Relevanz, Lengerich 2000, Seiten 85–98.

Höfling, Wolfram [Hrsg.]: Kommentar zum Transplantationsgesetz (TPG), 2. Auflage, bearbeitet von Steffen Augsberg, Klaus Bernsmann, Daniela Bulach, Frank Czerner u.a., Berlin 2013, (zitiert: Bearbeiter in Höfling).

Hofer, Pascal: Das Recht der Transplantationsmedizin in der Schweiz – Rechtsdogmatische, rechtspolitische und rechtsvergleichende Aspekte, zugleich: Jur. Diss., von der Universität Köln 2005/2006 angenommen, Berlin 2006.

Hohmann, Elmar Sebastian: Das Transplantationswesen in Deutschland, Österreich und der Schweiz, zugleich: Jur. Diss., von der Leopold-Franzens-Universität Innsbruck 2002/2003 angenommen, Frankfurt am Main 2003.

Hohmann, Ralf/Matt, Holger: Ist die Strafbarkeit der Selbstschädigung verfassungswidrig? – BGH, NJW 1992, 2975. In: JuS 1993, Seiten 370–374.

Holznagel, Bernd/Holznagel, Ina: Sicherheit, Transparenz und Kontrollierbarkeit – Ein Überblick über die Feststellung des Todes, die Frage der Einwilligung, die Lebendspende und den Organhandel. In: Deutsches Ärzteblatt 95 (1998), Seiten A 1718–A 1722.

Holznienkemper, Thomas: Organspende und Transplantation und ihre Rezension in der Ethik der abrahamitischen Religionen, zugleich: Diss., von der Universität Münster 2003 angenommen, Münster 2005.

Honnefelder, Ludger: Die ethische Entscheidung im ärztlichen Handeln, Einführung in die Grundlagen der medizinischen Ethik. In: Ludger Honnefelder/

Günter Rager [Hrsg.], Ärztliches Urteilen und Handeln, Zur Grundlegung einer medizinischen Ethik, mit Beiträgen von Günter Rager, Ludger Honnefelder, Johannes Dichgans, Hermann Hepp u.a., Frankfurt am Main, Leipzig 1994, Seiten 135–190.

Hopf, Günter: Aktuelle Probleme der Lebendorganspende: Sind weniger Beschränkungen angesichts des Mangels an Organen wünschenswert? – Ergebnisse zweier Expertenbefragungen. In: Rheinisches Ärzteblatt 10/2005, Seiten 20–22.

Illhardt, Franz Josef: Medizinische Ethik, Ein Arbeitsbuch, unter Mitarbeit von Hans-Georg Koch, Berlin, Heidelberg, New York, Tokio 1985.

Isotani, S. et al.: Quality of Life of Living Kidney Donors: The Short-Form 36-Item Health Questionnaire Survey. In: Urology 60 (2002), Seiten 588–592.

Joerden, Jan C.: Die geplante Transplantation: Ein ethisch akzeptabler Fall des Klonens?. In: Jan C. Joerden/Josef N. Neumann [Hrsg.], Medizinethik 1, mit Beiträgen von Josef N. Neumann, Gunnar Berg, Dariusz Dolinski, André den Exter u.a., Frankfurt am Main 2000, Seiten 101–111.

Johannes Paul II.: Enzyklika „Evangelium vitae", 1995.

Johnson, E.M. et al.: Complications and risks of living donor nephrectomy. In: Transplantation 64 (1997), Seiten 1124–1128, (zitiert: Johnson et al., Transplantation 64 (1997), 1124).

Johnson, E.M. et al.: Long-term follow-up of living kidney donors: quality of life after donation. In: Transplantation 67 (1999), Seiten 717–721, (zitiert: Johnson et al., Transplantation 67 (1999), 717).

Jonas, Hans: Das Prinzip Verantwortung, Versuch einer Ethik für die technologische Zivilisation, Frankfurt am Main 2003.

Joo, Ho-No: Organtransplantation und Strafrecht, zugleich: Jur. Diss., von der Universität Marburg 2004 angenommen, Frankfurt am Main 2005.

Kalitzkus, Vera: Leben durch den Tod, Die zwei Seiten der Organtransplantation, Eine medizinethnologische Studie, Frankfurt/Main 2003.

Kecke, Ariane: Wie beeinflussen Ängste und Einstellungen hinsichtlich Tod, Religion und Altruismus die Organspendebereitschaft?. Med. Diss., von der Medizinischen Hochschule Hannover 2005 angenommen.

Kirste, Günter: Lebendspendetransplantation – Hoffnung für viele!. In: Zentralblatt für Chirurgie 124 (1999), Seiten 716–717, (zitiert: Kirste, Zentralblatt für Chirurgie 124 (1999), 716).

Kirste, Günter: Vorstellung und Diskussion der Richtlinien der Bundesärztekammer zur Lebendspende. In: Günter Kirste [Hrsg.], Nieren-Lebendspende, Rechtsfragen und Versicherungsregelungen für Mediziner, Band 2, Lengerich 2000, Seiten 35–44, (zitiert: Koch in Kirste, Nieren-Lebendspende, Band 2).

Klinkhammer, Gisela: „Das Gesetz muss reanimiert werden". In: Deutsches Ärzteblatt 99 (2002), Seiten A 2241–A 2243.

Knessl, Jürg: Medizinische Ethik aus heutiger Sicht, herausgegeben von T. Graf-Baumann, Basel, Boston, Berlin 1989.

Koch, Hans-Georg: Aktuelle Rechtsfragen der Lebend-Organtransplantation. In: Günter Kirste [Hrsg.], Nieren-Lebendspende, Rechtsfragen und Versicherungsregelungen für Mediziner, Band 1, Lengerich 2000, Seiten 49–68, (zitiert: Koch in Kirste, Nieren-Lebendspende, Band 1).

Koch, Hans-Georg: Rechtsfragen der Organübertragung vom lebenden Spender. In: Zentralblatt für Chirurgie 124 (1999), Seiten 718–724, (zitiert: Koch, Zentralblatt für Chirurgie 124 (1999), 718).

Köbler, Gerhard: Etymologisches Rechtswörterbuch, Tübingen 1995.

Krämer, Bernhard K.: Herausforderung bei der Lebendorganspende aus Sicht der DTG. In: Christian Rittner/Norbert W. Paul [Hrsg.], Ethik der Lebendorganspende, Beiträge des Symposiums in der Akademie der Wissenschaften und der Literatur, Mainz, vom 11. September 2004, unter Mitarbeit von Gertrud Greif-Higer und Paul Schölmerich, Basel 2005, Seiten 95–100.

Küfner, Nikolaus: Rechtsphilosophische Aspekte moderner Medizintechniken am Beispiel der Organtransplantation und der Intensivmedizin, Frankfurt am Main 1997.

Land, Walter: Medizinische Aspekte der Lebendspende: Nutzen/Risiko-Abwägung. In: Zeitschrift für Transplantationsmedizin 5 (1993), Seiten 52–56, (zitiert: Land, Zeitschrift für Transplantationsmedizin 5 (1993), 52).

Land, Walter: Verwandte und nichtverwandte Lebendspende-Nierentransplantation, Klinische Ergebnisse. In: Fuat S. Oduncu/Ulrich Schroth/Wilhelm Vossenkuhl [Hrsg.], Transplantation, Organgewinnung und -allokation, Göttingen 2003, Seiten 211–221, (zitiert: Land in Oduncu/Schroth/Vossenkuhl, Transplantation).

Lang, Hauke/Broelsch, Christoph Erich: Resektion und Transplantation bei Lebertumoren. In: Der Internist 48 (2007), Seiten 30–39.

Laufs, Adolf/Kern, Bernd-Rüdiger: Handbuch des Arztrechts, 4. Auflage, begründet von Adolf Laufs und Wilhelm Uhlenbruck, herausgegeben von Adolf Laufs und Bernd-Rüdiger Kern, bearbeitet von Thomas Clemens, Udo Degener-Hencke, Bernd-Rüdiger Kern, Dieter Krauskopf u.a., München 2010, (zitiert: Bearbeiter in Laufs/Kern, Handbuch des Arztrechts).

Laufs, Adolf/Katzenmeier, Christian/Lipp, Volker: Arztrecht, 7. Auflage, begründet von Adolf Laufs, fortgeführt von Christian Katzenmeier und Volker Lipp, München 2015, (zitiert: Bearbeiter in Laufs/Katzenmeier/Lipp, Arztrecht).

Lautenschläger, Dunja: Der Status ausländischer Personen im deutschen Transplantationssystem, zugleich: Jur. Diss., von der Universität Halle-Wittenberg 2008 angenommen, Frankfurt am Main 2009.

Lilie, Hans: Juristische Aspekte der Lebend-Organspende. In: F. W. Albert [Hrsg.], Praxis der Nierentransplantation (III), IX. Symposion des Nephrologischen Arbeitskreises Saar-Pfalz-Mosel e.V. am 9. und 10. Oktober 1987 in Bad Dürkheim, Stuttgart, New York 1989, Seiten 89–98.

Littwin, Frank: Grundrechtsschutz gegen sich selbst, Das Spannungsverhältnis von grundrechtlichem Selbstbestimmungsrecht und Gemeinschaftsbezogenheit des Individuums, Frankfurt am Main 1993.

Löw-Friedrich, Iris/Schoeppe, Wilhelm: Transplantation, Grundlagen – Klinik – Ethik und Recht, Darmstadt 1996.

Marckmann, Georg/Bormuth, Matthias/Wiesing, Urban: Allgemeine Einführung in die medizinische Ethik. In: Urban Wiesing [Hrsg.], Ethik in der Medizin, Ein Studienbuch, unter Mitarbeit von Johann S. Ach, Matthias Bormuth und Georg Marckmann, 2. Auflage, Stuttgart 2004, Seiten 21–35.

Martens, Wolfgang: Der Schutz des Einzelnen im Polizei- und Ordnungsrecht. In: DÖV 1976, Seiten 457–463.

Merkel, Reinhard: Teilnahme am Suizid – Tötung auf Verlangen – Euthanasie. In: Rainer Hegselmann/Reinhard Merkel [Hrsg.], Zur Debatte über Euthanasie, Beiträge und Stellungnahmen, Frankfurt am Main 1991, Seiten 71–127.

Möller, Kai: Paternalismus und Persönlichkeitsrecht, zugleich: Jur. Diss., von der Universität Freiburg 2003/2004 angenommen, Berlin 2005.

Müller-Terpitz, Ralf: Das Recht der Biomedizin, Textsammlung mit Einführung, Berlin, Heidelberg 2006.

Nagel, Eckhard: Schmerz und Leid auf Wartelisten. In: Ethik in der Medizin 12 (2000), Seiten 227–235.

National Kidney Foundation/American Society of Transplantation/American Society of Transplant Surgeons/American Society of Nephrology u.a.: Consensus Statement on the Live Organ Donor. In: JAMA 284 (13.12.2000), Seiten 2919–2926.

New, B./Solomon, M./Dingwall, R./McHale, J.: A question of give and take, Improving the supply of donor organs for transplantation, King´s Fund Institute Research Report no. 18, London 1994.

Nickel, Lars Christoph/Schmidt-Preisigke, Angelika/Sengler, Helmut: Transplantationsgesetz, Kommentar mit einer umfassenden Einführung, Stuttgart, Berlin, Köln 2001, (zitiert: Nickel/Schmidt-Preisigke/Sengler).

Norba, Daniela: Rechtsfragen der Transplantationsmedizin aus deutscher und europäischer Sicht, zugleich: Jur. Diss., von der Universität Rostock 2008 angenommen, Berlin 2009.

Papageorgiou, Konstantinos A.: Schaden und Strafe, Auf dem Weg zu einer Theorie der strafrechtlichen Moralität, zugleich: Jur. Diss., von der Universität München 1990 angenommen, Baden-Baden 1994.

Patzig, Günther/Schöne-Seifert, Bettina: Theoretische Grundlagen und Systematik der Ethik in der Medizin. In: Winfried Kahlke/Stella Reiter-Theil [Hrsg.], Ethik in der Medizin, mit Beiträgen von Klaus Gahl, Fanz-Josef Illhardt, Günther Patzig, Helmut Piechowiak u.a., Stuttgart 1995, Seiten 1–9.

Peschke, Karl-Heinz: Christliche Ethik, Spezielle Moraltheologie, Trier 1995.

Peter, Gaby: „Wir beabsichtigen die Entnahme einer Niere …", Transplantation im rechtsfreien Raum. In: Renate Greinert/Gisela Wuttke [Hrsg.], Organspende, Kritische Ansichten zur Transplantationsmedizin, mit Beiträgen von Karl-Friedrich Braun, Jürgen Dahl, Hella Frien-Schultz, Renate Greinert u.a., Göttingen 1993, Seiten 146–148.

Pfeiffer, Alexandra: Die Regelung der Lebendorganspende im Transplantationsgesetz, zugleich: Jur. Diss., von der Universität Frankfurt am Main 2003 angenommen, Frankfurt am Main 2004.

Pieroth, Bodo/Schlink, Bernhard/Kingreen, Thorsten/Poscher, Ralf: Grundrechte, Staatsrecht II, 30. Auflage Heidelberg, München, Landsberg, Frechen, Hamburg 2014.

Pöltner, Günther: Grundkurs Medizin-Ethik, Wien 2002.

Quante, Michael/Vieth, Andreas: Welche Prinzipien braucht die Medizinethik? – Zum Ansatz von Beauchamp und Childress. In: Marcus Düwell/Klaus Steigleder [Hrsg.], Bioethik, Eine Einführung, Frankfurt am Main 2003, Seiten 136–151.

Rampfl-Platte, Erika: Das Transplantationsgesetz: Neue ärztliche Aufgaben mit Haftungsrisiko?. In: Der Chirurg BDC 38 (1999), Seiten 278–288.

Ratzel, Rudolf/Lippert, Hans-Dieter: Kommentar zur Musterberufsordnung der deutschen Ärzte (MBO), 6. Auflage, bearbeitet von Rudolf Ratzel und Hans-Dieter Lippert, Heidelberg, Dordrecht, London, New York 2015.

Riha, Ortrun: Ethik in der Medizin, Eine Einführung, Aachen 1998.

Sachs, Michael [Hrsg.]: Grundgesetz, Kommentar, 7. Auflage, bearbeitet von Ulrich Battis, Herbert Bethge, Heinz Joachim Bonk, Christian von Coelln u.a., München 2014 (zitiert: Bearbeiter in Sachs).

Schanz, Benno: Qualität und Standards. In: Psych Pflege 2005, Seiten 75–79.

Schaupp, Walter: Organtransplantation und christliches Liebesgebot – Zur Relevanz eines zentralen Prinzips der christlichen Ethik für Fragen der Organspende. In: Hans Köchler [Hrsg.], Transplantationsmedizin und personale Identität, Medizinische, ethische, rechtliche und theologische Aspekte der Organverpflanzung, Frankfurt am Main 2001, Seiten 103–114.

Schlich, Thomas: Geschichte, Medizin, Ethik der Organverpflanzung, München 1998.

Schmid, Monika/Lauchart, Werner/Mauer, Dietmar: Postmortale Organspende vs. Lebendorganspende. In: Christian Rittner/Norbert W. Paul [Hrsg.], Ethik der Lebendorganspende, Beiträge des Symposiums in der Akademie der Wissenschaften und der Literatur, Mainz, vom 11. September 2004, unter Mitarbeit von Gertrud Greif-Higer und Paul Schölmerich, Basel 2005, Seiten 101–124.

Schmidt, Rolf: Grundrechte sowie Grundzüge der Verfassungsbeschwerde, 18. Auflage, Grasberg bei Bremen 2015.

Schmidt, Volker H.: Politik der Organverteilung: Eine Untersuchung über Empfängerauswahl in der Transplantationsmedizin, zugleich: Diss., von der Universität Bremen 1995 angenommen, Baden-Baden 1996.

Schmidt-Didczuhn, Andrea: Transplantationsmedizin in Ost und West. In: ZRP 1991, Seiten 264–270.

Schneewind, Klaus A.: Psychologische Aspekte der Lebendnierenspende. In: Zeitschrift für Transplantationsmedizin 5 (1993), Seiten 89–96.

Schockenhoff, Eberhard: Verkannte Chancen der Lebendspende? – Zu den ethischen Aspekten eines bisher vernachlässigten Gebietes der Transplantationschirurgie. In: Zentralblatt für Chirurgie 124 (1999), Seiten 725–728.

Schoeller, Birgit: Vorschlag für eine gesetzliche Regelung der Organspende vom lebenden Spender, zugleich: Jur. Diss., von der Universität München 1993 angenommen, Frankfurt am Main 1994.

Schöne-Seifert, Bettina: Organtransplantation und Autonomie – Ethische Überlegungen. In: Hans Köchler [Hrsg.], Transplantationsmedizin und personale Identität, Medizinische, ethische, rechtliche und theologische Aspekte der Organverpflanzung, Frankfurt am Main 2001, Seiten 73–88, (zitiert: Schöne-Seifert in Köchler, Transplantationsmedizin und personale Identität).

Schöne-Seifert, Bettina: Transplantationsmedizin. In: Winfried Kahlke/Stella Reiter-Theil [Hrsg.], Ethik in der Medizin, mit Beiträgen von Klaus Gahl, Fanz-Josef Illhardt, Günther Patzig, Helmut Piechowiak u.a., Stuttgart 1995, Seiten 97–110, (zitiert: Schöne-Seifert in Kahlke/Reiter-Theil, Erhik in der Medizin).

Schreiber, Hans-Ludwig: Die Notwendigkeit einer Ausweitung der Zulässigkeit von Lebendspenden. In: Christian Rittner/Norbert W. Paul [Hrsg.], Ethik der Lebendorganspende, Beiträge des Symposiums in der Akademie der Wissenschaften und der Literatur, Mainz, vom 11. September 2004, unter Mitarbeit von Gertrud Greif-Higer und Paul Schölmerich, Basel 2005, Seiten 61–68, (zitiert: Schreiber in Rittner/Paul, Ethik der Lebendorganspende).

Schreiber, Hans-Ludwig: Recht und Ethik der Lebend-Organtransplantation. In: Günter Kirste [Hrsg.], Nieren-Lebendspende, Rechtsfragen und Versicherungsregelungen für Mediziner, Band 1, Lengerich 2000, Seiten 33–48, (zitiert: Schreiber in Kirste, Nieren-Lebendspende, Band 1).

Schreiber, Hans-Ludwig/Wolfslast, Gabriele: Ein Entwurf für ein Transplantationsgesetz. In: MedR 1992, Seiten 189–195, (zitiert: Schreiber/Wolfslast, MedR 1992, 189).

Schroth, Ulrich: Die gesetzlichen Beschränkungen der Lebendspende – wie viel Paternalismus ist legitim?. In: Knut Amelung/Werner Beulke/Hans Lilie/Henning Rosenau/Hinrich Rüping/Gabriele Wolfslast [Hrsg.], Strafrecht, Biorecht, Rechtsphilosophie, Festschrift für Hans-Ludwig Schreiber zum 70. Geburtstag, Heidelberg 2003, Seiten 843–852, (zitiert: Schroth in Amelung/Beulke/Lilie/Rosenau/Rüping/Wolfslast, FS für Schreiber).

Schroth, Ulrich: Die strafrechtlichen Grenzen der Organ- Lebendgewebespende. In: Claus Roxin/Ulrich Schoth [Hrsg.], Handbuch des Medizinstrafrechts, 4. Auflage, Stuttgart, München, Hannover, Berlin, Weimar, Dresden 2010, Seiten 466–500, (zitiert: Schroth in Roxin/Schroth, Medizinstrafrecht).

Schroth, Ulrich: Die strafrechtlichen Tatbestände des Transplantationsgesetzes. In: Gerd Brudermüller/Kurt Seemann [Hrsg.], Organtransplantation, mit Beiträgen von Dieter Birnbacher, Kurt Seelmann, Johann S. Ach, Bernd Pohlmann-Eden u.a., Würzburg 2000, Seiten 159–171, (zitiert: Schroth in Brudermüller/Seelmann, Organtransplantation).

Schroth, Ulrich: Die strafrechtlichen Tatbestände des Transplantationsgesetzes. In: JZ 1997, Seiten 1149–1154, (zitiert: Schroth, JZ 1997, 1149).

Schroth, Ulrich: Medizin-, Bioethik und Recht. In: Arthur Kaufmann/Winfried Hassemer/Ulfrid Neumann [Hrsg.], Einführung in Rechtsphilosophie und Rechtstheorie der Gegenwart, mit Beiträgen von Alfred Büllesbach, Günter Ellscheid, Lothar Philipps, Jochen Schneider u.a., 7. Auflage, Heidelberg 2004, Seiten 458–484, (zitiert: Schroth in Kaufmann/Hassemer/Neumann, Einführung in Rechtsphilosophie und Rechtstheorie der Gegenwart).

Schroth, Ulrich: Die rechtliche Absicherung der autonomen Entscheidung des Lebendspenders. In: Ulrich Schroth/Klaus A. Schneewind/Thomas Gutmann/Bijan Fateh-Moghadam, Patientenautonomie am Beispiel der Lebendorganspende, mit Beiträgen von Klaus A. Schneewind, Ursula Sedlmayer, Markus

Schaer, Maximilian Riederer u.a., Göttingen 2006, Seiten 79–118, (zitiert: Schroth in Schroth/Schneewind/Gutmann/Fateh-Moghadam, Patientenautonomie am Beispiel der Lebendorganspende).

Schroth, Ulrich [Bearbeiter]/König, Peter [Bearbeiter]/Gutmann, Thomas [Bearbeiter]/Oduncu, Fuat [Bearbeiter]: Transplantationsgesetz, Kommentar, bearbeitet von Ulrich Schroth, Peter König, Thomas Gutmann und Fuat Oduncu, München 2005, (zitiert: Bearbeiter in Schroth/König/Gutmann/Oduncu).

Schwabe, Jürgen: Der Schutz des Menschen vor sich selbst. In: JZ 1998, Seiten 66–75.

Seidenath, Bernhard: Anmerkung zum Beschluss des Bundesverfassungsgericht vom 11.08.1999 – Az.: 1 BvR 2181/98 u.a.. In: MedR 2000, Seiten 28–35.

Sengler, Helmut: Stellungnahme zu rechtlichen Aspekten der Lebendspende aus Sicht des Bundesgesundheitsministeriums. In: Günter Kirste [Hrsg.], Nieren-Lebendspende, Rechtsfragen und Versicherungsregelungen für Mediziner, Band 1, Lengerich 2000, Seiten 100–124.

Siegmund-Schultze, Nicola: Organspende: Transplantationsmedizin im Spagat. In: Deutsches Ärzteblatt 104 (2007), Seiten A 2992–A 2996, (zitiert: Siegmund-Schultze, Deutsches Ärzteblatt 104 (2007), A 2992).

Siegmund-Schultze, Nicola: Organtransplantation – Medizin, Ethik, Recht, Reinbek bei Hamburg 1999, (zitiert: Siegmund-Schultze, Organtransplantation).

Spickhoff, Andreas [Hrsg.]: Medizinrecht, Kommentar, 2. Auflage, bearbeitet von Dieter Barth, Stephan Beukelmann, Johannes Brose, Thomas Clemens u.a., München 2014, (zitiert: Bearbeiter in Spickhoff).

Sporken, Paul: Darf die Medizin, was sie kann? – Probleme der medizinischen Ethik, Düsseldorf 1971.

Stangl, Manfred: Langzeitergebnisse der Nierenlebendspende. In: Christian Rittner/Norbert W. Paul [Hrsg.], Ethik der Lebendorganspende, Beiträge des Symposiums in der Akademie der Wissenschaften und der Literatur, Mainz, vom 11. September 2004, unter Mitarbeit von Gertrud Greif-Higer und Paul Schölmerich, Basel 2005, Seiten 27–34.

Tag, Brigitte: Zum Verhältnis von Medizin, Recht und Ethik. In: Axel W. Bauer [Hrsg.], Medizinische Ethik am Beginn des 21. Jahrhunderts, Theoretische Konzepte – Klinische Probleme – Ärztliches Handeln, mit Beiträgen von H. Baitsch, A. W. Bauer, H. J. Bender, U. Bleyl u.a., Heidelberg, Leipzig 1998, Seiten 207–220.

Taupitz, Jochen: Die Zahl der Organspenden erhöhen – Zu einem drängenden Problem der Transplantationsmedizin in Deutschland. In: Infobrief des Nationalen Ethikrates 02/07, Seiten 8–11.

Ugowski, Patrick J.: Rechtsfragen der Lebendspende von Organen. Jur. Diss., von der Westfälischen Wilhelms-Universität Münster 1998 angenommen.

Valdés, Ernesto Garzón: Kann Rechtspaternalismus ethisch gerechtfertigt werden?. In: Rechttheorie 18 (1987), Seiten 273–290.

Vollmer, Rudolf J. [Bearbeiter]/Langerhans, Gabriele [Bearbeiterin]: Das neue Transplantationsgesetz (TPG) 1997, Textausgabe mit systematisch zugeordneten amtlichen Begründungen, Auszügen aus den Parlamentsdrucksachen sowie einschlägigen Regeln der Selbstverwaltung, Remagen 1997.

von Münch, Ingo: Grundrechtsschutz gegen sich selbst?. In: Rolf Stödter/Werner Thieme [Hrsg.], Festschrift für Hans Peter Ipsen, mit Beiträgen von Ulrich Battis, Jochen Abr. Frowein, Ernst Rudolf Huber, Peter Ipsen u.a., Tübingen 1977, Seiten 113–128, (zitiert: von Münch in Stödter/Thieme, FS für Ipsen).

von Münch, Ingo [Begr.]/Kunig, Philip [Hrsg.]: Grundgesetz-Kommentar, Band I, Präambel – Art. 19, 6. Auflage, begründet von Ingo von Münch, herausgegeben von Philip Kunig, bearbeitet von Andreas von Arnauld, Sigrid Boysen, Brun-Otto Bryde, Dagmar Coester-Waltjen u.a., München 2012, (zitiert: Bearbeiter in von Münch/Kunig).

Wagner, Elke/Fateh-Moghadam, Bijan: Freiwilligkeit als Verfahren, Zum Verhältnis von Lebendorganspende, medizinischer Praxis und Recht. In: Soziale Welt 56 (2005), Seiten 73–97.

Waibl, Elmar: Grundriss der Medizinethik für Ärzte, Pflegeberufe und Laien, Münster 2004.

Walter, Jessica/Burdelski, Martin/Bröring, Dieter: Chancen und Risiken der Leber-Lebendspende-Transplantation. In: Deutsches Ärzteblatt 105 (2008), Seiten A 101–A 107.

Wiesemann, Claudia: Ist der hippokratische Eid noch zeitgemäß? – Arzt, Patient und Gesellschaft in der Medizin in der Neuzeit. In: Andreas Frewer [Hrsg.], Zur ethischen Kultur der Humanmedizin, Erlanger Vorlesungen zur Ethik in der Medizin, mit Beiträgen von Claudia Wiesemann, Gottfried Roth, Helmut Piechowiak, Volker Eid u.a., Erlangen, Jena 1996, Seiten 13–24.

Wiesing, Urban: Der Hippokratische Eid. In: Urban Wiesing [Hrsg.], Ethik in der Medizin, Ein Studienbuch, unter Mitarbeit von Johann S. Ach, Matthias Bormuth und Georg Marckmann, 2. Auflage, Stuttgart 2004, Seiten 36–42.

Wille, Sophia: Die Organknappheit im Spannungsverhältnis zwischen Sozialpflicht und Selbstbestimmung, Eine rechtliche Analyse des Spender-Empfänger-Verhältnisses, zugleich: Jur. Diss., von der Universität Mannheim 2005 angenommen, Hamburg 2006.

Winau, Rolf: Der Hippokratische Eid und die medizinische Ethik. In: F. W. Albert [Hrsg.], Praxis der Nierentransplantation (III), IX. Symposion des Nephrologischen Arbeitskreises Saar-Pfalz-Mosel e.V. am 9. und 10. Oktober 1987 in Bad Dürkheim, Stuttgart, New York 1989, Seiten 99–107.

Ziegler, Josef Georg: Ärztliche Ethik (Organverpflanzung) – Anfragen an die Moraltheologie. In: Theologie und Glaube 71 (1981), Seiten 317–340.

Zillgens, Barbara: Die strafrechtlichen Grenzen der Lebendorganspende, Betrachtungen de lege lata und de lege ferenda, zugleich: Jur. Diss., von der Universität Passau 2004 angenommen, Frankfurt am Main 2004.

Zylka-Menhorn, Vera: Brisante Forderung. In: Deutsches Ärzteblatt 99 (2001), Seiten A 1727–A 1728.

Abkürzungsverzeichnis

Abs.	Absatz
Art.	Artikel
BDC	Berufsverband der Deutschen Chirurgen
BGBl.	Bundesgesetzblatt
BGH	Bundesgerichtshof
BSG	Bundessozialgericht
BT-Drs.	Bundestagsdrucksache
BVerfG	Bundesverfassungsgericht
BVerfGE	Bundesverfassungsgerichtsentscheidung
bzw.	beziehungsweise
ca.	circa
CDU	Christlich-Demokratische Union
CSU	Christlich-Soziale Union
d.h.	das heißt
DDR	Deutsche Demokratische Republik
DDR-GBl.	DDR-Gesetzblatt
DÖV	Die Öffentliche Verwaltung
DSO	Deutsche Stiftung Organtransplantation
DTG	Deutsche Transplantationsgesellschaft
Erl.	Erläuterungen
et al.	et alii
F.D.P.	Freie Demokratische Partei
Fn.	Fußnote
FS	Festschrift
GBl.	Gesetzblatt
gem.	gemäß
GG	Grundgesetz
grds.	grundsätzlich
HLA	Humane Leukozytenantigene
Hrsg.	Herausgeber
JAMA	Journal of the American Medical Association
Jur. Diss.	Juristische Dissertation
Kom.-Drs.	Kommissionsdrucksache
MB/KK	Musterbedingungen für die Krankheitskosten- und Kranken-haustagegeldversicherung

MBO	Musterberufsordnung
MedR	Medizinrecht
NJW	Neue Juristische Wochenschrift
Nr.	Nummer
S.	Satz
sog.	so genannter
SPD	Sozialdemokratische Partei Deutschlands
TPG	Transplantationsgesetz
u.a.	unter anderen
VersR	Versicherungsrecht
vgl.	vergleiche
vs.	versus
WHA	World Health Assembly
WHO	World Health Organization
z.B.	zum Beispiel

Gang der Darstellung

Gegenstand der Untersuchung ist die Subsidiarität der Lebendorganspende, die in § 8 Abs. 1 S. 1 Nr. 3 TPG gesetzlich normiert ist. Es wird erörtert werden, welche juristischen Fragestellungen und Probleme in der medizinischen Praxis diese Regelung aufwirft und ob sie unter Einbeziehung medizinischer, ethischer und juristischer Aspekte als sinnvoll erachtet werden kann.

Dazu werden zunächst die Entwicklung der gesetzlichen Normierung der Subsidiarität der Lebendorganspende und zum Verständnis der Diskussion relevante medizinische Grundlagen dargestellt. Im Hinblick auf die gesetzliche Einschränkung der Lebendorganspende werden ethische Betrachtungen Gegenstand der Diskussion sein. Darauf wird die Erörterung juristischer Auslegungsprobleme bezüglich des § 8 Abs. 1 S. 1 Nr. 3 TPG sowie dessen Bedeutung für die Rechtspraxis folgen. Ferner wird der Frage nachgegangen, welche Rechtsfolgen sich aus einem Verstoß gegen die Subsidiaritätsvorschrift ergeben können und welche Rechtsschutzmöglichkeiten bestehen. Ferner wird § 8 Abs. 1 S. 1 Nr. 3 TPG in Hinblick auf eine mögliche Einordnung als paternalistische Maßnahme des Gesetzgebers sowie dessen verfassungsrechtliche Zulässigkeit untersucht werden. Schließlich werden die Argumente für und gegen die Legitimation der Subsidiaritätsregelung umfassend gewürdigt, so dass eine abschließende Stellungnahme zur Regelung des § 8 Abs. 1 S. 1 Nr. 3 TPG erfolgen kann.

A) Gesetzliche Normierung der Subsidiarität der Lebendorganspende

I. Begriff der Subsidiarität der Lebendorganspende

Der Begriff der Subsidiarität geht auf das lateinische Wort „subsidium"[1] zurück, das in der wörtlichen Übersetzung so viel wie Reserve, Rückhalt, Hilfe, Hilfsmittel bedeutet, nach heutigem Verständnis jedoch eher Beistand, Rückhalt, Unterstützung meint. Nach heutiger Verwendung im Deutschen bezeichnet Subsidiarität zurücktreten oder nachrangig sein.

In der Staatstheorie ist Subsidiarität ein Kompetenzverteilungsprinzip im Sinne einer Staatsidee, wonach Eigenleistung und Selbstbestimmung sowohl des Individuums – auch der Familien – als auch der Gemeinschaften – z.B. der Kommunen – gefördert und vorrangig vor staatlichem Handeln gestellt werden sollen.[2] Dieses Subsidiaritätsprinzip als geistige Grundlage für Demokratie und Föderalismus ist jedoch nicht Gegenstand der vorliegenden Arbeit.

In Abgrenzung zu diesem staatstheoretischen Ansatz geht es hier jedoch um die Subsidiarität der Lebendorganspende, geregelt in § 8 Abs. 1 S. 1 Nr. 3 TPG. Gemeint ist dabei Subsidiarität im Rechtssinne, d.h. Nachrangigkeit. Wenn eine bestimmte Vorschrift gegenüber einer anderen zurücktritt bzw. als nachrangig nur hilfsweise bei Nichteingreifen der anderen Vorschrift zur Anwendung gelangt, ist die nachrangige Vorschrift subsidiär.[3] Dies kann z.B. dergestalt vorliegen, dass die allgemeine Regel – lex generalis – gegenüber der spezielleren Regel – lex specialis – zurücktritt. Das Verhältnis von lex generalis zu lex specialis ist jedoch nicht der einzige Anwendungsfall und nicht Voraussetzung dafür, dass man von Subsidiarität sprechen kann. Entscheidend ist, dass eine Regelung dahingehend vorliegt, dass Variante A unter bestimmten Voraussetzungen hinter Variante B als nachrangig zurücktritt, so dass Variante A infolge dieser Subsidiarität nicht zur Anwendung kommt.

---

1   „Subsidium" wiederum setzt sich zusammen aus „sub" (lat.: unter, unmittelbar hinter) und „sedere" (lat.: sitzen, sich aufhalten); vgl. Stichwort „Subsidien" in Köbler, Etymologisches Rechtswörterbuch, S. 395.

2   Dies geht insbesondere auf die katholische Soziallehre des 19. Jahrhunderts zurück, verankert z.B. in der Sozialenzyklika Quadragesimo anno aus dem Jahre 1931. In Deutschland galt vor allem Jesuitenpater Oswald von Nell-Breuning als Vertreter des Subsidiaritätsprinzips.

3   Alpmann Brockhaus, Studienlexikon Recht, Stichwort „Subsidiarität", S. 1091.

§ 8 Abs. 1 S. 1 Nr. 3 TPG bestimmt – zitiert dem Wortlaut nach: „Die Entnahme von Organen oder Geweben zum Zwecke der Übertragung auf andere ist bei einer lebenden Person, soweit in § 8a nichts Abweichendes bestimmt ist, nur zulässig, wenn (…) im Fall der Organentnahme ein geeignetes Organ eines Spenders nach § 3 oder § 4 im Zeitpunkt der Organentnahme nicht zur Verfügung steht (…).“[4] Die Zulässigkeit einer Lebendorganspende wird also unter die Tatbestandsvoraussetzung gestellt, dass im Zeitpunkt der Organentnahme kein geeignetes Organ aus einer postmortalen Organspende zur Verfügung steht. Für den Fall, dass hingegen ein geeignetes postmortal entnommenes Organ verfügbar sein sollte, ist die Lebendorganspende nicht zulässig, mithin subsidiär.

Eine Subsidiarität der Lebendorganspende ist theoretisch in mehrerlei Hinsicht denkbar:

Zum einen könnte sie unter bestimmten Voraussetzungen zurücktreten gegenüber anderen medizinischen Behandlungsmöglichkeiten für den potentiellen Organempfänger. Dies könnte auch näher spezifiziert werden z.B. auf die Behandlungsform der Dialyse, wobei hierzu auch – noch mehr ins Detail gehend – bestimmte Verlaufsformen oder Schweregrade definiert werden könnten.

In diesem Sinne wäre z.B. eine gesetzliche Regelung denkbar, wonach eine Organentnahme zum Zwecke der Übertragung des Organs auf andere nur dann zulässig sein soll, wenn medizinische Voraussetzungen vorliegen, die andere Behandlungsformen als nicht hinreichend erscheinen lassen. Medizinische Voraussetzungen werden aufgegriffen in § 8 Abs. 1 S. 1 Nr. 2 TPG, wonach die Übertragung des Organs nach ärztlicher Beurteilung geeignet sein muss, das Lebens des Empfängers zu erhalten oder bei ihm eine schwerwiegende Krankheit zu heilen, ihre Verschlimmerung zu verhüten oder ihre Beschwerden zu lindern. Aus dieser Vorschrift ergibt sich also, dass eine bestimmte Empfängerindikation vorliegen und das Organ hinreichend tauglich bzw. geeignet sein muss, um den gesundheitlichen Zustand des Empfängers entsprechend zu verbessern.[5] Gleichwohl ist im TPG keine ausdrückliche Subsidiaritätsregelung dahingehend vorgesehen, dass die Lebendorganspende gegenüber sämtlichen anderen Behandlungsformen als der Organtransplantation als nachrangig eingeordnet würde.

Zum anderen ist auch eine Regelung der Subsidiarität der Lebendorganspende im Besonderen gegenüber der postmortalen Organspende möglich. Dem folgend wird die Lebendorganspende nur in eine Beziehung der Nachrangigkeit gesetzt

---

4   TPG in der Fassung der Bekanntmachung vom 4. September 2007 (BGBl. I S. 2206), das durch Artikel 3 des Gesetzes vom 17. Juli 2009 (BGBl. I S. 1990) geändert worden ist.
5   Walter in Spickhoff, Medizinrecht, § 8 TPG Rn. 5; Gutmann in Schroth/König/Gutmann/Oduncu, § 8 Rn. 19 f.; Augsberg in Höfling, § 8 Rn. 38 ff.

gegenüber der Totenspende – es wird also ein Rangverhältnis der Alternativen innerhalb des Gebiets der Organtransplantation statuiert –, nicht aber gegenüber medizinischen Behandlungsmöglichkeiten außerhalb der Organtransplantation.

Die Subsidiarität im zuletzt genannten Sinne wird durch das derzeit geltende deutsche Transplantationsrecht aufgegriffen. Gem. § 8 Abs. 1 S. 1 Nr. 3 TPG ist die Entnahme von Organen einer lebenden Person nur dann zulässig, wenn im Zeitpunkt der Organentnahme ein geeignetes Organ eines Spenders nach § 3 TPG oder § 4 TPG, also ein Organ eines toten Organspenders, nicht zur Verfügung steht.

In diesem Zusammenhang wird in der Literatur häufig davon gesprochen, dass nach der Regelung des § 8 Abs. 1 S. 1 Nr. 3 TPG der Gesetzgeber die Lebendorganspende lediglich als „letzte Möglichkeit"[6] für den Organempfänger bzw. als „ultima ratio"[7] vorgesehen habe. Diese Betrachtung ist insofern verkürzt, als dass die Lebendorganspende durch § 8 Abs. 1 S. 1 Nr. 3 TPG ausdrücklich nur gegenüber der Totenspende für subsidiär erklärt wird, nicht gegenüber allen anderen Behandlungsmöglichkeiten. Dementsprechend kann aus § 8 Abs. 1 S. 1 Nr. 3 TPG nur gefolgert werden, dass die Lebendorganspende eben als nachrangig gegenüber der Totenspende angesehen wird. Die Beurteilung einer bestimmten Behandlungsmaßnahme als ultima ratio oder letzte Möglichkeit würde jedoch voraussetzen, dass diese als subsidiär gegenüber allen Behandlungsalternativen betrachtet würde. Eine solche Anordnung trifft § 8 Abs. 1 S. 1 Nr. 3 TPG aber nicht.

Dennoch führt der Regelungsgehalt des § 8 Abs. 1 S. 1 Nr. 2 TPG – wie oben erörtert – im Zusammenspiel mit § 8 Abs. 1 S. 1 Nr. 3 TPG dazu, dass im Ergebnis eine Lebendorganspende in aller Regel nur dann zulässig sein wird, wenn alle anderen Behandlungsmöglichkeiten – also neben der Totenspende auch z.B. Dialyse – nicht in Frage kommen bzw. ausgereizt sind. Insofern kann, was die Regelung der zum heutigen Zeitpunkt regelmäßig auftretenden medizinischen Sachverhalte und zur Verfügung stehenden Behandlungsalternativen durch § 8 Abs. 1 S. 1 Nr. 2 und Nr. 3 TPG betrifft, im Ergebnis und in Hinblick auf die faktische Wirkung der gesetzlichen Normierung die Lebendorganspende als ultima ratio bzw. die letzte aller medizinischen Behandlungsmöglichkeiten angesehen werden. Ausdrücklich gesetzlich geregelt durch § 8 Abs. 1 S. 1 Nr. 3 TPG ist dies jedoch nicht.

---

6 Ugowski, Rechtsfragen der Lebendspende von Organen, S. 57; Joo, Organtransplantation und Strafrecht, S. 134; Nickel/Schmidt-Preisigke/Sengler, Erl. § 8 Rn. 9; Augsberg in Höfling, § 8 Rn. 41.
7 Schreiber/Wolfslast, MedR 1992, 189 (193).

II. Entwicklung der gesetzlichen Normierung in Deutschland

Betrachtet man die historische Entwicklung der gesetzlichen Normierung im deutschen Transplantationsrecht, so ist zunächst festzuhalten, dass es in der Bundesrepublik Deutschland vor der Wiedervereinigung keine gesetzliche Regelung zum Transplantationsrecht gab.

Zwar war es Ende der 70er Jahre zu einigen Gesetzgebungsüberlegungen sowohl in einzelnen Bundesländern als auch auf Bundesebene gekommen; und die Bundesregierung legte dann 1978 einen Gesetzesentwurf[8] vor. Da der Bundesrat dem jedoch nicht folgen wollte[9], wurde das Gesetz nicht verabschiedet. Letztlich blieb der Entwurf im Gesetzgebungsverfahren stecken aufgrund von unüberbrückbar erscheinenden Differenzen über das vorzugswürdige Entnahmemodell – Widerspruchslösung vs. erweiterte Zustimmungslösung –, worüber keine Einigung erzielt werden konnte.[10]

An Regelungswerken in der Bundesrepublik existierte lediglich der Transplantationskodex[11], geschaffen durch die Arbeitsgemeinschaft der deutschen Transplantationszentren im Jahre 1987. Dieser Kodex stellte keine verbindliche gesetzliche Regelung für das deutsche Transplantationsrecht dar, diente aber als Zeichen der Selbstkontrolle und Selbstverantwortung der mit der Transplantationsmedizin befassten Ärzte und gab eine rechtsethische Orientierung.[12] Die Transplantationszentren hatten sich die dort bestimmten Regeln als Selbstverpflichtung auferlegt.[13]

Zur Frage des Verhältnisses zwischen Lebendorganspende und anderen Behandlungsmöglichkeiten war im Transplantationskodex in der Fassung von 1992 Folgendes formuliert:

---

8   BT-Drs. 8/2681.

9   BT-Drs. 395/78.

10 Joo, Organtransplantation und Strafrecht, S. 11 f.; Schreiber/Wolfslast, MedR 1992, 189 (190).

11 Dieser Kodex wurde 1992 geändert durch die im selben Jahr neu geschaffene Deutsche Transplantationsgesellschaft und ist in der Fassung von 1992 abgedruckt in Vollmer/ Langerhans, Das neue Transplantationsgesetz (TPG) 1997, S. 225–229 sowie in der Zeitschrift für Transplantationsmedizin 7 (1995), 154–156.

12 Bock, Rechtliche Voraussetzungen der Organentnahme von Lebenden und Verstorbenen, S. 74.

13 Joo, Organtransplantation und Strafrecht, S. 12.

„6. Organspende von Lebenden: ...

Keinesfalls darf die Möglichkeit einer Organspende von Lebenden zu einer Einschränkung der Bemühungen um Organspende von Toten führen. ...".[14]

Der Transplantationskodex sah mithin für die Subsidiarität der Lebendspende gegenüber der Totenspende keine dezidierte Regelung mit dem Anspruch einer verbindlichen Handlungsanweisung für den Einzelfall vor. Es wurde lediglich im Sinne eines Programmsatzes die Forderung aufgestellt, dass durch die Möglichkeit der Lebendspende nicht das Bemühen um postmortal gespendete Organe eingeschränkt werden dürfe. Was genau dies für den konkreten Einzelfall einer Organentnahme zwecks Lebendorganspende heißen und unter welchen Voraussetzungen eine solche zulässig sein sollte, blieb offen. Konkrete Vorgaben diesbezüglich wurden den behandelnden Ärzten für die geplante Lebendorganspende nicht gegeben.

Mit Blick auf die heutige gesetzliche Regelung ist jedoch darauf hinzuweisen, dass der Gesetzgeber des TPG die Überlegung, dass die Möglichkeiten der Lebendorganspende nicht zu einer Einschränkung der Bemühungen um die postmortale Organspende führen sollen, aufgegriffen hat.[15]

Demgegenüber war in der DDR die Durchführung von Organtransplantationen rechtsverbindlich geregelt, nämlich durch die Verordnung über die Durchführung von Organtransplantationen vom 04.07.1975[16], geändert durch Verordnung vom 05.08.1987[17]. Hier wurde gleich im ersten Paragraphen die Nachrangigkeit der Lebendorganspende sowohl gegenüber anderen medizinischen Behandlungsmöglichkeiten als auch gegenüber der Totenspende im Besonderen deutlich hervorgehoben. Dem Wortlaut nach hieß es dort:

„§ 1 (1) Organtransplantationen werden auf der Grundlage gesicherter Erkenntnisse der Medizin durchgeführt. Voraussetzung ist, dass die Anwendung anderer medizinischer Mittel und Methoden zur Erhaltung des Lebens oder der Wiederherstellung oder Besserung der Gesundheit eines Kranken keine oder nur geringe Aussicht auf Erfolg verspricht.
(2) Zur Durchführung von Organtransplantationen sind vorrangig Organe von Verstorbenen zu verwenden.

---

14 Zitiert nach dem Abdruck des Transplantationskodex in Vollmer/Langerhans, Das neue Transplantationsgesetz (TPG) 1997, S. 225–229 sowie in der Zeitschrift für Transplantationsmedizin 7 (1995), 154–156.
15 Dieser Gesichtspunkt wird in der Gesetzesbegründung ausdrücklich benannt, siehe BT-Drs. 13/4355, S. 20.
16 DDR-GBl. 1975, Teil I, S. 597 ff.
17 DDR-GBl. 1987, Teil I, S. 199 ff.

(3) Organe lebender Spender, die sich aus freiem Entschluss zur Organspende bereit erklären, können für Transplantationen nur Verwendung finden, wenn geeignete Organe von Verstorbenen nicht zur Verfügung stehen."[18]

Es wird mithin nicht nur in § 1 Abs. 2 der Verordnung ein allgemeiner Vorrang der Totenspende vor der Lebendspende postuliert. Darüber hinaus wird zum einen in § 1 Abs. 1 der Verordnung normiert, dass Organtransplantationen überhaupt – also Lebend- und Totenspenden – nachrangig sind gegenüber anderen medizinischen Behandlungsmöglichkeiten. Mit der Formulierung, dass „die Anwendung anderer medizinischer Mittel und Methoden zur Erhaltung des Lebens oder der Wiederherstellung oder Besserung der Gesundheit eines Kranken keine oder nur geringe Aussicht auf Erfolg" versprechen dürfen, wurden außerdem relativ hohe Hürden bei den für die Durchführung einer Lebendorganspende geforderten Voraussetzungen gesetzt. Zum anderen sah § 1 Abs. 3 der Verordnung – ähnlich dem heutigen § 8 Abs. 1 S. 1 Nr. 3 TPG, insbesondere hinsichtlich der Formulierung eines „geeigneten Organs eines toten Spenders – die Subsidiarität der Lebendorganspende gegenüber der Totenspende vor.

Insgesamt ist zu konstatieren, dass die Verordnung über die Durchführung von Organtransplantationen in der DDR eine derart umfassende Subsidiarität der Lebendorganspende anordnete, wie sie umfassender und weiter reichend kaum denkbar ist.

Im wiedervereinigten Deutschland bestand das Problem, dass zunächst in den neuen Bundesländern die alte DDR-Verordnung über die Durchführung von Organtransplantationen fortgalt, während in den alten Bundesländern keine spezialgesetzlichen Vorschriften zur Transplantationsmedizin existierten und somit allgemeine zivil-, straf- und öffentlich-rechtlichen Vorschriften herangezogen werden mussten. Es bestand insofern eine „gespaltene Rechtslage"[19].

Trotzdem trat das bundesdeutsche Transplantationsgesetz erst am 01.12.1997 in Kraft. Im Vorfeld war es zu heftigen rechtspolitischen Auseinandersetzungen gekommen, insbesondere zur Frage der Zustimmungs- oder Widerspruchslösung bei der Totenspende, wovon die Regelungen zur Lebendspende in § 8 TPG allerdings weitgehend verschont blieben.[20]

---

18 DDR-GBl. 1987, Teil I, S. 199.
19 Schmidt-Didczuhn, ZRP 1991, 264 (270).
20 Koch, Zentralblatt für Chirurgie 124 (1999), 718; Nickel/Schmidt-Preisigke/Sengler, Erl. § 8 Rn. 1; zu Entwicklung insbesondere in sozialpolitischer Hinsicht auf dem Weg zum Transplantationsgesetz vgl. Schmidt, Politik der Organverteilung, S. 153 ff.

Von den Fraktionen des Parlaments wurden zwei Gesetzentwürfe vorgelegt: ein Gesetzentwurf der Fraktion BÜNDNIS 90/DIE GRÜNEN[21] und ein interfraktioneller Gesetzentwurf von CDU/CSU, SPD und F.D.P.[22].

Nach dem Gesetzentwurf der Fraktion BÜNDNIS 90/DIE GRÜNEN sollte die Lebendorganspende gem. § 13 Nr. 3 nur zulässig sein, „sofern nach Abwägung aller Umstände keine gleichwertige Alternative in Betracht kommt"[23]. Es war somit eine Subsidiarität der Lebendorganspende gegenüber allen anderen medizinischen Behandlungsmöglichkeiten vorgesehen. Näher begründet wurde dies im Gesetzesentwurf nicht.[24]

Demgegenüber sah der Wortlaut des interfraktionellen Gesetzentwurfs von CDU/CSU, SPD und F.D.P. in § 7 Abs. 1 S. 1 Nr. 3 vor, dass bei der Durchführung einer Lebendorganspende „ein geeignetes Organ eines Spenders nach § 3 oder § 4 nicht zur Verfügung stehen"[25] darf. Nach dem Wortlaut dieses Entwurfes ist demnach die Subsidiarität der Lebendspende ausdrücklich nur gegenüber der postmortalen Organspende bestimmt.

Zur Begründung hierzu sind im interfraktionellen Gesetzentwurf zwei Argumente angeführt: Zum einen solle die Vorschrift im Interesse des Lebendspenders verdeutlichen, dass die Lebendspende nur die letzte Möglichkeit sein dürfe, wenn ein geeignetes Organ eines toten Spenders nicht oder in Hinblick auf die Dringlichkeit der Organübertragung nicht rechtzeitig zur Verfügung stehe.[26] Zum anderen solle die Lebendspende nicht dazu führen, dass das Bemühen um postmortale Organspender nicht vernachlässig werde.[27]

Der Gesetzgeber folgte letztlich im Wesentlichen dem interfraktionellen Gesetzentwurf von CDU/CSU, SPD und F.D.P. und übernahm dessen Bestimmungen. Am 01.12.1997 trat dann das Transplantationsgesetz („Gesetz über die Spende, Entnahme und Übertragung von Organen") in Kraft.[28]

Eine Änderung erfuhr der Gesetzentwurf hinsichtlich der Subsidiarität der Lebendspende noch insofern, als der Bestimmung der Wortlaut „im Zeitpunkt der Organentnahme" hinzugefügt wurde, was auf die Beschlussempfehlung und

---

21 BT-Drs. 13/2926.
22 BT-Drs. 13/4355.
23 BT-Drs. 13/2926, S. 4.
24 vgl. BT-Drs. 13/2926, S. 17.
25 BT-Drs. 13/4355, S. 4.
26 BT-Drs. 13/4355, S. 20.
27 BT-Drs. 13/4355, S. 20.
28 BGBl. 1997 I, S. 2631–2639.

den Bericht des Gesundheitsausschusses zurückging.[29] Nach der Formulierung in der Gesetzesbegründung erfolgte diese Änderung zur „Konkretisierung" der Vorschrift „im Interesse der Rechtssicherheit"[30]. Aus Gründen der Rechtssicherheit sollte mithin klargestellt werden, dass maßgeblicher Zeitpunkt der Entnahmezeitpunkt ist.[31]

Ab dann war in § 8 Abs. 1 S. 1 Nr. 3 TPG geregelt, dass die Entnahme von Organen oder Geweben zum Zwecke der Übertragung auf andere bei einer lebenden Person neben anderen Voraussetzungen nur zulässig ist, wenn ein geeignetes Organ eines Spenders nach § 3 oder § 4 – d.h. aus einer postmortalen Organspende – im Zeitpunkt der Organentnahme nicht zur Verfügung steht.

Durch das Gewebegesetz, das am 01.08.2007 in Kraft trat, erfolgte dann hinsichtlich des Wortlautes von § 8 Abs. 1 S. 1 Nr. 3 TPG die Ergänzung „im Fall der Organentnahme"[32]. Dies hat seinen Grund darin, dass durch das Gewebegesetz der Anwendungsbereich des Transplantationsgesetz gem. § 1 TPG auf Gewebeübertragungen erweitert wurde, die Subsidiarität nach § 8 Abs. 1 S. 1 Nr. 3 TPG aber weiterhin nur für Organentnahmen bei Lebenden zu Transplantationszwecken gilt. In der Sache hat sich dadurch bezüglich der Subsidiarität von Lebendorganspenden nichts verändert.

III. Internationale Regelungen

Was den europäischen Rechtsraum betrifft, ist das „Übereinkommen zum Schutz der Menschenrechte und der Menschenwürde im Hinblick auf die Anwendung von Biologie und Medizin: Übereinkommen über Menschenrechte und Biomedizin" des Europarates[33], kurz Bioethik- oder Biomedizinkonvention genannt, in den Blick zu nehmen, das am 01.12.1999 in Kraft trat, in Deutschland allerdings nicht ratifiziert worden ist. Dort ist in Art. 19 Abs. 1 – sowie wortgleich im Zusatzprotokoll Transplantation, in Kraft getreten am 05.01.2006[34] – Folgendes bestimmt:

---

29 BT-Drs. 13/8017, S. 11.
30 BT-Drs. 13/8017, S. 42.
31 Ob diese „Konkretisierung" gelungen ist, erscheint zweifelhaft; zur Problematik der Auslegung später unter Punkt D.
32 BGBl. 2007 I, S. 1574 (1579).
33 Eine Übersetzung in deutscher Sprache ist abgedruckt bei Müller-Terpitz, Das Recht der Biomedizin, S. 63 ff.
34 Ebenfalls abgedruckt in Müller-Terpitz, Das Recht der Biomedizin, S. 123 ff.

„Einer lebenden Person darf ein Organ oder Gewebe zu Transplantationszwecken nur zum therapeutischen Nutzen des Empfängers und nur dann entnommen werden, wenn weder ein geeignetes Organ oder Gewebe einer verstorbenen Person verfügbar ist noch eine alternative therapeutische Methode von vergleichbarer Wirksamkeit besteht."[35]

Mithin wird in umfassender Weise die Lebendspende als subsidiär erklärt sowohl gegenüber der postmortalen Organspende als auch gegenüber alternativen Behandlungsmethoden. Begründet wird dies mit dem Risiko, das die Organentnahme für den Spender bedeute, und sei es auch nur aufgrund der Narkose.[36]

Interessanterweise wird in der Begründung ausdrücklich festgestellt und davon ausgegangen, mit einer Dialysebehandlung könnten keine Ergebnisse erzielt werden, die für die Lebensqualität des Patienten mit denen einer Nierentransplantation vergleichbar seien.[37] Damit wird für das Tatbestandsmerkmal „alternative therapeutische Methode von vergleichbarer Wirksamkeit" eine Auslegung dahingehend vorgegeben, dass im Falle einer Nierentransplantation die Dialyse nicht als alternative Behandlungsmethode von vergleichbarer Wirksamkeit in Frage kommt, also die Nierenlebendspende gegenüber der Dialyse nicht subsidiär sein soll.

Dafür werden beispielhaft als möglicherweise ins Kalkül zu ziehende Behandlungsalternativen zur Lebendorganspende zum einen eine Transplantation von Tiergewebe, Gewebekulturen und körpereigenem Gewebe und zum anderen eine „herkömmliche" Behandlung genannt.[38] Was unter einer herkömmlichen Behandlung in diesem Sinne zu verstehen sein soll, wird nicht ausgeführt.

Im erläuternden Bericht zum Zusatzprotokoll Transplantation wird ausdrücklich klargestellt, dass wenn im Einzelfall eine Lebendorganspende signifikant bessere Ergebnisse verspreche, diese anderen Behandlungsmöglichkeiten vorzuziehen sei.[39] Somit wird zwar auf der einen Seite eine umfassende Subsidiarität der

---

35 Zitiert nach der deutschen Übersetzung bei Müller-Terpitz, Das Recht der Biomedizin, S. 63 ff. und 123 ff.

36 Vgl. Erläuternder Bericht zum Biomedizin-Übereinkommen, Ziffern 118 und 119, in: Müller-Terpitz, Das Recht der Biomedizin, S. 102; Erläuternder Bericht zum Zusatzprotokoll Transplantation, Ziffern 59 und 60, in: Müller-Terpitz, Das Recht der Biomedizin, S. 146.

37 Erläuternder Bericht zum Biomedizin-Übereinkommen, Ziffer 119, in: Müller-Terpitz, Das Recht der Biomedizin, S. 102 f.; Erläuternder Bericht zum Zusatzprotokoll Transplantation, Ziffer 60, in: Müller-Terpitz, Das Recht der Biomedizin, S. 146.

38 Erläuternder Bericht zum Biomedizin-Übereinkommen, Ziffer 119, in: Müller-Terpitz, Das Recht der Biomedizin, S. 102.

39 Erläuternder Bericht zum Zusatzprotokoll Transplantation, Ziffer 61, in: Müller-Terpitz, Das Recht der Biomedizin, S. 146.

Lebendspende postuliert, auf der anderen Seite werden aber auch deren Grenzen aufgezeigt und deutlich gemacht, dass im Einzelfall eine Lebendspende nicht nur zulässig, sondern vorzugswürdig sein kann.

Auch in den von der WHO 1991 aufgestellten „Draft guiding principles on human organ transplantation" ist als Leitsatz formuliert, dass Organe zu Transplantationszwecken vorzugsweise toten Menschen entnommen werden sollten.[40] Präzisierende Ausführungen dazu, was genau dies für den konkreten Einzelfall bedeutet und unter welchen Voraussetzungen eventuell trotzdem eine Lebendspende zulässig ist, finden sich dort nicht. Dennoch kommt deutlich eine Absichtserklärung zum Ausdruck, wonach die Lebendspende gegenüber der Totenspende subsidiär sein soll.

In einer Resolution der Weltgesundheitsversammlung aus dem Jahre 2004 wiederum wird dazu angehalten, Lebendnierenspenden – soweit möglich – auszuweiten, und zwar in Ergänzung zur postmortalen Organspende.[41] Hierin sieht *Gutmann* eine Verabschiedung vom traditionellen Subsidiaritätsdenken.[42] Diese Schlussfolgerung erscheint jedoch zu weit reichend; dem kann so nicht zugestimmt werden.[43]

Zum einen ist zu konstatieren, dass sich die Aussage in der Resolution der Weltgesundheitsversammlung nur auf Lebendnierenspenden bezieht, nicht auf alle Lebendspenden[44], auch wenn zugegebenermaßen die Nierenspende bei den Lebendspenden die größte Rolle spielt. Zum anderen wird in der Resolution der Weltgesundheitsversammlung als Ausgangspunkt hervorgehoben, dass ein wachsender Mangel an für Transplantationen zur Verfügung stehenden Organen besteht, gemessen an den Bedürfnissen der Patienten.[45] Davon ausgehend wird

---

40 Guiding principle 3:
    "Organs for transplantation should be removed preferably from the bodies of deceased persons. ..."
41 Die Formulierung in WHA 57.18 lautet:
    "1. URGES Member States:
    ... (4) to extend the use of living kidney donations when possible, in addition to donations from deceased donors; ...".
42 Gutmann in Schroth/König/Gutmann/Oduncu, § 8 Rn. 22.
43 So auch Norba, Rechtsfragen der Transplantationsmedizin aus deutscher und europäischer Sicht, S. 215.
44 *Gutmann* in Schroth/König/Gutmann/Oduncu, § 8 Rn. 22 dagegen zitiert die Resolution der Weltgesundheitsversammlung mit Bezugnahme auf alle Lebendorganspenden.
45 WHA 57.18: "... Concerned by the growing insufficiency of available human material for transplantation to meet patient needs; ...".

eine Ausweitung der Lebendnierenspende propagiert, allerdings ausdrücklich nur als Ergänzung zur Totenspende.[46]

Angesichts dessen kann die Resolution der Weltgesundheitsversammlung nur so verstanden werden, dass aufgrund des steigenden Bedarfes, der zumindest derzeit allein mit postmortal gespendeten Organen nicht gedeckt werden kann, die Lebendspende ausgeweitet werden soll, gleichwohl jedoch nur Ergänzung zur postmortalen Organspende und gegenüber dieser subsidiär bleiben soll.

Ähnlich äußerte sich auch die EU-Kommission hinsichtlich eines „Aktionsplans im Bereich Organspende und -transplantation" aus dem Jahre 2008, wo zunächst eine „Ausschöpfung des Potenzials der postmortalen Organspende" gefordert und erst nachfolgend die „Lebendspende in Ergänzung zur postmortalen Spende" diskutiert wird.[47]

Die gesetzliche Situation bezüglich der Subsidiarität der Lebendorganspende ist in den einzelnen Staaten Europas höchst unterschiedlich. Während in einigen Ländern gar keine Regelungen zur Nachrangigkeit der Lebendspende existieren, ist in anderen Ländern eine Subsidiarität gegenüber der postmortalen Organspende und/oder anderen Behandlungsmöglichkeiten bestimmt.[48]

Viel beachtet waren kürzlich Zustandekommen und Diskussion um das Schweizer Transplantationsgesetz.[49] Im ursprünglichen Gesetzentwurf war im Sinne einer umfassenden Subsidiarität der Lebendspende noch vorgesehen, dass die Lebendorganspende nur zum Einsatz kommen dürfe, wenn geeignete Organe einer verstorbenen Person nicht verfügbar sind und eine vergleichbar Erfolg versprechende Behandlungsmethode nicht existiert.[50] Nach heftiger

---

46 WHA 57.18 dem Wortlaut nach:
   "1. URGES Member States:
   … (4) to extend the use of living kidney donations when possible, *in addition to donations from deceased donors*; …" [Hervorhebung durch Verfasser].
47 Mitteilung der Kommission vom 08.12.2008 „Aktionsplan im Bereich Organspende und -transplantation (2009–2015): Verstärkte Zusammenarbeit zwischen den Mitgliedstaaten" (KOM(2008) 819).
48 Zur Aufzählung der Länder im Einzelnen vgl. Norba, Rechtsfragen der Transplantationsmedizin aus deutscher und europäischer Sicht, S. 215 und Gutmann/Schroth, Organlebensspende in Europa, S. 77 f. mit weiteren Nachweisen, zu Österreich und der Schweiz vgl. auch Hohmann, Das Transplantationswesen in Deutschland, Österreich und der Schweiz, S. 155 f. und 171.
49 Verabschiedet am 08.10.2004, in Kraft getreten am 01.07.2007; zum Gesetzgebungsverfahren vgl. Hofer, Das Recht der Transplantationsmedizin in der Schweiz, S. 42 ff.
50 Entwurf vom Dezember 1999.

Kritik[51] an dieser Regelung wurde diese dann im überarbeiteten Gesetzesentwurf[52] gestrichen.

Im aktuell geltenden Schweizer „Bundesgesetz über die Transplantation von Organen, Geweben und Zellen"[53] ist lediglich noch in Art. 12 lit. d bestimmt, dass Organe einer lebenden Person nur entnommen werden dürfen, wenn der Empfänger mit keiner anderen therapeutischen Methode von vergleichbarem Nutzen behandelt werden kann. Aus der im ersten Gesetzentwurf vorgesehenen umfassenden Subsidiarität der Lebendspende ist eine lediglich noch „eingeschränkte Subsidiarität"[54] geworden. Es ist mithin eine deutliche Abschwächung im Gesetzgebungsverfahren zu konstatieren.

Zur Begründung hat der Schweizer Bundesrat in seiner Botschaft zum Schweizer TPG ausgeführt, man solle die Entscheidungsgewalt nach entsprechender Aufklärung über medizinische Risiken der Autonomie des potentiellen Lebendspenders anheim stellen.[55] Es sei selbstverständlich, dass vor jeder Lebendspende das medizinische Risiko für den Spender abgeklärt werden müsse.[56] Insofern dieses vertretbar sei, müsse die Entscheidung dem potentiellen Lebendspender überlassen werden.[57] Eine gesetzliche Vorgabe von staatlicher Seite im Sinne des Grundsatzes der Subsidiarität der Lebendorganspende sei zu restriktiv; vielmehr reiche es aus, wenn der Spender umfassend informiert sei und der Organentnahme frei und schriftlich zugestimmt habe.[58]

---

51 Vgl. zu Diskussion und den in der Schweiz vorgetragenen Argumenten Gutmann/ Schroth, Organlebensspende in Europa, S. 78 ff. mit weiteren Nachweisen.

52 Entwurf vom September 2001.

53 Verabschiedet am 08.10.2004, in Kraft getreten am 01.07.2007.

54 Hofer, Das Recht der Transplantationsmedizin in der Schweiz, S. 125.

55 Schweizer Bundesrat, Botschaft zum Schweizer TPG, 2001, 168, abgedruckt in Gutmann, Für ein neues Transplantationsgesetz, S. 74.

56 Schweizer Bundesrat, Botschaft zum Schweizer TPG, 2001, 168, abgedruckt in Gutmann, Für ein neues Transplantationsgesetz, S. 74.

57 Schweizer Bundesrat, Botschaft zum Schweizer TPG, 2001, 168, abgedruckt in Gutmann, Für ein neues Transplantationsgesetz, S. 74.

58 Schweizer Bundesrat, Botschaft zum Schweizer TPG, 2001, 168, abgedruckt in Gutmann, Für ein neues Transplantationsgesetz, S. 74.

B) Die medizinische Ausgangslage

I. Praxis der Lebendorganspende

Während sich der Begriff der postmortalen Organspende auf die Transplantation eines Leichenorgans bezieht, beschreibt die Lebendorganspende die Spende eines Organs eben eines lebenden Menschen zum Zwecke der Übertragung auf einen kranken Patienten. Für die Lebendorganspende kommen nur Organe in Frage, die entweder paarig angelegt sind und bei denen der Verlust eines Organs für den Spender medizinisch vertretbar erscheint (Nieren) oder die sich nach Entnahme eines Segments wieder vollständig regenerieren können (Leber, Pankreas, Lunge, Darm).[59]

2014 wurden in deutschen Transplantationszentren insgesamt 3.851 Organe übertragen, im Einzelnen nach Organen aufgeteilt wie folgt: 2.128 Nieren, 941 Lebern, 304 Herzen, 352 Lungen, 120 Pankreata sowie sechs Dünndärme.[60] Dabei ist darauf hinzuweisen, dass die Zahlen der übertragenen Organe seit dem Hochstand 2010 insbesondere für die mit Abstand am häufigsten übertragenen Organe Niere und Leber rückläufig sind.[61]

Von den 2014 in Deutschland übertragenen Organen waren 82,3% postmortal gespendete Organe.[62] Nur 17,6% rührten aus einer Lebendspende her.[63] 0,1% folgten aus Dominotransplantation.[64] Man kann also sagen, dass die Lebendspende gegenüber der postmortalen Organspende immer noch von weit untergeordneter Bedeutung ist.

Den zahlenmäßig weitaus größten Anteil an Lebendorganspenden machen die Nierentransplantationen aus, weshalb auf diese in den folgenden medizinischen Betrachtungen der Fokus gelegt werden soll.[65] Im Jahre 2014 wurden in den deutschen Transplantationszentren 620 Nieren von lebenden Spendern

---

59 Zillgens, Die strafrechtlichen Grenzen der Lebendorganspende, S. 73.
60 DSO Jahresbericht 2014, S. 62 f.
61 DSO Jahresbericht 2014, S. 63.
62 DSO Jahresbericht 2014, S. 62.
63 DSO Jahresbericht 2014, S. 62.
64 DSO Jahresbericht 2014, S. 62.
65 Zu den übrigen Organen vgl. die Statistiken im DSO Jahresbericht 2014, S. 67 ff., zu medizinischen Möglichkeiten und Risiken bei der Leber(lebend-)organspende siehe Walter/Burdelski/Bröring, Deutsches Ärzteblatt 105 (2008), 101 ff. und Lang/Broelsch, Der Internist 48 (2007), 30 ff.

übertragen.[66] Betrachtet man den Anteil der Nierenlebendspenden an der Nierentransplantation, so betrug dieser in Deutschland im Jahre 2014 29,1%.[67] Dabei sind die Zahlen sowohl für Nierentransplantationen nach postmortaler Spende als auch für Nierentransplantationen nach Lebendspende rückläufig.[68]

Die häufigsten Diagnosen, aufgrund derer Nierentransplantationen durchgeführt werden mussten, waren im Jahre 2014 die zystische Nierenkrankheit, das chronische nephritische Syndrom, die chronische Nierenkrankheit, Typ-1-Diabetes sowie die hypertensive Nierenkrankheit.[69]

II. Risiken für den Lebendspender

Im Hinblick auf die medizinischen Risiken für den Lebendnierenspender ist zwischen den perioperativen Risiken rund um den Eingriff selbst und den Langzeit-Risiken zu differenzieren.

Das Mortalitätsrisiko wird für die Nephrektomie (Nierenentnahme) bzw. für die teilweise erforderliche Nephroureterektomie (Entnahme einer Niere und eines Teils des Harnleiters) mit bis zu 1 % angegeben, genauer beziffert nach älteren Angaben mit 0,03–0,06 %.[70] *Land* und *Eigler* weisen allerdings darauf hin, dass hier eine gewisse Dunkelziffer existieren dürfte.[71] Hinsichtlich der mit der Nierenentnahme verbundenen möglichen ernsthaften Komplikationen wie Wundinfektionen, Harnwegsinfektionen, postoperative Lungenentzündung oder Narbenhernie finden sich die perioperative Komplikationsrate betreffend Angaben zwischen etwa 2 % bis 7%.[72]

Im Langzeitverlauf nach einer Lebendnierenspende müssen für den Spender vor allem folgende Risiken bedacht und ins Kalkül gezogen werden: Hypertonie (Bluthochdruck), Proteinurie (Eiweißausscheidung im Urin), dialysepflichtiges Nierenversagen, rekurrierende Nierenentzündung, Entwicklung eines Karzinoms

---

66 DSO Jahresbericht 2014, S. 64.
67 DSO Jahresbericht 2014, S. 64.
68 DSO Jahresbericht 2014, S. 64 f.
69 DSO Jahresbericht 2014, S. 66.
70 Johnson et. al., Transplantation 64 (1997), 1124 ff., vgl. ferner die bei Gutmann/ Schroth, Organlebendspende, S. 91 Fn. 792 und bei Land, Zeitschrift für Transplantationsmedizin 5 (1993), 52 (55) Fn. 11 angegebenen Studien.
71 Land, Zeitschrift für Transplantationsmedizin 5 (1993), 52 (55); Eigler, Deutsche Medizinische Wochenschrift 122 (1997), 1398 (1399).
72 Siehe Stangl in Rittner/Paul, Ethik der Lebendorganspende, S. 27 (28 f.); Land, Zeitschrift für Transplantationsmedizin 5 (1993), 52 (55); Gutmann/Schroth, Organlebendspende in Europa, S. 92; Zillgens, Die strafrechtlichen Grenzen der Lebendorganspende, S. 74.

in der verbleibenden Niere und Gefahr des Verlustes der einen verbleibenden Niere durch Unfall.[73] Zum letztgenannten Punkt ist zu sagen, dass ein solches Aufeinandertreffen der Ereignisse zwar vorstellbar, aber als äußerst seltenes Zufallsereignis zu werten ist.[74]

Zwar existieren bislang relativ wenige Langzeituntersuchungen zur Frage nach dem gesundheitlichen Risiko für Nierenlebendspender; es kann jedoch mit der weit überwiegenden Mehrheit der Stimmen aus der medizinischen Wissenschaft wohl davon ausgegangen werden, dass eine einseitige Nephrektomie weder das Risiko ernsthafter Erkrankungen für den Spender in relevantem Maße erhöht noch dessen Lebenserwartung verkürzt. So zeigte sich u.a. bei einer 2009 veröffentlichten Studie, in der 3698 Nierenlebendspender über einen Zeitraum von 40 Jahren beobachtet wurden, keine messbare Veränderung der Nierenleistung im Verhältnis zur Vergleichsgruppe der Normalbevölkerung; auch ein höherer Blutdruck oder Proteinurie, häufig erstes Anzeichen für eine Nierenschädigung, waren nicht in erhöhtem Maße festzustellen.[75]

Darüber hinaus weisen sogar einige Studien aus verschiedenen Ländern und Kulturkreisen eine höhere Lebensqualität des Spenders nach einer Lebendnierenspende im Vergleich zur Normalbevölkerung aus.[76] Hiernach bewirkt offenbar insbesondere die enge Beziehung zwischen Spender und Empfänger ein positives psychologisches Ergebnis für den Lebendspender. Davon ausgehend sieht sich der Lebendspender nicht nur keinem erkennbaren medizinischen Langzeit-Risiko ausgesetzt, sondern profitiert sogar in psychologischer Hinsicht und erfährt damit einen gesundheitlichen Gewinn für sich selbst.

Auffallend ist, dass in den Publikationen zu der Frage der medizinischen Risiken für den Lebendspender deutliche Unterschiede festzustellen sind und kontroverse Beurteilungen abgegeben werden; zumindest war dies in der Vergangenheit

---

73 Stangl in Rittner/Paul, Ethik der Lebendorganspende, S. 27 (29); Land, Zeitschrift für Transplantationsmedizin 5 (1993), 52 (55).

74 Land, Zeitschrift für Transplantationsmedizin 5 (1993), 52 (55).

75 Hassan et al., New England Journal of Medicine 360 (2009), 459 ff.; vgl. ferner Stangl in Rittner/Paul, Ethik der Lebendorganspende, S. 27 (30 f.), Land, Zeitschrift für Transplantationsmedizin 5 (1993), 52 (55) und Gutmann/Schroth, Organlebendspende in Europa, S. 92 mit weiteren Nachweisen zur Studienlage.

76 Heck et al., Clinical Transplantation 18 (2004), 716 ff., Isotani et al., Urology 60 (2002), 58 ff., Johnson et al., Transplantation 67 (1999), 717 ff., außerdem die bereits oben zitierte, aktuelle Studie von Hassan et al., New England Journal of Medicine 360 (2009), 459 ff.

der Fall.[77] Nach dem Eindruck des Verfassers mag dies auch darauf zurückzuführen sein, dass jedenfalls in der Vergangenheit teilweise das Hervorheben medizinischer Risiken für den Spender oder das Negieren solcher in der Diskussion benutzt und instrumentalisiert wurde, um die Lebendspende unter Verweis auf den medizinischen Sachstand entweder zu propagieren oder gering zu schätzen.

Dies vor dem Hintergrund, dass die Sicherheit und der Schutz der Gesundheit des lebenden Spenders den zentralen Ausgangspunkt der rechtlichen und ethischen Problematik darstellen.[78] Insofern verwundert es nicht, dass jede Seite – gleich ob Befürworter oder Gegner der Lebendorganspende – sich gerade auf diejenigen medizinischen Studien bezieht und diese stark macht, die ihr als Argumentationsbasis genehm sind.

Im Ergebnis scheint aber wohl die Mehrheit der Stimmen in der medizinischen Wissenschaft davon auszugehen, dass das perioperative Risiko für den Lebendspender den Rahmen eines mittleren chirurgischen Eingriffs nicht überschreitet bzw. als gering einzustufen ist.[79] Auch von einem erhöhten Langzeit-Risiko für den Spender wird ganz überwiegend nicht ausgegangen.[80]

Allerdings ist insbesondere in Hinblick auf das Langzeit-Risiko darauf hinzuweisen, dass die Transplantationsmedizin noch eine relativ junge Fachdisziplin der medizinischen Wissenschaft ist und daher die Studienlage noch nicht so umfassend sein kann, wie dies in anderen Bereichen und andere Operationen betreffend der Fall ist.[81] Dies bedeutet eine gewisse Einschränkung in der Beurteilung der medizinischen Risiken für den Lebendspender. Diese Einschränkung darf nicht verleugnet werden, ist aber bei relativ neuen medizinischen Behandlungsmethoden unvermeidbar und einer solchen Konstellation der Fortentwicklung der Medizin immanent. Ferner ist hervorzuheben, dass z.B. im Bereich der Nierentransplantation allein in Deutschland schon einige Tausend Lebendspenden – und ein Vielfaches an Leichenspenden – durchgeführt wurden, so dass von einer noch weitgehend unerforschten Neulandmethode keinesfalls mehr auszugehen ist.

---

77 Diesen Befund im Jahre 1993 teilend u.a. Land, Zeitschrift für Transplantationsmedizin 5 (1993), 52 (55).
78 Gutmann/Schroth, Organlebendspende in Europa, S. 92.
79 So resümierend für viele Stangl in Rittner/Paul, Ethik der Lebendorganspende, S. 27 (28 f.).
80 So auch u.a. Land, Zeitschrift für Transplantationsmedizin 5 (1993), 52 (55), vgl. ferner die eben angeführten Nachweise zur Studienlage betreffend Langzeit-Risiken.
81 Auch *Gutmann/Schroth*, Organlebendspende in Europa, S. 92, gehen von „relativ wenigen Langzeituntersuchungen" aus.

III. Vor- und Nachteile der Lebendorganspende im Vergleich zur postmortalen Organspende

Betrachtet man die medizinischen Vorteile der Lebendnierentransplantation, so ist zunächst hervorzuheben, dass jede Transplantation eines Ersatzorgans, sei es ein postmortal gespendetes Organ oder das eines Lebendspenders, erhebliche Vorteile gegenüber der Dialyse als Ersatzbehandlung nierenkranker Patienten bietet. Zum einen ist die Lebenserwartung eines terminal Nierenkranken trotz Dialyse nur etwa halb so hoch wie nach einer Nierentransplantation.[82] Zum anderen stellt die Notwendigkeit einer regelmäßigen Dialyse eine Belastung für den Patienten dar, die nach Implantation eines Ersatzorgans wegfällt.

Als Vorteile der Lebendnierenspende gegenüber der postmortalen Organspende können im Wesentlichen der gut planbare Operationszeitpunkt, die kurze Wartezeit auf die Spenderniere, die kurze Ischämiezeit und die bessere Organqualität angeführt werden; weitere Aspekte sind die Möglichkeit präoperativer Manipulation des Immunsystems des Organempfängers zur Steigerung der Transplantattoleranz sowie die erhöhte Sicherheit bei der HIV-Testung des Spenders über einen längeren Zeitraum.[83]

Als elektiver Eingriff kann die Nierentransplantation bei der Lebendspende geplant werden. Bei der postmortalen Nierenspende herrscht nach wie vor ein großer Mangel an transplantierbaren Organen, so dass eine Wartezeit von ca. sieben Jahren besteht.[84] Zum 31.12.2014 warteten in Deutschland etwa 8.000 Patienten auf eine Niere.[85] Die sehr lange Wartezeit mit zunehmendem Leidensdruck für die Patienten[86] und steigendem Risiko von Sekundärerkrankungen[87] kann bei der Nierenlebendspende vermieden werden. Lebend gespendete Organe sind wegen der nur kurzen Zeitspanne zwischen Ex- und Implantation einer nur kurzen kalten Ischämiezeit ausgesetzt, was den Reperfusionsschaden minimiert.[88]

---

82 Blaeser-Kiel, Deutsches Ärzteblatt 100 (2003), A 3214.

83 Siegmund-Schultze, Organtransplantation, S. 103; Hopf, Rheinisches Ärzteblatt 10/2005, 20 (22); Land, Zeitschrift für Transplantationsmedizin 5 (1993), 52 (53 f.).

84 Klinkhammer, Deutsches Ärzteblatt 99 (2002), A 2241 (A 2242); Blaeser-Kiel, Deutsches Ärzteblatt 100 (2003), A 3214.

85 DSO Jahresbericht 2014, S. 52.

86 Vgl. die Beschreibung zum Leidensdruck der Patienten auf den Wartelisten bei Nagel, Ethik in der Medizin 12 (2000), 227 ff.

87 Land, Zeitschrift für Transplantationsmedizin 5 (1993), 52 (53).

88 Land, Zeitschrift für Transplantationsmedizin 5 (1993), 52 (54); Gutmann/Schroth, Organlebendspende in Europa, S. 93 mit weiteren Nachweisen.

Die Organqualität ist auch deshalb bei der Lebendspende in aller Regel besser als bei der Totenspende, da bei der Lebendspende das Organ von einem lebenden, häufig gesunden Spender kommt, während postmortal gespendete Organe regelmäßig von Personen stammen, die eben wegen verschiedenster Erkrankungen gestorben sind. Für die Niere ist hierbei vor allem die Hypertonie von Bedeutung. Der gesunde, verunfallte und aufgrund dessen plötzlich verstorbene Motorradfahrer stellt derzeit nicht bzw. nicht mehr den Prototyp und Regelfall des postmortalen Organspenders dar.

Die Nierentransplantation nach Lebendspende weist gegenüber der Transplantation postmortal gespendeter Nieren eine deutlich bessere Transplantatüberlebensrate auf: Nach erhobenen Daten funktionieren fünf Jahre nach Transplantation noch 85,3% aller lebend gespendeten Nieren, während dies bei nur 70,7% aller postmortal gespendeten Nieren nach dem entsprechenden Zeitraum noch der Fall ist.[89]

Noch bessere Ergebnisse lassen sich bei der Nierentransplantation nach Lebendorganspende erzielen, wenn Organspender und –empfänger eine genetische Übereinstimmung aufweisen, wie es bei verwandten Personen oft der Fall ist.[90] Bei HLA-identischen Geschwistern liegt das Fünf-Jahre-Transplantatüberleben z.B. bei 95 %.[91] Je höher die Gewebsübereinstimmung zwischen Spender und Empfänger, desto weniger Immunsuppression ist grundsätzlich notwendig und desto besser das Ergebnis. Ebenfalls sehr positiv wirkt es sich aus, wenn das Organ vor Erreichen der Dialysepflichtigkeit des Empfängers implantiert werden kann, d.h. eine so genannte präemptive Nierenlebendspende durchgeführt werden kann, ohne dass in medizinischer Hinsicht die Hypothek der jahrelangen Belastung des Empfängers durch die Dialyse besteht.

IV. Reversibilität der Verhältnisse

Im Zwischenbericht der Enquete-Kommission „Ethik und Recht der modernen Medizin" zum Thema „Organlebendspende" aus 2005 wird argumentiert, der entscheidende Grund für besseren Funktionsraten und die medizinische Überlegenheit der Lebendspende gegenüber der Totenspende sei die derzeitige Situation der langen Wartezeiten mit Dialyse; per se seien Organe aus Lebendspende

---

89 Stangl in Rittner/Paul, Ethik der Lebendorganspende, S. 27 (28); Land, Zeitschrift für Transplantationsmedizin 5 (1993), 52 (53).
90 Stangl in Rittner/Paul, Ethik der Lebendorganspende, S. 27 (28).
91 Stangl in Rittner/Paul, Ethik der Lebendorganspende, S. 27 (28).

gegenüber postmortal entnommenen Organen nicht überlegen.[92] Vergegenwärtigt man sich die oben aufgeführten wesentlichen Gründe für die medizinische Vorteilhaftigkeit der Lebendspende – planbarer Operationszeitpunkt, kurze Wartezeit, kurze Ischämiezeit und bessere Organqualität –, so ist dazu aus Sicht des Verfassers Folgendes zu sagen:

Die Betrachtung, ob unter veränderten Rahmenbedingungen der medizinische Vorteil der Lebendspende gegenüber der Totenspende sich verringern oder gar entfallen würde, ist immanenterweise eine hypothetische. Das Argument, dass eine Verkürzung der derzeit mit ca. sieben Jahren sehr langen Wartezeit mit Dialyse, die ein maßgeblicher Parameter für die Erfolgsaussichten einer Organtransplantation ist, sich positiv auf die medizinischen Ergebnisse der Transplantation postmortal entnommener Organe auswirken würde, ist schlüssig und nicht ganz von der Hand zu weisen.

Allerdings sind die Aspekte der kurzen Ischämiezeit und der besseren Organqualität weitgehend unabhängig von der Wartezeit zu sehen. Auch wenn sich die derzeitige Organknappheit künftig einmal günstiger entwickeln sollte, würden diese Punkte weiterhin als Gründe für die medizinische Vorteilhaftigkeit der Lebendspende ins Gewicht fallen.

Bei Fortentwicklung der medizinischen und organisatorischen Verhältnisse mag die kalte Ischämiezeit bei der Transplantation von Leichenorganen in bestimmten Maßen zu verkürzen und zu verbessern sein. Gänzlich ausschalten wird man diesen Faktor aber nicht können. Gleichsam wird die Qualität postmortal entnommener Organe die lebend gespendeter Organe nicht erreichen. Es liegt eben in der Natur der Sache, dass ein Organ eines regelmäßig gesunden, lebenden Spenders dem eines Verstorbenen qualitativ überlegen ist.

Im Ergebnis kann davon ausgegangen werden, dass im Falle einer hypothetischen, künftigen Verkürzung der Wartezeiten die postmortale Organspende gegenüber der Lebendspende in Hinblick auf medizinische Erfolgsaussichten möglicherweise aufholen kann. Eine Gleichwertigkeit wird aber realistischerweise nicht eintreten.

Dies ganz abgesehen davon, dass zum jetzigen Zeitpunkt eine Verkürzung der Wartezeit in erheblichem Maße nicht absehbar ist. Nach den Zahlen aus 2014 warten 7.967 Patienten – angemeldet auf der Warteliste – auf eine neue Niere, während 2.128 Nierentransplantationen durchgeführt wurden, postmortale Organspende

---

92 Zwischenbericht der Enquete-Kommission „Ethik und Recht der modernen Medizin" zum Thema „Organlebendspende" vom 17. März 2005, BT-Drs. 15/5050, S. 49.

und Lebendspende zusammen genommen.[93] Dies bedeutet: Es warten fast vier-mal so viele Menschen auf eine Niere, wie Nierentransplantationen vorgenommen werden können.

Somit ist der These im Zwischenbericht der Enquete-Kommission „Ethik und Recht der modernen Medizin" zum Thema „Organlebendspende" insofern entge-genzutreten, als dass man nicht die Argumentationslinie vertreten kann, lebend ge-spendete Organe seien Leichenorgane per se nicht überlegen, wenn damit gemeint ist und zwischen den Zeilen mitgesagt werden soll, dass sich dies realistischerweise und absehbar künftig ändern könnte. Festzuhalten ist, dass die Lebendspende der Totenspende medizinisch überlegen ist und, soweit man dies nach derzeitigem Stand voraussehen kann, auch bleiben wird.

---

93 DSO Jahresbericht 2014, S. 64.

C) Ethische Betrachtungen

I. Medizinethik: Neue Herausforderungen

Die wissenschaftliche Disziplin der Ethik befasst sich mit Normen und Werten auf einer reflektierenden Ebene.[94] Im Rahmen einer lehrbuchmäßigen Definition kann die Aufgabe der Medizinethik als „kommunikationsfördernde Formulierung, Überprüfung und Rechtfertigung von Handlungsalternativen angesichts der moralischen Konflikte"[95] bezeichnet werden.

Moralische Konflikte ergeben sich im Bereich ärztlichen Handelns in besonderem Maße. Von ärztlichen Entscheidungen und Handlungen sind das körperliche Wohlbefinden bzw. sogar das Überleben der Patienten abhängig. Auf der anderen Seite stellen ärztliche Handlungen, insbesondere invasive Maßnahmen, einen Eingriff in die körperliche Unversehrtheit der Patienten dar. Somit sind Güter der Patienten von höchstem Wert durch die ärztliche Tätigkeit betroffen; Situationen moralischen Konflikts ergeben sich zwangsläufig gehäuft und in besonderer Intensität.

Für jeden, der andere Menschen behandelt, ist es unausweichlich, sein Tun ethisch zu reflektieren. Dies gilt seit dem Anbeginn der medizinischen Behandlung von Menschen. Insofern ist Ethik keine Disziplin, die neu zur Medizin hinzukommt.[96] Vieles, was durch die medizinische Ethik als Anforderung an ärztliches Handeln formuliert wurde, war schon vorher selbstverständlich gültig und wurde in der praktischen medizinischen Tätigkeit befolgt oder zumindest bedacht.[97]

Die ältesten überlieferten Ansätze, einen Normenkodex für ärztliches Handeln aufzustellen, finden sich im Hippokratischen Eid[98]. Dieser stammt aus dem 3. bzw. 4. Jahrhundert v. Chr.[99] In der Folgezeit wurde er an erster Stelle in das Corpus

---

94 Waibl, Grundriss der Medizinethik, S. 13; Riha, Ethik in der Medizin, S. 10.
95 Patzig/Schöne-Seifert in Kahlke/Reiter-Theil, Ethik in der Medizin, S. 1.
96 Illhardt, Medizinische Ethik, S. 2.
97 Illhardt, Medizinische Ethik, S. 3.
98 Abgedruckt bei: Heene in Bauer, Medizinische Ethik am Beginn des 21.v Jahrhunderts, S. 155 (156 f.); und bei: Illhardt, Medizinische Ethik, S. 3.
99 *Wiesing* in Wiesing, Ethik in der Medizin, S. 36) gibt als Entstehungszeit des Eides das 4. Jahrhundert v. Chr. an, *Illhardt* (Illhardt, Medizinische Ethik, S. 3) das 3. Jahrhundert v. Chr.

Hippocraticum, die bedeutendste medizinische Textsammlung der Antike, eingefügt.[100]

Im zweiten Teil des Eides werden dem Arzt einige Pflichten für die Behandlung von Kranken auferlegt. Die Pflichten werden als Handlungsanweisungen für konkrete Behandlungssituationen einzeln beschrieben. Es ist dabei zu berücksichtigen, dass zur Zeit der Entstehung des Hippokratischen Eides die Möglichkeiten der Medizin noch sehr begrenzt waren und die Zahl möglicher kurativer Eingriffe gering war, so dass konkrete Verhaltenspflichten benannt werden konnten, ohne abstrakte Prinzipien aufstellen zu müssen. Dennoch steht hinter den einzelnen Verhaltenvorschriften des Hippokratischen Eides als zentrale Verpflichtung das Gebot, für das Wohl des Kranken zu sorgen und Schaden zu vermeiden.[101] Das heute unter der Bezeichnung „primum nil nocere" diskutierte Prinzip der Schadensvermeidung ist hier bereits verankert.

Der Hippokratische Eid ist auch Vorbild für das Genfer Gelöbnis[102], das nach den Nürnberger Ärzteprozessen 1948 formuliert wurde und seit 1950 der Präambel der Musterberufsordnung für die deutschen Ärzte[103] voran steht. Auch durch das Genfer Gelöbnis werden den Ärzten Verhaltenspflichten auferlegt, die allerdings allgemeiner formuliert sind als im Hippokratischen Eid.

Die auch im Hippokratischen Eid zum Ausdruck kommende traditionelle Medizinethik beschränkte sich auf professionsinterne Regelungen im Sinne eines Standesethos.[104] Die Berufsgruppe der Ärzte stellte vor dem Hintergrund des gesamtgesellschaftlichen Ethos Regeln auf und begründete Einstellungen, die sie für ihr eigenes berufliches Handeln als verbindlich erachtete.[105]

Als eigenständige wissenschaftliche Disziplin, die sich mit moralischen Fragen im gesamten Bereich der Medizin beschäftigt, etablierte sich die medizinische Ethik erst in der zweiten Hälfte des 20. Jahrhunderts.[106] Dies ist darin begründet, dass sich in den letzten Jahrzehnten für die Ethik in der Medizin viele Problemstellungen und damit auch Betätigungsfelder eröffnet haben, die vorher nicht existierten.

---

100 Wiesing in Wiesing, Ethik in der Medizin, S. 36.
101 Wiesing in Wiesing, Ethik in der Medizin, S. 37.
102 Winau in Albert, Praxis der Nierentransplantation (III), S. 99 (103).
103 Diese wird jeweils beschlossen durch den Deutschen Ärztetag.
104 Honnefelder in Honnefelder/Rager, Ärztliches Urteilen und Handeln, S. 135 (137); Marckmann/Bormuth/Wiesing in Wiesing, Ethik in der Medizin, S. 21 (29).
105 Honnefelder in Honnefelder/Rager, Ärztliches Urteilen und Handeln, S. 135 (137).
106 Marckmann/Bormuth/Wiesing in Wiesing, Ethik in der Medizin, S. 21 (29).

24

Diesbezüglich werden im Folgenden drei wesentliche neue Gesichtspunkte für die medizinische Ethik erörtert werden, die für den Bereich der Transplantationsmedizin relevant sind:

Erstens sind durch den rasanten medizinisch-technischen Fortschritt viele neue Handlungs- und Eingriffsmöglichkeiten entstanden, mit denen sich die Ethik in der Medizin vorher noch nicht befasst hatte und die moralische Konflikte in besonderem Maße nach sich ziehen.[107] Es stellt sich die Frage: Darf die Medizin, was sie kann?[108]

So wird angesichts der heutigen intensivmedizinischen Möglichkeiten der Lebensverlängerung diskutiert, inwieweit Menschen mit medizinischen Apparaten am Leben erhalten werden sollen, die ohne diese nicht mehr lebensfähig wären. Durch genaue diagnostische Verfahren z.B. im Bereich der Onkologie können Mediziner bei schwer erkrankten und unter starken Schmerzen leidenden Patienten voraussagen, ob noch eine Heilungschance besteht oder nicht. Erst aufgrund dieser diagnostischen Möglichkeiten kann eine Diskussion darüber aufkommen, ob bei solchen Patienten eine Sterbehilfe zulässig sein soll.

Weiterhin ziehen die Verfahren der künstlichen Befruchtung und der in-vitro-Fertilisation die Frage nach sich, wann menschliches Leben beginnt und ab wann dieses geschützt werden soll. Schließlich ergeben sich im Rahmen der Transplantationsmedizin ethische Probleme hinsichtlich der Zulässigkeitsvoraussetzungen von Lebend- und Totenorganspende und hinsichtlich möglicher Maßnahmen gegen Organmangel und zur Wahrung der Verteilungsgerechtigkeit.

Durch den medizinischen Fortschritt eröffnet sich auch insofern eine neue ethische Dimension, als Ärzte auf die begrenzte Verfügbarkeit wirtschaftlicher Ressourcen Rücksicht nehmen müssen.[109] Es ist nicht mehr finanzierbar, jedem Patienten die maximale, nach dem aktuellen Stand der Erkenntnisse der medizinischen Wissenschaft bestmögliche Therapie anzubieten. Dies gilt umso mehr, als die finanziellen Kapazitäten des öffentlichen Gesundheitssystems knapp bemessen sind.

Zweitens kann in vielen medizinethischen Fragen nicht mehr auf einen gesamtgesellschaftlichen Konsens bzw. nicht einmal mehr auf eine Werteüberzeugung, die von der Mehrheit der Gesellschaft getragen wird, zurückgegriffen werden. Vielmehr ist eine Vielfalt miteinander konkurrierender Wertorientierungen im Sinne

---

107 Küfner, Rechtsphilosophische Aspekte moderner Medizintechniken, S. 13 ff.; Marckmann/Bormuth/Wiesing in Wiesing, Ethik in der Medizin, S. 21 (29).
108 So der Buchtitel von *Sporken*, Darf die Medizin, was sie kann?.
109 Peschke, Christliche Ethik, S. 283.

eines gesellschaftlichen Wertepluralismus zu konstatieren.[110] Diese Pluralisierung bezüglich moralischer Handlungsnormen führt dazu, dass dem einzelnen Arzt bei seiner Entscheidung eines moralischen Konflikts kein moralisches Grundgerüst zur Seite steht, das als gesamtgesellschaftlich getragen und damit als für alle verbindlich erachtet werden kann. Der Arzt kann sich nicht auf ein Wertesystem verlassen, das gesamtgesellschaftlich akzeptiert ist.

Als Beispiele für die Pluralität von Wertüberzeugungen können die anhaltenden Debatten um den moralischen Status und Schutz des Embryos und um die Zulässigkeit der Sterbehilfe herangezogen werden.[111] Die Diskussion um die Zulässigkeitsvoraussetzungen des Schwangerschaftsabbruchs, heftig geführt vor allem seit den 70er Jahren, dauert bereits seit einigen Jahrzehnten an. Obwohl in dieser Zeit zahlreiche gesetzliche Neuregelungen erfolgt sind und das Bundesverfassungsgericht als oberstes Verfassungsorgan zwei Urteile[112] dazu gesprochen hat, ist die Thematik nach wie vor Gegenstand der öffentlichen Debatte. Daran zeigt sich, dass viele unterschiedliche Überzeugungen in der Gesellschaft zu diesem Thema bestehen und diese Überzeugungen auch vehement und nachhaltig vertreten werden.

Die moralische Diversifität innerhalb der Gesellschaft zeigt sich auch an der heftigen Diskussion um den Hirntod als Voraussetzung für die Organentnahme bei der postmortalen Organspende, die vor allem um den Zeitpunkt des Inkrafttretens des Transplantationsgesetzes im Dezember 1997 herum stattfand.[113]

Selbst ein einzelnes Mitglied der Gesellschaft kann zeitweise unterschiedliche Vorstellungen und Interessen verfolgen. Bei der Lebendorganspende kann dies davon abhängen, ob der einzelne sich in der Rolle des Organspenders oder des Organempfängers befindet.[114] Der potentielle Organempfänger wird daran interessiert sein, möglichst schnell ein Organ zu bekommen, und vom Gesetzgeber geschaffene Hürden wie z.B. die Anhörung vor einer Lebendspendekommission möglicherweise als zeitraubende Schikane empfinden. Der potentielle Organspender wird den zu seinem Schutz vom Gesetzgeber normierten Voraussetzungen für eine Lebendspende vielleicht mehr Verständnis entgegenbringen.

---

110 Pöltner, Grundkurs Medizin-Ethik, S. 13; Honnefelder in Honnefelder/Rager, Ärztliches Urteilen und Handeln, S. 135 (141).
111 Marckmann/Bormuth/Wiesing in Wiesing, Ethik in der Medizin, S. 21 (29).
112 Das erste Urteil stammt aus dem Jahre 1975 (BVerfGE 39, 1 ff.), das zweite aus dem Jahre 1993 (BVerfGE 88, 203 ff.).
113 Vgl. Schmidt, Politik der Organverteilung, S. 153 ff.
114 Wiesemann in Frewer, Zur ethischen Kultur der Humanmedizin, S. 13 (18).

Drittens hat sich die Arzt-Patient-Beziehung grundsätzlich gewandelt. Früher hatte der Arzt die Entscheidungsautorität, gespeist aus seinem eigenen Standes-ethos sowie auch aus der Erwartungshaltung des Patienten.[115] Der Arzt entschied zumeist in paternalistischer Weise über die zu wählende Therapie und damit über das körperliche Wohl des Patienten.

Demgegenüber bilden heutzutage die Ärzte nicht mehr einen Stand in einer nach Ständen geordneten Gesellschaft, in der sie ihr eigenes Berufsethos auto-nom festlegen können.[116] Vielmehr wird das Selbstbestimmungsrecht des Pati-enten in den Vordergrund gerückt.[117]

Als Beleg hierfür mag die juristische Dogmatik dienen, wonach ein ärztlicher Heileingriff eine Körperverletzung darstellt, die nur dann gerechtfertigt sein kann, wenn der Patient in den Eingriff eingewilligt hat. Erst wenn eine hinreichende Aufklärung und eine wirksame Einwilligung vorliegen, die dem Selbstbestim-mungsrecht des Patienten Rechnung tragen, entfällt die strafrechtliche Verant-wortlichkeit und zivilrechtliche Haftung des Arztes.

Erforderlich ist also der so genannte informed consent des Patienten, ein Be-griff, der heutzutage sowohl in der Medizinethik als auch im Medizinrecht von zentraler Bedeutung ist.[118] Daran ist erkennbar, dass die eigene Entscheidung des Patienten und sein Selbstbestimmungsrecht im Behandlungsverhältnis zum Arzt zunehmend an Gewicht gewinnen.

Die ärztliche Entscheidung wird vom Patienten oft hinterfragt. Der Patient wird mehr und mehr gleichberechtigter Partner im Entscheidungsprozess über das therapeutische Vorgehen.[119] Viele Patienten haben sich heutzutage schon vor dem Arztbesuch über ihre Erkrankung und mögliche Behandlungsansätze über das Internet oder andere Kommunikationsmedien informiert, was früher gar nicht möglich war. Bereits durch diese Möglichkeit, sich auf anderem Wege als über den sie behandelnden Arzt Informationen einzuholen, treten sie dem Arzt als gleichberechtigte Vertragspartner im Rahmen des Dienstvertrages gegen-über, nicht als jemand, der sich der Autorität des Arztes vorbehaltlos ausliefert.

Dennoch wird der Arzt nicht zum Werkzeug des Patienten; er bestimmt wei-terhin als Zentralgestalt das medizinische Geschehen.[120] Zwar hängt es von der

---

115 Honnefelder in Honnefelder/Rager, Ärztliches Urteilen und Handeln, S. 135 (142 f.).
116 Honnefelder in Honnefelder/Rager, Ärztliches Urteilen und Handeln, S. 135 (142 f.).
117 Wiesemann in Frewer, Zur ethischen Kultur der Humanmedizin, S. 13 (18); Marck-mann/Bormuth/Wiesing in Wiesing, Ethik in der Medizin, S. 21 (30).
118 Dörner, Der gute Arzt, S. 20.
119 Marckmann/Bormuth/Wiesing in Wiesing, Ethik in der Medizin, S. 21 (30).
120 Tag in Bauer, Medizinische Ethik am Beginn des 21.v Jahrhunderts, S. 207 (218).

Einwilligung des Patienten ab und liegt somit in seiner Entscheidungsgewalt, ob und wie die Behandlung durchgeführt wird, allerdings kann der Patient nur in diejenigen Behandlungsmöglichkeiten einwilligen und zwischen denjenigen Alternativen auswählen, die ihm der Arzt vorher im Gespräch offeriert hat. Der Arzt kann mittels der Auswahl der Informationen, die er an den Patienten weitergibt, die Entscheidung des Patienten maßgeblich beeinflussen.

Bei einigen medizinischen Fragestellungen werden innerhalb der medizinischen Wissenschaft verschiedene Meinungen vertreten. Von diesen unterschiedlichen Ansichten mag der einzelne Arzt Anhänger der einen oder anderen Position sein, was sich auch im Beratungsgespräch mit dem Patienten widerspiegeln wird. Für die Lebendorganspende gilt dies in besonderem Maße, da aufgrund der relativ kurzen Geschichte der Lebendorganspende teilweise noch Ergebnisse aus Langzeitstudien fehlen, weshalb gerade dort in einigen medizinischen Fragen innerhalb der Fachgruppe der Transplantationsmediziner unterschiedliche Meinungen vertreten werden.

Die medizinische Gesamtsituation sowie mögliche Diagnostik- und Therapieansätze überblickt der Arzt durch seine fachliche Überlegenheit besser als der Patient. Folglich ist trotz informed consent eine vollständige Emanzipation des Patienten aufgrund der Natur der Sache nicht möglich.[121] Der Arzt kann sich deshalb auch nicht auf den Standpunkt zurückziehen, er informiere den Patienten lediglich über medizinische Gegebenheiten, die Letztentscheidung bezüglich seiner Behandlung müsse der Patient allein treffen. Vielmehr trägt der Arzt Verantwortung für Güter des Patienten von höchstem Wert. Der Patient ist von seinem behandelnden Arzt aufgrund dessen fachlicher Überlegenheit abhängig.

Ein weiteres Merkmal des heutigen Arzt-Patient-Verhältnisses ist, dass dieses nicht mehr so überschaubar ist wie früher. Der Arzt ist nicht mehr nur kurativ gegenüber dem einzelnen Patienten tätig; vielmehr hat er zahlreiche Aufgaben zu erfüllen und Funktionen auszufüllen, nämlich als Wissenschaftler, Berater, Begutachter, gegebenenfalls Mitglied eines mehrköpfigen Behandlungsteams, selbständiger Unternehmer.[122]

---

121   Tag in Bauer, Medizinische Ethik am Beginn des 21. Jahrhunderts, S. 207 (218).
122   Pöltner, Grundkurs Medizin-Ethik, S. 14.

II. Prinzipien der Medizinethik

1. Postulierung von Prinzipien

Betrachtet man die Entwicklung der prinzipienorientierten Medizinethik, so ist zunächst zu konstatieren, dass sich in der medizinischen Ethik keine ethische Theorie alleine durchgesetzt hat und dass keine alleinige Bezugnahme auf eine der klassischen Theorien der Moralphilosophie festgestellt werden kann.[123] Vielmehr werden in Teilbereichen der Medizinethik verschiedene ethische Theorieansätze herangezogen, so z.B. der Utilitarismus[124], die deontologische Ethik oder die Diskursethik.

Der Rückgriff auf klassische Ethikansätze führt hinsichtlich ihrer Anwendbarkeit in der medizinischen Praxis zu zwei Problemen: Erstens enthalten vor allem deontologische und utilitaristische Ansätze oft zu abstrakte Prinzipien.[125] Diese können in konkreten Fallkonstellationen der medizinischen Praxis kaum angewendet werden. Zweitens bedarf die gewinnbringende Anwendung dieser Prinzipien aufgrund ihrer abstrakten und praxisfernen Formulierung einiger philosophischer Erfahrung.[126] Philosophische Erfahrung allerdings bringen die wenigsten Praktiker in den Heilberufen mit und können sie auch nicht innerhalb kurzer Zeit erwerben.

Dennoch darf sich die Ethik nicht der Normsetzung in der Medizin verweigern bzw. sich aus dem Bereich der Medizin heraushalten. Ohne Normsetzung würden die rasant fortschreitenden medizinisch-technischen Möglichkeiten entweder bedenkenlos genutzt oder vollkommen abgelehnt.[127] Auch wenn es sich bei Fragen z.B. im Rahmen der Organtransplantation um sehr komplexe Problemstellungen handelt, darf der Arzt mit diesen nicht alleine gelassen werden.[128] So wie es Aufgabe der Medizin ist, Heilung oder Linderung von Krankheiten mit immer neuen Mitteln zu verfolgen, so muss auch die Frage, welche neuen

---

123 Schroth in Kaufmann/Hassemer/Neumann, Einführung in Rechtsphilosophie und Rechtstheorie der Gegenwart, S. 458 (460); Marckmann/Bormuth/Wiesing in Wiesing, Ethik in der Medizin, S. 21 (30); Honnefelder in Honnefelder/Rager, Ärztliches Urteilen und Handeln, S. 135 (146).

124 Prominentes Beispiel dafür ist *Peter Singer*; vgl. zur Einordnung von *Singers* utilitaristischem Ansatz in die Bioethik Düwell in Düwell/Steigleder, Bioethik, S. 57 ff.

125 Quante/Vieth in Düwell/Steigleder, Bioethik, S. 136 (141).

126 Quante/Vieth in Düwell/Steigleder, Bioethik, S. 136 (141).

127 Honnefelder in Honnefelder/Rager, Ärztliches Urteilen und Handeln, S. 135 (143).

128 Knessl, Medizinische Ethik aus heutiger Sicht, S. 11; Küfner, Rechtsphilosophische Aspekte moderner Medizintechniken, S. 14.

Medizintechniken vernünftigerweise angewendet werden dürfen und sollen, reflektiert werden; diese Aufgabe fällt der Ethik in der Medizin zu.[129]

Die Ethik darf sich auch deshalb nicht den medizinischen Problemen verweigern, da ansonsten eine übermäßige Verrechtlichung in Bezug auf medizinische Problemkreise droht.[130] Auch wenn rechtliche Regelungen auf dem Gebiet der Medizin unerlässlich sind, so birgt deren Übermaß die Gefahr in sich, den Arzt in seiner täglichen Arbeit zu übervorsichtigem Handeln zu zwingen und einzuschüchtern und dadurch das ärztliche Tätigwerden zu einer „Defensivmedizin"[131] einzuschränken. Der Arzt darf nicht vorrangig bemüht sein, rechtlich vorwerfbare Handlungen zu unterlassen, sondern muss es als sein primäres Ziel ansehen, medizinisch indizierte Maßnahmen durchzuführen.[132]

Bei der Frage, inwieweit ethische Prinzipien für die Medizin aufzustellen sind, müssen zwei Extreme vermieden werden: Auf der einen Seite dürfen nicht zu abstrakte, praxisferne Prinzipien postuliert werden.[133] Solche Prinzipien würden keinen Anklang bei den Praktikern der Heilberufe finden und damit keine Wirkung entfalten. Dies gilt in besonderem Maße in der heutigen Gesellschaft, die in Bezug auf Wertüberzeugungen unzweifelhaft pluralistisch ist.[134] Auf der anderen Seite darf die medizinische Ethik nicht „zu einer Ideologie des Faktischen pervertieren"[135]. Sie darf also nicht jeglichen medizintechnischen Fortschritt gutheißen und lediglich darauf bedacht sein, Missbrauch zu verhindern.

Ethik in der Medizin muss sich deshalb zwar an Normen und Prinzipien als Orientierungshilfen halten, diese aber in jeder Konfliktsituation gegeneinander abwägen und immer eine konkrete Einzelfallentscheidung treffen. *Winau* spricht in diesem Zusammenhang davon, ärztliche Ethik dürfe weder reine „Normenethik" noch reine „Situationsethik" sein, sondern müsse sich als „Verantwortungsethik" etablieren.[136]

---

129 Küfner, Rechtsphilosophische Aspekte moderner Medizintechniken, S. 14.
130 Honnefelder in Honnefelder/Rager, Ärztliches Urteilen und Handeln, S. 135 (143).
131 Pöltner, Grundkurs Medizin-Ethik, S. 16.
132 Honnefelder in Honnefelder/Rager, Ärztliches Urteilen und Handeln, S. 135 (144); Pöltner, Grundkurs Medizin-Ethik, S. 16.
133 Pöltner, Grundkurs Medizin-Ethik, S. 28.
134 So auch Winau in Albert, Praxis der Nierentransplantation (III), S. 99 (104).
135 Pöltner, Grundkurs Medizin-Ethik, S. 28.
136 Winau in Albert, Praxis der Nierentransplantation (III), S. 99 (105 f.).

2. Der „principlism"

Der prominenteste prinzipienorientierte Ansatz in der Medizinethik geht auf den so genannten „principlism", begründet von *Beauchamp* und *Childress*[137], zurück.

Die vier von *Beauchamp* und *Childress* erstmals formulierten Prinzipien – daher stammt die Bezeichnung „principlism" – haben sich in der heutigen medizinethischen Diskussion durchgesetzt. Der principlism sah sich seit seiner Begründung durch *Beauchamp* und *Childress* der Kritik von Anhängern anderer ethischer Ansätze ausgesetzt; die Theorie des principlism hat diese Kritik teilweise rezipiert und sich infolgedessen weiterentwickelt und grundlegend verändert.[138]

Der principlism geht von vier Prinzipien aus: autonomy (Selbstbestimmung), nonmaleficence (Schadensvermeidung), beneficence (Wohltuenspflicht) und justice (Gerechtigkeit), wobei durch die Reihenfolge keine Hierarchie dieser vier Grundnormen begründet wird.[139]

Die vier Prinzipien des principlism sollen im Folgenden zunächst eingeführt und dargestellt werden:

Das Prinzip des Respekts vor der Autonomie – auch bezeichnet als „voluntas aegroti suprema lex" – fordert die Berücksichtigung der Wünsche, Werte und Zielvorstellungen des Patienten.[140] Das Selbstbestimmungsrecht des Patienten wird dadurch gewährleistet, dass der Patient eine überlegte Wahl zwischen verschiedenen Handlungsmöglichkeiten treffen kann, durch die seine eigenen Intentionen verfolgt werden und die keiner externen Kontrolle oder Einflussnahme unterliegt.[141] Die Entscheidungsfreiheit des Patienten soll vor einer bevormundenden Fürsorge der Ärzte und des Pflegepersonals, auch wenn diese das körperliche Wohlbefinden des Patienten zum Ziel hat, gesichert werden. Insofern steht das Prinzip der Autonomie im Gegensatz zu einem paternalistischen Verständnis der Arzt-Patient-Beziehung.

Das Prinzip der Autonomie des Patienten ist zum einen negativ gegen Zwang von außen – d.h. ausgeübt durch Ärzte oder staatliche Instanzen – gerichtet mit dem Ziel der Sicherung der Selbstbestimmung des Patienten.[142] Zum anderen

---

137 Beauchamp/Childress, Principles of Biomedical Ethics. Das Buch erschien 1979 in der ersten Auflage.

138 Quante/Vieth in Düwell/Steigleder, Bioethik, S. 136.

139 Beauchamp/Childress, Principles of Biomedical Ethics, S. 57 ff.

140 Marckmann/Bormuth/Wiesing in Wiesing, Ethik in der Medizin, S. 21 (31).

141 Beauchamp/Childress, Principles of Biomedical Ethics, S. 59; Quante/Vieth in Düwell/Steigleder, Bioethik, S. 136 (137).

142 Quante/Vieth in Düwell/Steigleder, Bioethik, S. 136 (137); Marckmann/Bormuth/ Wiesing in Wiesing, Ethik in der Medizin, S. 21 (31).

verlangt es aber positiv vom Arzt, den selbstbestimmten Entscheidungsprozess des Patienten zu unterstützen.[143] Angesichts des Kompetenzvorsprungs des Arztes ist der Patient nämlich nur dann in der Lage, seine Entscheidungsfreiheit auszuüben, wenn der Arzt ihm dies durch eine auf seine Bedürfnisse angepasste Aufklärung ermöglicht. Hieraus entwickelt sich das Postulat des informed consent.

Außer beim Konzept des informed consent schlägt sich das Prinzip der Autonomie bei Fragen hinsichtlich coping (Umgang des Kranken mit seiner Krankheit) und compliance (Einhaltung der vom Arzt vorgeschlagenen Therapie) des Patienten nieder.[144]

Das Prinzip der Schadensvermeidung oder des „primum nil nocere" enthält das Verbot, einem Menschen Schaden zuzufügen.[145] Dieses Prinzip gerät sehr häufig in Konflikt mit der Wohltuenspflicht.[146] Bei den meisten medizinischen Eingriffen oder Maßnahmen ist es nämlich unvermeidbar, dass beim Patienten ein Schaden entsteht, sei es auch nur der Einstich bei einer Spritze, oder zumindest das Risiko einer Nebenwirkung oder einer Schädigung besteht.

Konflikte entstehen ferner im Zusammenhang mit der sozialen und ökonomischen Verträglichkeit einer bestimmten medizinischen Maßnahme, wenn diese nicht durch die Solidargemeinschaft finanzierbar ist und deshalb nicht von der Krankenversicherung getragen wird.[147]

Das Schadensverbot ist für ärztliches Handeln in besonderem Maße wichtig, da ärztliche Eingriffe oft irreversibel sind.[148] Wurde einem Lebendorganspender z.B. ein Organ explantiert, muss er in Zukunft ohne dieses auskommen.

Eine weitere Besonderheit der ärztlichen Tätigkeit ist, dass auch das Unterlassen einer Maßnahme gegen das Prinzip der Schadensvermeidung verstoßen kann.[149]

---

143 Marckmann/Bormuth/Wiesing in Wiesing, Ethik in der Medizin, S. 21 (31).

144 Holznienkemper, Organspende und Transplantation und ihre Rezension in der Ethik der abrahamitischen Religionen, S. 102.

145 Quante/Vieth in Düwell/Steigleder, Bioethik, S. 136 (138); Marckmann/Bormuth/ Wiesing in Wiesing, Ethik in der Medizin, S. 21 (32).

146 Marckmann/Bormuth/Wiesing in Wiesing, Ethik in der Medizin, S. 21 (32); Holznienkemper, Organspende und Transplantation und ihre Rezension in der Ethik der abrahamitischen Religionen, S. 103.

147 Holznienkemper, Organspende und Transplantation und ihre Rezension in der Ethik der abrahamitischen Religionen, S. 104.

148 Holznienkemper, Organspende und Transplantation und ihre Rezension in der Ethik der abrahamitischen Religionen, S. 103.

149 Holznienkemper, Organspende und Transplantation und ihre Rezension in der Ethik der abrahamitischen Religionen, S. 103 f.

Gilt sonst häufig der Satz, dass derjenige, der nichts tut, keinem schadet, so ist der Arzt bisweilen durch das Verbot des „primum nil nocere" verpflichtet, eine bestimmte Maßnahme durchzuführen. Gerade in der Intensivmedizin steht ärztliches Handeln oft unter Zeitdruck, so dass das Prinzip der Schadensvermeidung vom Arzt sogar verlangt, eine bestimmte Behandlungsmaßnahme sofort durchzuführen, da diese später nicht mehr nachholbar ist.

Eng verknüpft mit dem Prinzip der Schadensvermeidung ist das Prinzip der Wohltuens- oder Fürsorgepflicht, lateinisch ausgedrückt „salus aegroti suprema lex". Wie das Prinzip der Schadensvermeidung in negativer Hinsicht das Verbot enthält, dem Patienten zu schaden, so begründet das Prinzip der Fürsorge in positiver Hinsicht das Gebot, das Wohlbefinden des Patienten zu steigern: „nil nocere – bonum facere".[150]

Diese beiden Grundnormen sind aber nicht miteinander gleichzusetzen; das Prinzip der Schadensvermeidung verlangt weniger vom handelnden Arzt als das Wohltuens-Prinzip.[151] Bei einem Patienten mit Brandverletzungen z.B. ist die Wundversorgung ausreichend, um der Verletzung und den Schmerzen entgegenzuwirken und damit dem Prinzip der Schadensvermeidung Rechnung zu tragen. Darüber hinaus allerdings verlangt die Fürsorgepflicht vom Arzt, gegebenenfalls Maßnahmen der plastischen Rekonstruktion durchzuführen, um dem Patienten wieder zu einem ansprechenden Äußeren zu verhelfen und dadurch sein Wohlbefinden zu steigern.

Nach dem Prinzip des Wohltuens soll der Arzt das Wohl des Patienten fördern und ihm nützen.[152] Insofern kann dieses Prinzip auch als Vorzugsregel interpretiert werden: Unter verschiedenen therapeutischen Maßnahmen soll diejenige ausgewählt werden, die das Wohl des Patienten am meisten fördert.[153]

Das vierte Prinzip des principlism ist die Gerechtigkeit. Hier geht es vornehmlich um die Verteilung von Ressourcen im medizinischen Bereich.[154]

---

150 Marckmann/Bormuth/Wiesing in Wiesing, Ethik in der Medizin, S. 21 (32); Quante/Vieth in Düwell/Steigleder, Bioethik, S. 136 (138); Holznienkemper, Organspende und Transplantation und ihre Rezension in der Ethik der abrahamitischen Religionen, S. 103 f.
151 Quante/Vieth in Düwell/Steigleder, Bioethik, S. 136 (138).
152 Marckmann/Bormuth/Wiesing in Wiesing, Ethik in der Medizin, S. 21 (32).
153 Holznienkemper, Organspende und Transplantation und ihre Rezension in der Ethik der abrahamitischen Religionen, S. 104.
154 Schroth in Kaufmann/Hassemer/Neumann, Einführung in Rechtsphilosophie und Rechtstheorie der Gegenwart, S. 458 (462).

Zum einen ergeben sich ethische Konflikte bei der Frage, welche finanziellen Mittel in welchen Bereich der Medizin investiert werden. Man kann z.B. Gerechtigkeitsgründe anführen, wenn man beklagt, dass gesamtgesellschaftlich gesehen viel Geld in Schönheitsoperationen oder andere kosmetische Maßnahmen investiert wird, das infolgedessen nicht für die Krebs- oder Aidsforschung zur Verfügung steht.

Zum anderen stellt sich das Problem des Zugangs zu medizinischen Leistungen bzw. der gerechten Verteilung der Leistungen des Gesundheitssystems.[155] Welche Mitglieder der Gesellschaft können in welchen Fällen, in welchem Umfang, zu welchen Konditionen und auf wessen Kosten die Gesundheitsversorgung in Anspruch nehmen?

Denkbar ist, zur Beantwortung dieser Fragen auf das Prinzip der Nützlichkeit zurückzugreifen.[156] Nach diesem utilitaristischen Prinzip ist die medizinische Behandlung so zu verteilen, wie es aus gesamtgesellschaftlicher Sicht nach dem Nutzenkalkül am sinnvollsten ist. Im Fall einer Seuche z.B. sollten vorrangig Ärzte behandelt werden, weil sie zur Bekämpfung der Seuche in der Lage sind.[157]

Ebenso kann bei der Suche nach Kriterien für eine gerechte Verteilung der medizinischen Ressourcen das Prinzip der Gleichheit angewendet werden.[158] Danach haben grundsätzlich alle Individuen den gleichen Anspruch auf Teilhabe an der Gesundheitsversorgung. Entscheidend für die Zuteilung medizinischer Leistungen ist dann die chronologische Reihenfolge der Bedarfsanmeldung.[159]

Dieses Prinzip ist allerdings in bestimmten Fällen einzuschränken durch die Kriterien der Dringlichkeit oder Erfolgsaussicht.[160] So muss Patienten, die in Lebensgefahr schweben, vorrangig medizinische Hilfe zukommen. Auch kann die öffentliche Gesundheitsversorgung nicht jedem eine teure Therapie anbieten, die

---

155 Quante/Vieth in Düwell/Steigleder, Bioethik, S. 136 (139); Marckmann/Bormuth/ Wiesing in Wiesing, Ethik in der Medizin, S. 21 (33); Holznienkemper, Organspende und Transplantation und ihre Rezension in der Ethik der abrahamitischen Religionen, S. 105.

156 Holznienkemper, Organspende und Transplantation und ihre Rezension in der Ethik der abrahamitischen Religionen, S. 105.

157 Holznienkemper, Organspende und Transplantation und ihre Rezension in der Ethik der abrahamitischen Religionen, S. 105.

158 Holznienkemper, Organspende und Transplantation und ihre Rezension in der Ethik der abrahamitischen Religionen, S. 105.

159 Holznienkemper, Organspende und Transplantation und ihre Rezension in der Ethik der abrahamitischen Religionen, S. 105.

160 Holznienkemper, Organspende und Transplantation und ihre Rezension in der Ethik der abrahamitischen Religionen, S. 105.

nach zuverlässigen Studien eine geringe Erfolgsquote aufweist. Die Kriterien der Dringlichkeit und Erfolgsaussicht werden auch in § 12 Abs. 3 S. 1 TPG aufgegriffen, wenn es um die Regelung der Vermittlung postmortal gespendeter Organe an die Patienten geht.

Diese vier Prinzipien sind von ihrer Wirkung her als prima facie-Prinzipien zu verstehen, d.h. sie sind solange bindend und verpflichtend, bis sie mit gleichwertigen oder stärkeren Verpflichtungen kollidieren.[161]

Man kann sie als „Optimierungsgebote"[162] begreifen, denen in möglichst hohem Maße nachzukommen ist. Sie sind also keine Regeln, die in jedem Fall ausnahmslos zu erfüllen sind.[163] In welchem Maße die vier prima-facie-Prinzipien realisiert werden können, hängt von den tatsächlichen Gegebenheiten sowie von den entgegenstehenden Verpflichtungen im Einzelfall ab.

Die vier Prinzipien sind als allgemeine ethische Orientierungen zu verstehen, die im Einzelfall der Interpretation bedürfen.[164] Hinsichtlich ihrer praktischen Anwendung lassen sie einen erheblichen Beurteilungsspielraum zu.[165] Im Falle der Kollision mit gleichwertigen oder stärkeren Verpflichtungen – was bei medizinethischen Fragen häufig der Fall ist – muss eine Abwägung vorgenommen werden, so dass die widerstreitenden Prinzipien oder Verpflichtungen zum Ausgleich gebracht werden. Es ist möglich, dass im Rahmen der Abwägung ein Prinzip hinter das andere zurücktritt, wobei das zurücktretende Prinzip dadurch nicht ungültig wird.[166]

In vielen Fällen kollidieren das Prinzip der Schadensvermeidung und das Wohltuens-Prinzip, so dass sie gegeneinander abgewogen werden müssen. Eine effektive ärztliche Behandlung setzt oftmals voraus, dass ein medizinischer Eingriff vorgenommen wird, der unausweichlich den Körper des Patienten beeinträchtigt und damit Schaden anrichtet, oder dass mit der Behandlungsmaßnahme

161 Pöltner, Grundkurs Medizin-Ethik, S. 43; Quante/Vieth in Düwell/Steigleder, Bioethik, S. 136 (137); Marckmann/Bormuth/Wiesing in Wiesing, Ethik in der Medizin, S. 21 (33); Holznienkemper, Organspende und Transplantation und ihre Rezension in der Ethik der abrahamitischen Religionen, S. 101 f.
162 Schroth in Kaufmann/Hassemer/Neumann, Einführung in Rechtsphilosophie und Rechtstheorie der Gegenwart, S. 458 (462).
163 Schroth in Schroth/Schneewind/Gutmann/Fateh-Moghadam, Patientenautonomie am Beispiel der Lebendorganspende, S. 79 (81).
164 Marckmann/Bormuth/Wiesing in Wiesing, Ethik in der Medizin, S. 21 (33).
165 Marckmann/Bormuth/Wiesing in Wiesing, Ethik in der Medizin, S. 21 (33).
166 Schroth in Kaufmann/Hassemer/Neumann, Einführung in Rechtsphilosophie und Rechtstheorie der Gegenwart, S. 458 (462).

unerwünschte Nebenwirkungen einhergehen können, die ein Schadensrisiko bedeuten.

Als Beispiel soll hier eine Blinddarmoperation angeführt werden. Treffen Arzt und Patient nach erfolgter Abwägung die Entscheidung, den chirurgischen Eingriff vorzunehmen, also im Interesse des Behandlungsziels die körperliche Integrität des Patienten zu verletzen, so tritt insofern das Prinzip der Schadens-vermeidung hinter das Wohltuens-Prinzip zurück. Dies bedeutet aber nicht, dass das Schadensvermeidungsprinzip bedeutungslos wird und seine Gültigkeit ver-liert. Vielmehr gewinnt das Prinzip der Schadensvermeidung auf anderer Ebene wieder an Bedeutung, da durch den chirurgischen Eingriff bezweckt wird, weite-ren Schaden vom Patienten abzuwenden. Bei der Abwägung, die vor einer me-dizinischen Maßnahme zu erfolgen hat, sind dementsprechend Nutzen, Kosten, Schaden und Risiko der Maßnahme ins Kalkül zu ziehen.[167] Dies entspricht der Abwägung zwischen dem Prinzip der Schadensvermeidung und dem Wohltuens-Prinzip.

Die vier Grundprinzipien werden teilweise als Prinzipien erster Ordnung bezeichnet, die durch andere Verpflichtungen ergänzt werden.[168] Dies sind zunächst Prinzipien zweiter Ordnung, die z.B. die Vertrauenswürdigkeit, die Wahrung der Privatsphäre oder die Schweigepflicht betreffen.[169] Darüber hin-aus existieren den Heilberuf betreffende Leitbilder und Grundeinstellungen, die eine berufsbezogene Tugendethik ausmachen.[170]

3. Kritik am principlism

Der auf *Beauchamp* und *Childress* zurückgehende Ansatz des principlism mit seiner Bezugnahme auf vier Grundprinzipien sieht sich jedoch Kritik ausgesetzt.

Gegen ihn wird vorgebracht, er erlaube im Falle des Konflikts zwischen ver-schiedenen Prinzipien keine eindeutige Entscheidung, da die vier Prinzipien gleichrangig nebeneinander stünden, ohne dass eine Gewichtung zwischen die-sen im Konfliktfall vorgegeben sei.[171] Der principlism verfüge nur über ein „ein-geschränktes Problemlösungspotential"[172]. Da sich die definitive Konfliktlösung

167   Quante/Vieth in Düwell/Steigleder, Bioethik, S. 136 (138); Marckmann/Bormuth/ Wiesing in Wiesing, Ethik in der Medizin, S. 21 (32).
168   Pöltner, Grundkurs Medizin-Ethik, S. 44.
169   Pöltner, Grundkurs Medizin-Ethik, S. 44.
170   Pöltner, Grundkurs Medizin-Ethik, S. 44.
171   Honnefelder in Honnefelder/Rager, Ärztliches Urteilen und Handeln, S. 135 (146); Pöltner, Grundkurs Medizin-Ethik, S. 44.
172   Marckmann/Bormuth/Wiesing in Wiesing, Ethik in der Medizin, S. 21 (33).

nicht aus dem theoretischen Ansatz des principlism ableiten lasse, müsse im Konfliktfall der Handelnde selbst entscheiden, für welche Handlungsoption er sich entscheide.[173] Diese Entscheidung beruhe letztlich auf dem eigenen ethischen Standpunkt des Handelnden und sei nicht durch den principlism vorgegeben.[174]

Außerdem seien die vier Prinzipien ethisch nicht hergeleitet oder begründet, sondern spiegelten lediglich die in der Gesellschaft vorherrschenden moralischen Vorstellungen wieder.[175] Konflikte zwischen verschiedenen moralischen Wertmaßstäben könnten nicht gelöst werden.[176] Der principlism sei deshalb ungeeignet, neu auftauchenden medizinethischen Problemen zu begegnen.[177]

Selbst die Kritiker des principlism gestehen diesem jedoch zu, dass das mangelnde Vorgeben einer Problemlösung im konkreten Konfliktfall als Schwäche zugleich Flexibilität als Stärke bedeutet.[178] Im Rahmen der Konfliktlösung im Einzelfall bieten die Prinzipien Raum für Kompromissbildung, da sie der Interpretation fähig und auch bedürftig sind. Der jeweiligen Situation angepasste, vermittelnde Lösungen können auf Basis des principlism gefunden werden.

Es erscheint schwerlich möglich, dass ein theoretischer Ansatz wie der principlism für jede einzelne Fragestellung in der Medizinethik die Gewichtung zwischen den Prinzipien und eine konkrete Problemlösung vorgibt. Dafür sind die Probleme der Ethik in der Medizin zu vielfältig; auch ist die Situation jedes Patienten anders zu beurteilen. Gerade im Bereich der Medizin stellen sich aufgrund des rasanten medizintechnischen Fortschritts immer neue ethische Fragen, die im Vorhinein oft nicht absehbar sind. Deshalb muss ein theoretisches Konstrukt der Ethik in der Medizin auch auf solche neuen Herausforderungen flexibel reagieren können.

Die Entscheidung zwischen verschiedenen Handlungsoptionen in einer Situation können letztlich nur die Handelnden selbst, also Arzt und Patient, treffen. Wer von einer medizinethischen, prinzipienorientierten Theorie eine konkrete

---

173 Schöne-Seifert in Köchler, Transplantationsmedizin und personale Identität, S. 88; Honnefelder in Honnefelder/Rager, Ärztliches Urteilen und Handeln, S. 135 (146); Pöltner, Grundkurs Medizin-Ethik, S. 44.

174 Honnefelder in Honnefelder/Rager, Ärztliches Urteilen und Handeln, S. 135 (146); Marckmann/Bormuth/Wiesing in Wiesing, Ethik in der Medizin, S. 21 (33 f.).

175 Pöltner, Grundkurs Medizin-Ethik, S. 45.

176 Pöltner, Grundkurs Medizin-Ethik, S. 45.

177 Pöltner, Grundkurs Medizin-Ethik, S. 45.

178 Schöne-Seifert in Köchler, Transplantationsmedizin und personale Identität, S. 88; Marckmann/Bormuth/Wiesing in Wiesing, Ethik in der Medizin, S. 21 (33); Honnefelder in Honnefelder/Rager, Ärztliches Urteilen und Handeln, S. 135 (146).

Problemlösung im Einzelfall vorzugeben erwartet, dessen Erwartungen sind zu hoch.

Vielmehr ist es als Stärke des principlism zu betrachten, dass er offen ist für verschiedene moralische Grundüberzeugungen. Dadurch, dass die große Mehrheit der in der Gesellschaft vorkommenden moralischen Vorstellungen mit den vier Grundprinzipien des principlism kompatibel ist, kann ein medizinethischer Diskurs auf Basis des principlism unter fast allen Mitgliedern der Gesellschaft erfolgen. Eine gesamtgesellschaftliche Konsensfindung auf mittlerer Ebene ist möglich.[179]

Das als Kritikpunkt vorgebrachte „eingeschränkte Problemlösungspotential"[180] des principlism ist auch insofern nicht als negativ herauszuheben, als es nicht Aufgabe der Ethik ist, mögliche Handlungsoptionen als „richtig" oder „falsch" zu bewerten und eine Lösung des konkreten Problems mittels einer bestimmten Handlungsoption vorzugeben.[181] Vielmehr soll Ethik die Entscheidungsfindung auch in der Medizin unterstützen, indem Konflikte auf die ihnen zugrunde liegenden Werte- und Normenkollisionen zurückgeführt und verschiedene Handlungsoptionen bezüglich ihrer Folgen sowie Vor- und Nachteile verglichen werden. Dies leistet der principlism mit der Aufstellung von vier Grundprinzipien begrüßenswerterweise so, dass ein gesamtgesellschaftlicher Diskurs über medizinethische Fragestellungen ermöglicht wird.

III. Ethische Überlegungen zur Transplantationsmedizin

Die problemträchtigsten und heute am meisten in der Literatur behandelten Diskussionsfelder im Bereich der Ethik zur Transplantationsmedizin sind die folgenden: Fragen rund um die Organgewinnung, z.B. zum Rekrutierungsmodus oder zu der zugrunde zu legenden Todesdefinition[182], Fragen zur Organverteilung im Sinne der Allokation der Transplantate, Fragen zur Lebendspende

---

179 Marckmann/Bormuth/Wiesing in Wiesing, Ethik in der Medizin, S. 21 (33).
180 Marckmann/Bormuth/Wiesing in Wiesing, Ethik in der Medizin, S. 21 (33).
181 Dazu bereits oben unter F.I.1.
182 Die wohl hitzigsten Debatten und die meiste öffentliche Aufmerksamkeit im Rahmen und im Vorfeld des Gesetzgebungsverfahrens zum Transplantationsgesetz, das 1997 in Kraft trat, drehten sich um die Problematik des Hirntodes als Voraussetzung für eine postmortale Organentnahme.

sowie Spezialprobleme wie Xenotransplantation oder Transplantation von Gewebe fetalen Ursprungs.[183]

1. Zulässigkeit von Organtransplantationen und das Totalitätsprinzip

Vorgelagert den eben genannten Problemfeldern ist jedoch die Frage in den Blick zu nehmen, ob eine Organtransplantation überhaupt zulässig sein sollte und ob nicht grundsätzliche ethische Bedenken gegen die Transplantationsmedizin bestehen. In diesem Zusammenhang ist auf das so genannte Totalitätsprinzip einzugehen, das bereits im Mittelalter von *Thomas von Aquin* entwickelt wurde und bis in die heutige Zeit hinein von Seiten der katholischen Moraltheologie vertreten wird[184].

Dieses Prinzip basiert auf der naturrechtlich begründeten Integrität des Organismus und geht davon aus, dass es grundsätzlich untersagt ist, in die Integrität des menschlichen Körpers einzugreifen und die körperliche „Ganzheit" zu verletzen.[185] Den menschlichen Organen wird durch das Totalitätsprinzip ein natürlicher Zweck zugeschrieben, der nur dann erfüllt werden könne, wenn die Gesamtheit aller Organe und ihrer Funktionen unangetastet bliebe.[186] Deshalb wird dem Menschen nur ein Nutzungsrecht, aber kein Verfügungsrecht über seine Organe zuerkannt.[187]

Eine Ausnahme vom Verbot der Verletzung der menschlichen Integrität soll nur dann gelten, wenn die Integritätsverletzung dem Wohl des ganzen Organismus dient, so wie es beispielsweise bei der Amputation eines Raucherbeines der Fall ist.[188] Folgt man dem Totalitätsprinzip in dieser strengen Form, so müsste eine Organtransplantation in jeder denkbaren Konstellation zumindest hinsichtlich einer Lebendspende abgelehnt werden, da eine Lebendorganspende eine Integritätsverletzung des Körpers des Spenders bedeutet, die nicht

---

183 Pöltner, Grundkurs Medizin-Ethik, S. 221; Schöne-Seifert in Köchler, Transplantationsmedizin und personale Identität, S. 73 (75).

184 Vgl. etwa Furger, Ethik der Lebensbereiche, S. 34 f. aus dem Jahre 1985.

185 Furger, Ethik der Lebensbereiche, S. 34; Peschke, Christliche Ethik, S. 281; Holnienkemper, Organspende und Transplantation und ihre Rezension in der Ethik der abrahamitischen Religionen, S. 99; Illhardt, Medizinische Ethik, S. 64.

186 Bickeböller, Grundzüge einer Ethik der Nierentransplantation, S. 448; Illhardt, Medizinische Ethik, S. 64.

187 Bickeböller, Grundzüge einer Ethik der Nierentransplantation, S. 448.

188 Holznienkemper, Organspende und Transplantation und ihre Rezension in der Ethik der abrahamitischen Religionen, S. 99.

dem körperlichen Wohl des Spenders dient. Eine Lebendspende ist lediglich für das körperliche Wohl des Empfängers vorteilhaft; für den Spender bedeutet sie zumindest hinsichtlich des körperlichen Zustandes ausschließlich eine Verschlechterung.

Eine umfassende Korrektur erfuhr das Totalitätsprinzip durch den Münchener Moraltheologen *Egenter*. Dieser betonte die natürliche Solidarität zwischen den Menschen, nach der jemand im Mitvollzug der Liebe von Jesus Christus zu den Menschen berechtigt sei und sich sogar verpflichtet fühlen könne, ein Zwillingsorgan wie z.b. die Niere zugunsten eines Mitmenschen zu opfern.[189] Man dürfe sich ermächtigt fühlen, „das Ich des Nächsten wie unser Ich zu behandeln"[190]. Dadurch wird das Totalitätsprinzip auf die soziale Einheit aller Menschen hin erweitert. Als Totum und Bezugsobjekt des Totalitätsprinzips gilt nicht mehr das Ganze eines menschlichen Körpers, sondern die Ganzheit der Gesellschaft aller Menschen. Demzufolge sei die Frage erlaubt, ob man nicht sogar ein unmittelbar lebenswichtiges Organ wie Magen oder Herz opfern dürfe, um das Leben eines Anderen zu retten.[191]

Mit den heute in der Gesellschaft vorherrschenden Ansichten über die Organtransplantation sind weder die strenge Form des Totalitätsprinzips noch die auf *Egenter* zurückgehende modifizierte Form vereinbar. Es hat sich vielmehr der gesellschaftliche Konsens herausgebildet, dass einerseits die Organspende nicht ausnahmslos abgelehnt werden kann[192], andererseits es aber nicht zugelassen werden kann, dass ein Organspender im Rahmen einer ärztlich durchgeführten Transplantation absichtlich getötet wird. Der strengen Argumentationsform des Totalitätsprinzips kann entgegengehalten werden, dass es nicht Intention einer Transplantation ist, den Spender zu verstümmeln, sondern den Organempfänger am Leben zu erhalten.[193] Die modifizierte Form des Totalitätsprinzips geht wiederum zu weit, da der transplantierende Arzt bei Entnahme eines lebensnotwendigen Organs den vorher gesunden Spender in Ausübung seiner ärztlichen Heilkunst töten müsste, was von ihm nicht verlangt werden kann und mit grundlegenden Normen unserer Gesellschaft nicht vereinbar ist. Außerdem verbietet sich eine Güterabwägung, die auf eine Hierarchisierung von Leben zu

---

189   Egenter in Böckle/Groner, FS für Schöllgen, S. 142 (150).
190   Egenter in Böckle/Groner, FS für Schöllgen, S. 142 (150).
191   Egenter in Böckle/Groner, FS für Schöllgen, S. 142 (150).
192   So auch Pöltner, Grundkurs Medizin-Ethik, S. 222, der die Organspende als „sittlich hochstehenden Akt mit menschlicher Solidarität zum Wohle anderer" bezeichnet.
193   Illhardt, Medizinische Ethik, S. 64 f.

Leben hinausläuft.[194] Es darf nicht ein Leben zugunsten eines anderen geopfert werden.

Demzufolge können die Argumentationsstränge des Totalitätsprinzips in der heutigen Diskussion um die Zulässigkeit von Transplantationen nicht als weiterführend betrachtet werden. Ein Nutzen kann diese Theorie jedoch insofern entfalten, als einer Vergegenständlichung des Menschen im Kontext der Transplantationsmedizin entgegengewirkt werden muss.[195] Selbst angesichts der redlichen Ziele der Transplantationsmedizin dürfen Transplantationspatienten nicht Objekte für Experimente werden; ihr Selbstwert und ihre Identität sind zu achten und zu bewahren. Dies gilt vor allem für die Organspender, wenn sie durch gesellschaftliche oder im privaten Umfeld geschürte Erwartungen unter Druck geraten, eines ihrer Organe herzugeben. Besondere Brisanz kommt dieser Problematik im Kontext der Lebendspende zu. Hier muss jeglicher moralischer Druck im Sinne einer „Erbringschuld für die soziale Gemeinschaft"[196] vermieden werden.

Küfner spricht in diesem Zusammenhang davon, der Organspender gerate „in die Nähe eines Menschenopfers"[197]. Diese Ausdrucksweise ist martialisch, trifft aber insofern zu, als der Organspender Teile seines Körpers weggibt, die für ihn unwiederbringlich verloren sind. Dieser Befund soll nicht dazu führen, Organtransplantationen von vornherein als unzulässig oder zumindest als kritikwürdig zu brandmarken. Er unterstreicht aber die eben diskutierte Notwendigkeit, den Selbstwert der transplantierten Organe zu beachten, die Entscheidungsfreiheit der potentiellen Spender sicherzustellen sowie jeglichen Entscheidungsdruck von ihnen möglichst fernzuhalten.

2. Umgang mit menschlichen Organen

Der moralische Umgang mit menschlichen Organen richtet sich nach der Stellung des menschlichen Körpers und der Wertschätzung, die ihm entgegengebracht wird. Einerseits ist der Körper das Existenzmedium des Einzelnen, andererseits verfügt der Einzelne über seinen Körper im Sinne eines Besitzverhältnisses. *Pöltner* formuliert zutreffend: „Einerseits gilt: Ich bin mein Leib. – Andererseits gilt:

---

194   Holznienkemper, Organspende und Transplantation und ihre Rezension in der Ethik der abrahamitischen Religionen, S. 100.
195   Illhardt, Medizinische Ethik, S. 65.
196   Holznienkemper, Organspende und Transplantation und ihre Rezension in der Ethik der abrahamitischen Religionen, S. 100.
197   Küfner, Rechtsphilosophische Aspekte moderner Medizintechniken, S. 18.

Ich habe meinen Leib."[198] Daraus folgt, dass weder beliebig über den eigenen Körper verfügt werden kann, noch der Körper absolut unantastbar ist. Zwischen diesen beiden Extremen eröffnet sich ein Freiraum, der der ethischen Beurteilung zugänglich und ausfüllungsbedürftig ist.

Teilweise wird in diesem Zusammenhang begrifflich zwischen Leib und Körper unterschieden.[199] Unter Bezugnahme auf die philosophische Anthropologie wird darauf hingewiesen, der Mensch könne seinen Leib nicht besitzen, da er „leiblich verfasst"[200] sei. In Abgrenzung zur oben erörterten Gegenansicht wird formuliert: „Der Mensch hat nicht einen Leib, er ist Leib."[201] Es müsse begrifflich differenziert werden zwischen Leib und Körper; nur letzterer stehe im Eigentum des Einzelnen, so dass man über den Körper verfügen könne, nicht aber über den Leib.[202] Nach dieser Diktion sind z.B. Organe eines Verstorbenen körperliche Substrate; als solche könnten Organe eines Lebenden aber nicht bezeichnet werden.[203] Da es hier jedoch um eine rein semantische Unterscheidung geht, die im Ergebnis nicht zu unterschiedlichen ethischen Beurteilungen führt, soll die begriffliche Differenzierung zwischen Leib und Körper hier nicht weiter verfolgt werden.

Jedenfalls stellen Organe, selbst wenn sie zu Transplantationszwecken dem menschlichen Körper entnommen wurden, keine austauschbaren Gegenstände dar, über die allein nach Zweckmäßigkeitsgesichtspunkten verfügt werden kann.[204] Vielmehr haben sie einen Eigenwert. Dieser leitet sich daraus ab, dass die entnommenen Organe eben Teil eines lebenden menschlichen Organismus waren. Die Organe verlieren den ihnen zuzuerkennenden Eigenwert auch dann nicht, wenn im Falle der postmortalen Organspende der Spender verstorben ist. Die Wertigkeit des entnommenen Organs muss geachtet werden, und dem Organ muss Wertschätzung gegenüber erbracht werden, auch wenn es auf dem Gebiet der Transplantationsmedizin um die Therapie Kranker, einschließlich lebensbedrohlich Erkrankter, geht, die das entnommene Organ bekommen sollen. Die Bedürfnisse der potentiellen Organempfänger rechtfertigen nicht die Verzweckung der potentiellen Organspender.

---

198 Pöltner, Grundkurs Medizin-Ethik, S. 221.
199 Gethmann in Rittner/Paul, Ethik der Lebendorganspende, S. 147 (153).
200 Gethmann in Rittner/Paul, Ethik der Lebendorganspende, S. 147 (153).
201 Gethmann in Rittner/Paul, Ethik der Lebendorganspende, S. 147 (153).
202 Gethmann in Rittner/Paul, Ethik der Lebendorganspende, S. 147 (153).
203 Gethmann in Rittner/Paul, Ethik der Lebendorganspende, S. 147 (153 f).
204 Pöltner, Grundkurs Medizin-Ethik, S. 221.

Zwischen diesen beiden Positionen kann keine Güterabwägung erfolgen. Ansonsten könnte man auf die Idee kommen, einen Einzelnen zu töten und seine Organe zu entnehmen, um damit das Leben mehrerer anderer Personen zu retten.[205] Dies ist zwar ein gedankliches Extrembeispiel, verdeutlicht aber die Problematik der Interessenkollision.

In der öffentlichen Diskussion um Fragen der Transplantationsmedizin wird die Behebung des Organmangels oftmals als „absoluter ethischer Imperativ"[206] ins Feld geführt. Dabei darf jedoch nicht in den Hintergrund gedrängt werden, dass es sich bei Organen nicht um produzierbare Sachen als Ergebnisse eines technischen Herstellungsvorgangs handelt, sondern um Teile menschlicher Identität. Dies gilt in besonderem Maße im Falle der Lebendorganspende, wo auf einen lebenden Menschen als „Ressource" zurückgegriffen wird.[207]

3. Verbesserung der Lebensqualität als Zielsetzung

Eine grundsätzliche ethische Frage stellt sich, wenn man das Ziel der Transplantationsmedizin betrachtet: Als Zielsetzung kann die Leidensverringerung bzw. die Verbesserung der Lebensqualität der Patienten angenommen werden.[208] Dies impliziert natürlich – und es ist regelmäßig die Folge einer gelungenen Organtransplantation –, dass sich das Leben des Organempfängers verlängert. Diese Lebensverlängerung wirft ein fundamentales Problem der Ethik auf: das Verhältnis zur Endlichkeit des Lebens.[209] Auf die grundsätzliche Frage, inwieweit es erlaubt ist, die Endlichkeit des Lebens durch operative Eingriffe oder sonstige medizinische Behandlungsmaßnahmen zu beeinflussen, soll hier jedoch aus Gründen der Begrenzung des thematischen Umfangs nicht weiter eingegangen werden.

Beleuchtet werden soll in diesem Zusammenhang aber eine andere Problematik: Sieht man die Verbesserung der Lebensqualität als Ziel der Transplantationsmedizin an, so stellt sich die Frage, was unter „Lebensqualität" in diesem Sinne zu verstehen ist. Zum Zweck einer ethischen Beurteilung dieser Frage kann weder ausschließlich auf den Begriff der „qualitätsbereinigten Lebensjahre" noch auf den Begriff des „Lebenswerts" Bezug genommen werden. „Qualitätsbereinigte Lebensjahre" sind ein Instrument der ökonomischen Evaluation, um

---

205 Pöltner, Grundkurs Medizin-Ethik, S. 221.
206 Schaupp in Köchler, Transplantationsmedizin und personale Identität, S. 103 (110).
207 Schaupp in Köchler, Transplantationsmedizin und personale Identität, S. 103 (110).
208 Pöltner, Grundkurs Medizin-Ethik, S. 249.
209 Dazu Pöltner, Grundkurs Medizin-Ethik, S. 249.

die Kosten von Prozeduren und Technologien im Gesundheitswesen messbar zu machen und zu bewerten.[210] Auch der Begriff des „Lebenswerts" resultiert aus einer ökonomischen Betrachtungsweise und ist ein Bilanzwert, wobei das Leben nach einem funktionalen Gebrauchswert abgebildet werden soll.[211]

In beiden Fällen wird eine quantitative, ökonomisch orientierte Bewertung vorgenommen. Lebensqualität lässt sich aber nicht quantifizieren.[212] Die Frage danach, welche Faktoren die individuelle Lebensqualität ausmachen, muss letztlich jeder Einzelne für sich selbst beantworten. Eine Objektivierung dieser Faktoren scheint schwerlich möglich und im Einzelfall nicht weiterführend zu sein.

Es kann deshalb auch nicht pauschal behauptet werden, Lebensverlängerung bedeute immer eine Zunahme an Lebensqualität.[213] Der Eine hängt bedingungslos an seinem Leben und nimmt dabei auch lange Krankenhausaufenthalte, genaueste medizinische Überwachung, die Erforderlichkeit aufwändiger und zeitpräziser Medikation und starke Einschränkungen des Lebenswandels in Kauf. All dies sind Begleitumstände, die eine Organtransplantation für den Empfänger des Transplantats nach sich zieht. Ein Anderer lehnt diese Beeinträchtigungen ab und möchte im Zweifel lieber sterben, als diese Beschränkungen hinzunehmen.

Wenn sich die Transplantationsmedizin zum Ziel setzt, die Lebensqualität der Patienten zu verbessern, so darf nicht aus dem Auge verloren werden, dass die Frage, was die individuelle Lebensqualität ausmacht und welche Vorgehensweise die Lebensqualität fördert, von verschiedenen Menschen sehr unterschiedlich beantwortet wird. Eine Klärung dieser Frage im Einzelfall ist für die beteiligten Ärzte nur durch persönliche Gespräche mit den Patienten möglich.

4. Ökonomisch-ethische Perspektive

Aus ökonomisch-ethischer Perspektive wird teilweise gegen die Transplantationsmedizin argumentiert, sie erfordere einen hohen finanziellen Aufwand, der anderen Bereichen der Medizin verloren gehe.[214] Z.B. gingen durch Herzimplantationen finanzielle Ressourcen für die Behandlung kardiologischer Notfälle verloren.[215]

Dieses Argument trägt nach Ansicht des Verfassers nicht. Zum einen haben jede Entscheidung und sogar bereits jedes tatsächliche ärztliche Tätigwerden

---

210 Schanz, Qualität und Standards, in: Psych Pflege 2005, 11, 75–79.
211 Pöltner, Grundkurs Medizin-Ethik, S. 250.
212 Pöltner, Grundkurs Medizin-Ethik, S. 250.
213 Pöltner, Grundkurs Medizin-Ethik, S. 250.
214 Illhardt, Medizinische Ethik, S. 65.
215 Illhardt, Medizinische Ethik, S. 65.

im Sektor der Medizin die Auswirkung, dass für die betreffende Tätigkeit Ressourcen aufgewendet werden, die angesichts einer begrenzten zur Verfügung stehenden Gesamtmenge an Ressourcen in einem anderen Bereich nicht mehr vorhanden sind. Faktisch bedeutet jedes ärztliche Handeln eine Entscheidung zur Allokation von Ressourcen im Gesundheitswesen; sei es im Kleinen, wenn die Zeit, die der Arzt für einen Patienten verwendet, einem anderen Patienten verloren geht, sei es im Großen im Rahmen der Makroallokation, wenn finanzielle Mittel aus dem Gesundheitsetat einem Sektor zugeteilt werden und einem anderen dann zwangsläufig nicht mehr zur Verfügung stehen.

Wenn es aber im Rahmen ärztlicher Tätigkeit unausweichlich ist, dass bestimmte Ressourcen anderen Bereichen der Medizin weggenommen bzw. vorenthalten werden, so kann dies nicht als Argument gegen das medizinische Tätigkeitsfeld der Transplantationsmedizin ins Feld geführt werden. Andersherum, wenn mehr Ressourcen in die Behandlung kardiologischer Notfälle investiert würden, könnte genauso kritisiert werden, diese Mittel gingen der Transplantationsmedizin verloren.

Zum anderen müssen neben dem finanziellen Aufwand auch die medizinischen Erfolge der Transplantationsmedizin in den letzten Jahrzehnten in den Blick genommen werden; nicht selten geht es dabei um lebensrettende Maßnahmen. Es ist insbesondere hervorzuheben, dass sich seit Beginn der Durchführung von Organtransplantationen medizinische Erfolge direkt und unmittelbar vorteilhaft für die Patienten ausgewirkt haben. Dies ist in anderen Bereichen moderner medizinischer Wissenschaft und Forschung nicht unbedingt der Fall, wenn z.B. bei der Stammzellforschung anfangs Jahre der Grundlagenforschung notwendig sind, bevor Patienten durch neue Möglichkeiten der Heilbehandlung davon profitieren können. Insofern machten und machen sich die finanziellen Mittel, die in die Transplantationsmedizin gesteckt werden, im Vergleich zu anderen Bereichen der Medizin in direkter und unmittelbarer Weise für die Patienten positiv bemerkbar.

Dieser Aussage steht nicht entgegen, dass trotz der Erfolge der Transplantationsmedizin keine übersteigerten Erwartungen an die medizinischen Möglichkeiten der Organtransplantation gestellt werden sollten. Einem grenzenlosen Transplantationsoptimismus muss entgegengewirkt werden.[216] Dies ist schon deshalb notwendig, damit nicht bei den Patienten falsche Hoffnungen dergestalt geweckt werden, dass im Falle des Versagens eines Organs dies einfach gegen ein Ersatzorgan ausgetauscht werden könnte, ohne dass dies medizinisch wirklich

---

216   So auch Schöne-Seifert in Kahlke/Reiter-Theil, Erhik in der Medizin, S. 100.

problematisch oder risikobehaftet sei. Je mehr sich die potentiellen Organempfänger von einer Organtransplantation versprechen, desto größer wird auch der Entscheidungsdruck sein, der seitens des privaten Umfeldes bzw. gesamtgesellschaftlich auf den potentiellen Organspender ausgeübt wird.

Trotz der Notwendigkeit des Hinweises auf die Tatsache, dass die Transplantationsmedizin nicht flächendeckend für jeden Einzelfall eine Erfolg versprechende und risikoarme Therapie anbieten kann, kann meines Erachtens angesichts der Erfolge der Transplantationsmedizin der dort investierte finanzielle Aufwand als lohnenswert bezeichnet werden.

5. Dreierbeziehung zwischen Arzt, Empfänger und Spender

Seit alters her findet Heilbehandlung von Menschen nach wissenschaftlichen Erkenntnissen statt. Ärzte wirken auf vielerlei Weise auf den Körper des Patienten ein, z.B. durch Medikamentengabe, Verordnung von Physiotherapie, Anraten bestimmter Verhaltensweisen oder auch durch chirurgische Eingriffe in die körperliche Unversehrtheit des Patienten. Immer blieb dieses Arzt-Patient-Verhältnis aber eine Zweierbeziehung.[217] Dritte spielten dabei nur z.B. als Hilfspersonen zur Verrichtung bestimmter Therapien eine Rolle.[218]

An der Tatsache, dass allein die Zweierbeziehung zwischen Arzt und Patient maßgeblich war, änderte sich wesentlich auch nichts, als mit der Übertragung von Blut und Knochenmark begonnen wurde.[219] Die Spender des übertragenen Blutes oder Knochenmarks bleiben in der Regel im Hintergrund. Die Person des Spenders spielt im Rahmen des Verhältnisses zwischen Arzt und dem das gespendete Blut oder Knochenmark erhaltenden Patienten keine Rolle. Außerdem kann das bei der Spende verlorene Blut oder Knochenmark vom Körper des Spenders wieder regeneriert werden, so dass der Spender keinen dauerhaften körperlichen Substanzverlust erleidet. Insofern hält sich die Beeinträchtigung der körperlichen Unversehrtheit des Spenders in Grenzen.

Durch die Einführung der Organtransplantation jedoch wurde die Arzt-Patient-Beziehung in eine neue Dimension gestellt; es war nicht mehr nur die Zweierbeziehung maßgebend bei der ärztlichen Behandlung. Als Dritter trat nämlich der Organspender in den Blickpunkt.[220] Dieser verliert unwiederbringlich ein Organ und erleidet dadurch einen erheblichen körperlichen Schaden.

---

217 Küfner, Rechtsphilosophische Aspekte moderner Medizintechniken, S. 17.
218 Küfner, Rechtsphilosophische Aspekte moderner Medizintechniken, S. 17.
219 Küfner, Rechtsphilosophische Aspekte moderner Medizintechniken, S. 17.
220 Küfner, Rechtsphilosophische Aspekte moderner Medizintechniken, S. 17.

Auch ist zu konstatieren, dass die Person des Spenders bei einer Organspende für den Empfänger viel wichtiger ist als z.B. bei einer Blutspende. Offensichtlich ist dies im Fall der Lebendorganspende, da der Empfänger den Spender persönlich kennt und dessen Beeinträchtigungen durch die Organentnahme miterlebt. Es gilt aber auch für den Fall der postmortalen Organentnahme: Wenn man das Organ eines anderen Menschen in sich trägt, ist es unausweichlich, sich über diesen anderen Menschen und die Umstände, die zu der Organentnahme und -übertragung geführt haben, Gedanken zu machen. Die Übertragung eines Organs ist diesbezüglich von anderer Qualität als die Übertragung von Blut oder Knochenmark.

Es kann also festgehalten werden, dass aus der klassischen Zweierbeziehung zwischen Arzt und Patient im Falle der Organspende eine Dreierbeziehung zwischen Arzt, Empfänger und Spender geworden ist.[221] Dass dabei selbstverständlich auch die Interessen des Spenders in das ärztliche Therapieregime Eingang finden und gegenüber den Interessen des Empfängers abgewogen werden müssen, stellt eine neue Herausforderung dar, die zwangsläufig ethische Konflikte nach sich zieht. Es ist in jedem Einzelfall fraglich, inwieweit die körperliche Unversehrtheit des Lebendspenders bzw. das postmortale Persönlichkeitsrecht des toten Spenders belastet werden können, um den Gesundheitszustand des Organempfängers zu verbessern.

IV. Ethische Einordnung der Lebendorganspende

Im Rahmen der ethischen Einordnung der Lebendorganspender wird das vom Spender gebrachte Opfer vielfach als Akt der „Barmherzigkeit und Fürsorge"[222] begriffen. Als Rechtfertigungsgrund für die Organentnahme beim Spender wird der gleiche wie bei der Totenspende angeführt: das Wohl des Nächsten.[223] Insofern scheinen auf den ersten Blick eine ähnliche Interessenlage und damit eine ähnliche Konstellation bezüglich der ethischen Abwägung der Positionen der beteiligten Personen vorzuliegen. Ein grundlegender Unterschied besteht jedoch im Maß des vom Spender zu erbringenden Opfers.[224] Während bei der Totenspende ausschließlich postmortale Rechte und Rechtsgüter des Spenders betroffen sind, geht es beim Lebendspender um dessen körperliche Integrität und um die infolge der Organexplantation zu erwartenden gesundheitlichen Nachteile.

---

221 Schreiber in Rittner/Paul, Ethik der Lebendorganspende, S. 61 (62).
222 So Bickeböller, Grundzüge einer Ethik der Nierentransplantation, S. 449.
223 Peschke, Christliche Ethik, S. 301.
224 Peschke, Christliche Ethik, S. 301.

1. Verstoß gegen ärztliches Standesethos

Eigler sieht in der ärztlichen Vorgehensweise bei der Lebendorganspende – zumindest wenn diese seitens der Ärzteschaft als Möglichkeit zur Verminderung des Organmangels propagiert und vorangetrieben werde – einen Verstoß gegen ärztliches Standesethos.[225] Es handele sich „weder um ein medizinisches Problem im engeren Sinne noch primär um ein ethisches zwischen Spender und Empfänger oder ein juristisches, sondern um die Frage des Selbstverständnisses des handelnden Arztes"[226].

Unter dem Begriff der Patientenautonomie werde das ethische Verhalten der Ärzte in zu großem Maße durch die Meinung der Öffentlichkeit bestimmt, die die Lebendspende als Ausweg aus dem Dilemma des Organmangels ansehe.[227] Es wandele sich „der alte Grundsatz von Salus aegrotii suprema lex im allgemeinen Konsens zu Voluntas aegrotii suprema lex"[228].

Eigler begreift die ethische Problematik der Lebendorganspende vorrangig als „Arztproblem"[229], dem im öffentlichen Diskurs zu wenig Bedeutung beigemessen werde.

Dieser Argumentation ist jedoch nicht zu folgen. Ein vermeintliches ärztliches Standesethos kann nicht über die Autonomie des Patienten gestellt werden. Es existiert keine althergebrachte ärztliche Sondermoral, die sich außerhalb der sonstigen Theorien und Prinzipien der angewandten Ethik und außerhalb der Normen der sonstigen Gesellschaft entwickelt.[230] Die Medizinethik ist keine Sonderethik mit eigenem Normengefüge, sondern lediglich eine Bereichsethik, die auch außerhalb des Bereichs der Medizin gültige ethische Prinzipien auf eben den Bereich der Medizin anwendet.[231]

Beurteilt man ärztliche Maßnahmen unter ethischen Gesichtspunkten, so ist darauf zu achten, dass sich diese Maßnahmen auf die Patienten auswirken, und zwar auf deren körperliche Unversehrtheit und seelisches Befinden, also Güter von höchstem Wert. Im ethischen Spannungsfeld sind die Interessen der Patienten weit höher zu gewichten als das Selbstverständnis des handelnden Arztes. Insofern kann den Patienten nicht eine bestimmte Form der Therapie verweigert

---

225 Eigler, Deutsche Medizinische Wochenschrift 122 (1997), 1398.
226 Eigler, Deutsche Medizinische Wochenschrift 122 (1997), 1398.
227 Eigler, Deutsche Medizinische Wochenschrift 122 (1997), 1398.
228 Eigler, Deutsche Medizinische Wochenschrift 122 (1997), 1398.
229 Eigler, Deutsche Medizinische Wochenschrift 122 (1997), 1398.
230 Gutmann/Schroth, Organlebendspende in Europa, S. 110 f.
231 Siehe dazu bereits oben unter F.I.1.

werden unter Verweis darauf, dass die Durchführung dieser Therapie gegen ethische Grundsätze bzw. das Selbstverständnis der behandelnden Ärzte verstoßen würde.

Denkbar wäre eine solche Haltung lediglich für den Einzelfall, in dem ein bestimmter Arzt sich aus religiösen oder weltanschaulichen Gründen nicht in der Lage sieht, eine bestimmte therapeutische Maßnahme durchzuführen. Als Beispiel sei hier der Schwangerschaftsabbruch genannt. Keinesfalls kann jedoch die Lebendorganspende, die aus medizinischer Sicht für viele Transplantatempfänger erhebliche gesundheitliche Verbesserungen mit sich bringt und oft sogar lebensrettend wirkt, prinzipiell und gesamtgesellschaftlich für unzulässig erklärt werden, weil dadurch gegen ärztliches Standesethos bzw. gegen das Selbstverständnis der gesamten Ärzteschaft verstoßen werde.

Außerdem ist fraglich, ob überhaupt von einem ärztlichen Standesethos gesprochen werden kann, das der Vorgehensweise bei der Lebendorganspende entgegenstehen könnte. Selbst wenn man vom Vorliegen eines spezifischen Standesethos der Ärzteschaft ausgehen würde, könnte dieses Ethos nicht im Widerspruch zu den moralischen Vorstellungen der Patienten stehen. Ein tugendhafter, also ethisch vorbildlich handelnder Arzt kann nur derjenige sein, der den moralischen Ansprüchen seiner Patienten gerecht zu werden versucht; diese können aber nicht tugendethisch bestimmt werden, sondern hängen von den individuellen Vorstellungen der Patienten ab.[232] Es ist daher unzulässig, Normen für die Behandlung der Patienten allein aus dem ärztlichen Rollenverständnis abzuleiten und dabei über die Interessen der Patienten hinwegzugehen. So argumentiert aber *Eigler*, wenn er die öffentliche Meinung zur Lebendorganspende als wenig maßgeblich für das ärztliche Handeln darstellt.

Nach alledem kann die Lebendorganspende nicht deshalb als ethisch unzulässig erachtet werden, weil Ärzte dabei gegen ärztliches Standesethos verstoßen würden. Es ist darüber hinaus generell anzuzweifeln, wenn sich ein Berufsstand in der heutigen komplexen und pluralistischen Gesellschaft hinsichtlich der ethischen Rechtfertigung seines Handelns auf tradierte berufsspezifische Verhaltensnormen beruft.[233]

2. Verstoß gegen das Prinzip des „primum nil nocere"

Betrachtet man im Rahmen der ethischen Beurteilung der medizinischen Vorgehensweise bei der Lebendorganspende die oben erörterten Prinzipien der

---

232 Gutmann/Schroth, Organlebendspende in Europa, S. 111.
233 Dies verneinend Gutmann/Schroth, Organlebendspende in Europa, S. 111.

Medizinethik, so ist zunächst ein Verstoß gegen das Prinzip der Schadensvermeidung[234] zu konstatieren, wenn man die Explantation des Organs beim lebenden Organspender in den Blick nimmt. Wird nämlich einem lebenden Menschen ein Organ – auch wenn dieses nicht überlebenswichtig ist – entnommen und dient diese medizinische Maßnahme nicht dem Zweck, den Körper, dem das Organ entnommen wurde, zu heilen, so stellt dies einen Verstoß gegen das Prinzip der Schadensvermeidung oder des „primum nil nocere" dar. Versteht man dieses Prinzip als absolut gültig und uneinschränkbar, so ist demnach die Lebendorganspende unzulässig.[235]

Es kann nicht angesichts der möglichen psychosozialen Folgen einer Lebendspende für den Spender argumentiert werden, die Lebendorganspende verstoße nicht gegen das Prinzip des „primum nil nocere".[236] Wird in die körperliche Unversehrtheit eines Menschen durch eine Operation eingegriffen und dabei sogar ein Organ unwiederbringlich entnommen, ohne dass dies medizinisch notwendig ist und damit dem körperlichen Wohl des Betroffenen dient, so kann dies nur als Verstoß gegen das Schadensvermeidungsprinzip betrachtet werden. Dies gilt unabhängig von möglichen späteren Auswirkungen im psychosozialen Bereich, da diese ungewiss sind und die körperliche Schädigung durch die Organentnahme nicht aufwiegen können. Wer dieses Faktum negiert, überdehnt das Schadensvermeidungsgebot argumentativ. Man könnte diese Argumentation als „Scheinargumentation"[237] bezeichnen.

Die Situation der Lebendorganspende ist grundlegend anders als bei der bereits oben als Beispiel herangezogenen Blinddarmoperation oder überhaupt bei der Entfernung eines entzündeten oder von einem Tumor befallenen Organs. In diesen Fällen wird die medizinische Maßnahme der Organexplantation mit der Intention durchgeführt, den Körper, dem das Organ entnommen wurde, zu heilen. Das Prinzip der Schadensvermeidung tritt hinter das Wohltuens-Prinzip zurück. Das Organ wird deshalb explantiert, um den Körper von der schädlichen

---

234 Nach der Diktion von Beauchamp und Childress im Kontext des oben erörterten principlism „nonmaleficence" genannt.

235 Schroth in Kaufmann/Hassemer/Neumann, Einführung in Rechtsphilosophie und Rechtstheorie der Gegenwart, S. 458 (463); Wille, Die Organknappheit im Spannungsverhältnis zwischen Sozialpflicht und Selbstbestimmung, S. 158 f.; Zillgens, Die strafrechtlichen Grenzen der Lebendorganspende, S. 72; Birnbacher in Brudermüller/Seelmann, Organtransplantation, S. 13 (22).

236 Diese Auffassung wird aber u.a. vertreten durch New/Solomon/Dingwall/McHale, A question of give and take, S. 67.

237 So Gutmann/Schroth, Organlebendspende in Europa, S. 215 in Fn. 931.

Wirkung der Entzündung oder des Tumors zu befreien. Es findet eine Abwägung zwischen den mit dem operativen Eingriff verbundenen Nachteilen und den medizinischen Vorteilen der Organentnahme statt. Insofern wird letztlich dem Prinzip der Schadensvermeidung wieder entsprochen, da durch den chirurgischen Eingriff bezweckt wird, weiteren Schaden vom Patienten abzuwenden. Die Organentnahme erfolgt ausschließlich zugunsten des körperlichen Wohls desjenigen, dem das Organ entnommen wird. Dagegen dient die Organentnahme im Falle der Lebendorganspende nicht unmittelbar dem körperlichen Wohl des Spenders, sondern die primäre Intention der behandelnden Ärzte besteht darin, den Köper des Organempfängers zu heilen.

3. Rechtfertigung des Verstoßes gegen das Schadensvermeidungsprinzip

Fraglich ist jedoch, ob es als abschließendes Ergebnis der ethischen Beurteilung stehen gelassen werden kann, dass die Lebendorganspende wegen Verstoßes gegen das Prinzip des „primum nil nocere" als unzulässig abgelehnt wird. Dem könnten andere medizinethische Prinzipien entgegenstehen, durch die die absolute Gültigkeit des Schadensvermeidungsprinzips im Sinne von „primum nil nocere" in Frage gestellt wird.

Zunächst ist als empirischer Befund festzuhalten, dass in einigen medizinischen Tätigkeitsbereichen dem Prinzip des „primum nil nocere" keine absolute Gültigkeit und kein absoluter Vorrang vor allem Anderen eingeräumt wird, ohne dass die Mehrheit der Gesellschaft dies anstößig findet. Z.B. stellt sich eine ähnliche Problematik wie bei der Lebendorganspende im Falle einer Schönheitsoperation, zumindest wenn man die Fälle außer Acht lässt, in denen der körperliche Makel zu einer psychischen Beeinträchtigung des Patienten führt, die so stark ist, dass eine operative Entfernung des Makels medizinisch notwendig ist. Auch bei der Schönheitsoperation dient das medizinische Vorgehen nicht unmittelbar dem körperlichen Wohl des Patienten, bei dem der operative Eingriff vorgenommen wird. Insofern wäre auch eine solche Schönheitsoperation wegen Verstoßes gegen das Prinzip des „primum nil nocere" unzulässig.[238] Dennoch werden solche Operationen heutzutage als Routineeingriffe durchgeführt, ohne dass deren Zulässigkeit Gegenstand eines gesamtgesellschaftlichen Diskurses ist. Blut- und

---

238 Schroth in Schroth/Schneewind/Gutmann/Fateh-Moghadam, Patientenautonomie am Beispiel der Lebendorganspende, S. 79 (81).

Knochenmarkspenden sind Teil des medizinischen Alltags geworden, obwohl auch diese streng genommen gegen das Schadensvermeidungsgebot verstoßen.[239] Dieser empirische Befund ersetzt jedoch keine ethische Erörterung der Frage nach der Einschränkbarkeit des Schadensvermeidungsprinzips. Dieses ist zwar ein fundamentales Prinzip in der Medizinethik, darf aber nicht als alleiniges Handlungsprinzip verabsolutiert werden.[240] Die ethische Rechtfertigung der Lebendorganspende könnte sich trotz Verstoßes gegen den Grundsatz des „primum nil nocere" zum einen aus dem Prinzip der Nutzenmaximierung und zum anderen aus dem Respekt vor der Selbstbestimmung des Patienten ergeben.

a) Prinzip der Nutzenmaximierung

Das Nutzenmaximierungsprinzip findet seine Begründung und Herleitung in utilitaristischen Ethikansätzen und beleuchtet die Nutzenfunktionen einer bestimmten Handlungsweise für alle betroffenen Personen.[241] Hinsichtlich der Bewertung einer Situation wird eine Nutzenbilanz erstellt, in der die Gesamtheit der beteiligten Personen und deren Interessen berücksichtigt werden. Zumindest im Falle der Lebendspende einer Niere ergibt sich für eine nahe stehende Person eine positive Bilanz der Nutzenfunktionen aller beteiligten Personen, da das medizinische Risiko überschaubar ist und die Organspende auch dem Spender einen psychologischen Nutzen bringt.[242]

Teilweise wird vertreten, eine Lebendorganspende könne niemals unter dem Aspekt der Nutzenmaximierung gerechtfertigt sein.[243] Für den Spender bestehe kein Nutzen, da Risiken und Einbußen der Entnahmeoperation zu groß seien; für den Empfänger sei eine Lebendorganspende zur Nutzenmaximierung zwar geeignet, aber nicht notwendig, weil auch ein postmortal gespendetes Organ

---

239 Zillgens, Die strafrechtlichen Grenzen der Lebendorganspende, S. 72.
240 Kreß, Medizinische Ethik, S. 159; Zillgens, Die strafrechtlichen Grenzen der Lebendorganspende, S. 72.
241 Gutmann/Schroth, Organlebendspende in Europa, S. 109.
242 Vgl. hierzu Gutmann/Schroth, Organlebendspende in Europa, S. 109; Gutmann, Ethik in der Medizin 10 Supplement 1 (1998), 58 (60); Schroth in Schroth/Schneewind/Gutmann/Fateh-Moghadam, Patientenautonomie am Beispiel der Lebendorganspende, S. 79 (81).
243 Wille, Die Organknappheit im Spannungsverhältnis zwischen Sozialpflicht und Selbstbestimmung, S. 160.

übertragen werden könne.[244] Vielmehr bestehe der einzige Rechtfertigungsgrund für eine Lebendspende in der Organbedürftigkeit des Empfängers.[245]

Dadurch wird den Befürwortern der Lebendorganspende unterstellt, der einzige Beweggrund für eine Organübertragung sei letztlich die Organbedürftigkeit des Empfängers, wohingegen die Belange des Spenders nicht beachtet würden. Dies ist aber nicht zutreffend. Betrachtet man die medizinische Situation unvoreingenommen, so muss man feststellen, dass die Lebendspende sich auch für den Spender vorteilhaft auswirken kann, z.B. durch ein Mehr an Lebenszufriedenheit und den dadurch bedingten psychosomatischen Gewinn. Dieser kann zum einen durch das positive Erleben der Spende des eigenen Organs als Akt der Nächstenliebe hervorgerufen werden, zum anderen in der erhöhten Lebensqualität liegen, wenn es dem Angehörigen nach Organimplantation gesundheitlich besser geht. Dieses medizinische Faktum kann nicht einfach vernachlässigt werden. Zu der These, eine Nutzenmaximierung könne bezüglich der Person des Organempfängers auch durch eine Totenspende erreicht werden, ist zu sagen, dass dies momentan angesichts der langen Wartezeit für ein postmortal gespendetes Organ und der damit verbundenen medizinischen Nachteile nicht zutreffend ist.

Insofern kann eine Lebendorganspende durch das Prinzip der Nutzenmaximierung ethisch gerechtfertigt sein.

Dies gilt allerdings nicht uneingeschränkt:

Zum einen ist die konkrete medizinische Situation im Einzelfall zu untersuchen und zu prüfen, ob bei einer Lebendorganspende wirklich eine positive Nutzenbilanz herbeigeführt werden kann. Die medizinische Beurteilung wirkt hier also als Voraussetzung, ist aber auch als Grenze der Annahme einer Nutzenmaximierung anzusehen, die eine Lebendorganspende ethisch rechtfertigen kann. Bezüglich der Entwicklung medizinischer Kriterien für die Zulässigkeitsbeurteilung schlägt *Joerden* vor, dass erstens das gerettete Gut wertvoller sein muss als das aufgeopferte Gut und zweitens das aufgeopferte Gut einen bestimmten Wert nicht überschreiten darf.[246]

Diese Kriterien werden durch die aktuell geltende gesetzliche Regelung des § 8 Abs. 1 S. 1 Nr. 1c und Nr. 2 TPG aufgegriffen. Dort ist nämlich normiert, dass erstens der Spender nicht über das Operationsrisiko hinaus gefährdet oder über die unmittelbaren Folgen der Entnahme hinaus gesundheitlich schwer beeinträchtigt

244 Wille, Die Organknappheit im Spannungsverhältnis zwischen Sozialpflicht und Selbstbestimmung, S. 160.
245 Wille, Die Organknappheit im Spannungsverhältnis zwischen Sozialpflicht und Selbstbestimmung, S. 160.
246 Joerden in Joerden/Neumann, Medizinethik 1, S. 101 (103).

werden darf und zweitens die Übertragung des Organs auf den vorgesehenen Empfänger nach ärztlicher Beurteilung geeignet sein muss, das Lebens des Empfängers zu erhalten oder bei ihm eine schwerwiegende Krankheit zu heilen, ihre Verschlimmerung zu verhüten oder ihre Beschwerden zu lindern.

Als weitere Einschränkung des Prinzips der Nutzenmaximierung als ethische Rechtfertigung der Lebendorganspende kann festgehalten werden, dass diese Argumentation Bezug nimmt auf eine positive Bilanz der Nutzenfunktionen aller beteiligten Personen und darauf basiert, dass der Blickwinkel von der Zweierbeziehung zwischen Arzt und Organspender auf die Dreierbeziehung zwischen diesen beiden und dem Organempfänger erweitert wird.[247] Nur dann kann der Nutzen für den Empfänger in die Berechnung der Bilanz der Nutzenfunktionen der beteiligten Personen mit eingestellt werden.

Hieran offenbart sich die systemimmanente Schwäche einer utilitaristischen Argumentationsweise unter Heranziehung allein des Nutzenmaximierungsprinzips: Es wird nur betrachtet, welchen Nutzen die Beteiligten aus einer Handlung oder einer Situation ziehen können, wobei dies aus objektiver Sicht von außen beurteilt wird. Es fließt jedoch nicht in die Beurteilung ein, dass einem selbstbestimmten Handeln aufgrund persönlicher, freier Entscheidung ein Eigenwert zuzuerkennen ist. Individuelle Rechte bzw. der Eigenwert einer Person werden weitestgehend ausgeblendet.[248]

Argumente der Nutzenmaximierung werden häufig seitens der auf dem Gebiet der Organtransplantationen tätigen Mediziner stark gemacht. Dies geschieht notgedrungen, da aus medizinischer Sicht zum Wohle der potentiellen Organempfänger Organe möglichst frei verfügbar und umverteilbar sein müssen.[249] Dies bringt zwangsläufig einen versachlichenden und funktionalen Zugang zu Organen bzw. eine solche Betrachtungsweise dieser mit sich.[250]

b) Respekt vor dem Selbstbestimmungsrecht des Spenders

Als mögliche weitere ethische Rechtfertigung der Lebendorganspende ist das Prinzip des Respekts vor der Selbstbestimmung des Patienten[251] in den Blick zu

---

247 Birnbacher in Brudermüller/Seelmann, Organtransplantation, S. 13 (22).
248 Gutmann/Schroth, Organlebendspende in Europa, S. 216 in Fn. 938.
249 Schaupp in Köchler, Transplantationsmedizin und personale Identität, S. 103 (110).
250 Schaupp in Köchler, Transplantationsmedizin und personale Identität, S. 103 (110).
251 Vgl. oben die Erörterung der Selbstbestimmung („autonomy") im Rahmen des principlism, Punkt C.II.2.

nehmen. Dieses hat sich gerade in jüngster Zeit zum unangefochtenen medizinethischen Leitprinzip entwickelt[252]; diskutiert wird dies vielfach unter dem Stichwort der Patientenautonomie.

Auch das Grundgesetz legt das Selbstbestimmungsrecht des Menschen in Art. 2 Abs. 1, Art. 1 Abs. 1 GG als elementares Grundrecht fest. In besonderem Maße ist die Selbstbestimmung des Einzelnen zu achten, wenn es um die körperliche Integrität geht.[253]

Nach der Diktion des amerikanischen Rechtsphilosophen *Dworkin* haben Personen einerseits „erlebensbezogene", also körperbezogene Interessen, die Gesundheit, körperliche Integrität und Schmerzverhinderung bzw. Schmerzbeseitigung betreffen.[254] Andererseits sind aber auch die „critical interests", d.h. „wertbezogene" Interessen zu berücksichtigen.[255] Dies sind die Vorstellungen und Überzeugungen des Einzelnen darüber, was für ein Mensch man sein will und was das Leben sinnvoll und zufrieden stellend macht.[256] Z.B. ist in diesem Zusammenhang darauf hinzuweisen, dass die Lebendspende für einen nahe stehenden Menschen dem Einzelnen wichtiger sein kann als die Integrität des eigenen Körpers.

Die „wertbezogenen" Interessen können nicht von Anderen in Stellvertretung wahrgenommen werden, auch nicht von einem Arzt.[257] Daher muss der Einzelne in die Lage versetzt werden, diese Interessen selbst durchzusetzen, gegebenenfalls auch gegen den behandelnden Arzt. Insbesondere wenn die eigene Gesundheit bzw. die eigene körperliche Unversehrtheit in Frage steht, müssen die wertbezogenen Interessen des Individuums berücksichtigt bzw. diesen zur Durchsetzung verholfen werden.[258]

Der Respekt vor einer Person verlangt, dass ihr die Interpretation des Lebens nach eigenen Maßstäben zugestanden wird.[259] Jeder Mensch hat in sehr weiten

---

252 Gutmann, Ethik in der Medizin 10 Supplement 1 (1998), 58 (61).

253 Das Bundesverfassungsgericht formuliert diesbezüglich: „Die Bestimmung über seiner leiblich-seelische Integrität gehört zum ureigensten Bereich der Personalität des Menschen. In diesem Bereich ist er aus der Sicht des Grundgesetzes frei, seine Maßstäbe zu wählen und nach ihnen zu leben und zu entscheiden.", BVerfG, Beschluss vom 25.07.1979 – Az.: 2 BvR 878/74 – NJW 1979, 1925 (1931).

254 Dworkin, Die Grenzen des Lebens, S. 275 (280).

255 Dworkin, Die Grenzen des Lebens, S. 275 (280).

256 Dworkin, Die Grenzen des Lebens, S. 275 (280).

257 Gutmann/Schroth in Oduncu/Schroth/Vossenkuhl, Transplantation, S. 271 (277).

258 Schroth in Kaufmann/Hassemer/Neumann, Einführung in Rechtsphilosophie und Rechtstheorie der Gegenwart, S. 458 (467).

259 Gutmann/Schroth, Organlebendspende in Europa, S. 110.

Grenzen die Befugnis, über seine körperliche Integrität zu entscheiden. Die Verfügung über den eigenen Körper ist unabdingbarer Bestandteil der menschlichen Persönlichkeit.[260] Dies schließt ein, dass er gegenüber seiner Person auch Maßnahmen zulassen kann, die seine körperliche Unversehrtheit beeinträchtigen. Das Selbstbestimmungsrecht bezüglich des eigenen Körpers ist umso stärker, je existentieller und persönlicher die Entscheidung über die Einwilligung in die den Körper verletzende Maßnahme ist.[261] Die Verpflichtung, das Selbstbestimmungsrecht des Anderen zu achten, folgt daraus, dass die betreffende Person mit ihrer eigenständigen, personalen Identität anzuerkennen ist. Da der so zum Ausdruck kommende Eigenwert der Person in der Menschenwürde verankert ist, kann festgehalten werden, dass das Selbstbestimmungsrecht über die eigene körperliche Integrität letztlich aus der Menschenwürde folgt. Das Selbstbestimmungsrecht des Einzelnen hinsichtlich des eigenen Körpers zu respektieren, ist gleichbedeutend damit, „Personen als Personen anzuerkennen, das heißt sie in ihrer Menschenwürde zu achten"[262].

Angesichts dieser überragenden Bedeutung, die der Selbstbestimmung der Person insbesondere bezüglich der eigenen körperlichen Belange zukommt, muss diese Selbstbestimmung des Einzelnen in höchstmöglichen Umfang respektiert und ihr zur Durchsetzung verholfen werden. Wird im Rahmen der ethischen Beurteilung der Lebendorganspende danach gefragt, inwieweit der Verstoß gegen das Schädigungsverbot durch das Prinzip des Respekts vor der Selbstbestimmung des Patienten gerechtfertigt werden kann, so müsste diese Frage eigentlich umgekehrt gestellt werden: Inwieweit kann das für den Patienten höchst bedeutsame Gebot der Achtung seiner Selbstbestimmtheit deshalb eingeschränkt werden, weil dem Schädigungsverbot entsprochen werden soll?

Festzuhalten ist jedenfalls, dass dem Grundsatz des „primum nil nocere" keinesfalls absoluter Vorrang vor dem Prinzip der Selbstbestimmung eingeräumt werden kann. Die Lebendorganspende kann mithin nicht deshalb grundsätzlich für unzulässig erklärt werden, weil damit zwangsläufig ein Verstoß gegen das Schädigungsverbot einhergeht. Vielmehr ist von einer grundsätzlichen Zulässigkeit der Lebendorganspende auszugehen, gestützt auf den Respekt vor der Selbstbestimmtheit der Person des Spenders. Dass eine Lebendorganspende gegen das Prinzip des „primum nil nocere" verstößt, wird unter dem Aspekt gerechtfertigt, dass das Selbstbestimmungsrecht des Spenders im Sinne der Patientenautonomie

---

260 Forst, Kontexte der Gerechtigkeit, S. 435.
261 Gutmann/Schroth in Oduncu/Schroth/Vossenkuhl, Transplantation, S. 271 (277).
262 Gutmann/Schroth in Oduncu/Schroth/Vossenkuhl, Transplantation, S. 271 (277).

geachtet wird. Die Legitimation der Lebendorganspende liegt folglich in dem Respekt und der Achtung vor der individuellen Entscheidung des Patienten darüber, welche gesundheitlichen Schädigungen und Risiken er im Interesse des körperlichen Wohlergehens eines Anderen einzugehen bereit ist.[263]

c) Grenzen der Selbstbestimmung

Zu erörtern ist jedoch, ausgehend von der grundsätzlichen Zulässigkeit der Lebendspende, inwieweit Grenzen für das Selbstbestimmungsrecht des Einzelnen bestehen und unter welchen Voraussetzungen einer Lebendspende zugestimmt werden kann.

aa) Altruistische Motivation

Zum einen ist die Frage zu stellen, ob und inwieweit die ethische Zulässigkeit einer Lebendorganspende von einer altruistischen Motivation beim Spender abhängt. Erörtert wird diese Frage vorwiegend in Zusammenhang mit der Diskussion um die Begrenzung des Spenderkreises auf Verwandte und nahe stehende Personen des Transplantatempfängers einer Lebendorganspende in § 8 Abs. 1 S. 2 TPG. Altruismus (von lateinisch *alter*, d.h. der andere) bedeutet dabei selbstloses Handeln unter Zurückstellung eigener Interessen, das die Verfolgung der Interessen oder des Wohls anderer zum Ziel hat, also ein „auch oder primär von einem Interesse am Wohlergehen des anderen motiviertes"[264] Handeln.

Von einigen Stimmen in der Literatur werden altruistische Beweggründe beim Lebendorganspender gefordert.[265] Angeknüpft wird dabei teilweise an einen „bedingten Altruismus"[266], der Motivation einer Lebendspende unter Freunden sein müsse, damit eine personale Freundschaft vorliege, die auf emotionaler Ebene einem Verwandschaftsverhältnis entspreche und die Lebendspende ethisch rechtfertigen könne. Was dabei genau mit „bedingtem Altruismus" gemeint ist, wird allerdings nicht konkretisiert. Teilweise wird die Lebendspende als „von den Motiven her achtenswerter Akt rational-altruistischer Überlegungen"[267] bezeichnet,

263 Gutmann, Ethik in der Medizin 10 Supplement 1 (1998), 58 (62).
264 Gutmann/Schroth, Organlebendspende in Europa, S. 112.
265 Bickeböller/Gossmann/Kramer/Scheuermann, Zeitschrift für medizinische Ethik 44 (1998), 325 (323); Eibach in Zeitschrift für medizinische Ethik 45 (1999), 217 (218 ff.).
266 Bickeböller/Gossmann/Kramer/Scheuermann, Zeitschrift für medizinische Ethik 44 (1998), 325 (323).
267 Eibach in Zeitschrift für medizinische Ethik 45 (1999), 217 (221).

weshalb eine Lebendspende zwischen fremden Personen nicht zulässig sei. Die Spende eines Organs müsse „Ausdruck und Folge einer von der Liebe und der Sorge füreinander bestimmten dauerhaften Lebensgemeinschaft"[268] sein. Eine solche Lebensgemeinschaft sei nämlich „der primäre Ort, an dem sich Liebe in der Gestalt der Sorge und Verantwortung füreinander bewährt und wo Menschen zu einem besonderen Liebesakt wie der Spende eines Organs sich herausgefordert sehen können"[269].

Dem kann jedoch nicht gefolgt werden. Der Forderung nach einer altruistischen Motivation beim Lebendspender als Zulässigkeitsvoraussetzung für eine Lebendorganspende muss entgegengetreten werden. Zunächst ist unklar, wie eine solche altruistische Motivation beim Lebendorganspender festgestellt werden soll. Individuen handeln zumeist aus einem Bündel von Motiven und Intentionen heraus. Es fällt schwer, überhaupt die Beweggründe beim Lebendorganspender zu ermitteln. Dies ist aber Voraussetzung, um die Beweggründe als altruistisch oder nicht altruistisch bewerten zu können.

Außerdem ist die Grenze zwischen altruistischen und eigennützigen Motiven fließend. Z.B. bei der Spende unter Ehegatten verbinden sich oftmals selbstbezogene und fremdnützige Motive: Einerseits möchte der spendende Ehepartner das Leben seines Ehepartners durch die Organspende erhalten oder verbessern im Interesse des Wohlergehens des Ehepartners; andererseits verspricht sich der spendende Ehepartner auch für sich selbst Vorteile aus einer wieder besser funktionierenden Ehe, in der man einen belastbaren Partner hat und mit diesem z.B. wieder in den Urlaub fahren kann.[270] Eine Differenzierung zwischen altruistischen und egoistischen Motiven ist hier kaum möglich.

Überhaupt würde in einem solchen Fall wohl niemand, selbst wenn man beim Spender ein Überwiegen egoistischer Beweggründe diagnostizieren könnte, dem spendenden Ehepartner die Lebendorganspende verweigern wollen aufgrund des Vorwurfs, er denke doch nur an sich selbst. Es scheint mithin so zu sein, dass es nach dem moralischen Empfinden der Mehrheit in der Gesellschaft eigennützige Motive gibt, die toleriert werden, während andere wohl rundheraus abgelehnt würden, z.B. wenn der Organspender ausschließlich aus finanziellem Anreiz seine Organe hergibt. Dass insofern nicht klar dergestalt differenziert werden kann, dass alle egoistischen Motive für die Spende eines Organs durch einen lebenden Spender abzulehnen sind, während alle altruistischen Motive

---

268 Eibach in Zeitschrift für medizinische Ethik 45 (1999), 217 (222).
269 Eibach in Zeitschrift für medizinische Ethik 45 (1999), 217 (222).
270 Gutmann/Schroth in Oduncu/Schroth/Vossenkuhl, Transplantation, S. 271 (277 f.).

gutzuheißen sind, macht die Fokussierung auf das Vorliegen einer altruistischen Motivation entbehrlich.

In diesem Zusammenhang ist darauf hinzuweisen, dass in der aktuellen Diskussion von den Stimmen, die die Zulässigkeit der Lebendorganspende vom Vorliegen altruistischer Motive beim Spender abhängig machen wollen, teilweise der Begriff „Utilitarismus" verwendet wird, um bestimmte Argumente als moralisch suspekt zu diskreditieren.[271] Dabei werden utilitaristische Gesichtspunkte einer egoistischen Motivation zugeordnet, die minderwertig gegenüber einer altruistischen Motivation sei, weshalb eine Lebendspende nur dann zu rechtfertigen sei, wenn das Handeln des Spenders auf altruistischen und nicht auf utilitaristischen bzw. egoistischen Beweggründen beruhe.[272] Mit anderen Worten: Wer nur den Nutzen seiner Organlebendspende im Auge habe, handele immer egoistisch und nicht altruistisch, weshalb in solchen Fällen die Organlebendspende abzulehnen sei.

Diese Auffassung übersieht jedoch, dass sich auf der einen Seite die Bewertung einer Handlung als altruistisch oder egoistisch und auf der anderen Seite eine utilitaristische Betrachtungsweise auf völlig unterschiedliche Aspekte der Handlung beziehen: Im ersten Fall wird die Handlungsmotivation des Spenders untersucht, im zweiten Fall das Ergebnis der Organspende für alle betroffenen Personen beleuchtet. Es handelt sich um verschiedene ethische Betrachtungsmethoden mit unterschiedlichen Bezugspunkten, so dass die Begriffe Utilitarismus und Egoismus nicht gleichgesetzt und dem Begriff des Altruismus gegenüber gestellt werden können.

Insofern hat das oben diskutierte Prinzip der Nutzenmaximierung seine Berechtigung in der ethischen Diskussion. Utilitäre Gesichtspunkte können in die ethische Beurteilung mit einfließen; sie sind nicht moralisch suspekt.[273] Eine solche Behauptung kann nicht aufgestellt werden, um eine rein altruistische Motivation für die Organspende durch den lebenden Spender zu postulieren.

Als weiteres Argument gegen die Erforderlichkeit einer altruistischen Motivation etwa als Ausdruck der „Liebe in der Gestalt der Sorge und Verantwortung füreinander"[274] kann vorgebracht werden, dass eine medizinische Ethik,

---

271 Dies feststellend auch *Gethmann* in Rittner/Paul, Ethik der Lebendorganspende, S. 147.

272 In diese Richtung argumentierend z.B. *Eibach* in Zeitschrift für medizinische Ethik 45 (1999), 217 (218 ff.).

273 Gethmann in Rittner/Paul, Ethik der Lebendorganspende, S. 147 (158 f.).

274 So formuliert *Eibach* in Zeitschrift für medizinische Ethik 45 (1999), 217 (222) und bezieht sich damit seiner Wortwahl nach auf das Motiv der Agape im Sinne einer Grundforderung der christlichen Ethik im Sinne von Nächstenliebe.

zumindest wenn sie Eingang in juristische Kontroversen um die Zulässigkeit einer bestimmten gesetzlichen Regelung finden soll, säkular sein muss und sich nicht auf Prämissen oder verbale Kategorien theologischer Natur berufen darf.[275] Ansonsten können ethische Argumente nur einem begrenzten Adressatenkreis einsichtig gemacht werden, was ihre Überzeugungskraft schmälert.

Die Rechtfertigung der Lebendorganspende im Einzelfall darf nicht von einer moralischen Exzellenz abhängig gemacht werden, etwa reiner selbstloser Nächstenliebe.[276] Die Achtung vor dem Selbstbestimmungsrecht des Lebendorganspenders rechtfertigt die Lebendorganspende in ethischer Hinsicht, und zwar unabhängig von einer vorher durchzuführenden Untersuchung und Bewertung, ob altruistische Motive das Handeln des lebenden Organspenders bestimmt haben oder nicht. Eine rein altruistische Motivation für den Spender ist nicht erforderlich.

bb) Freiwilligkeit der Spenderentscheidung

Zum anderen ist Voraussetzung für die Zulässigkeit einer Lebendorganspende, dass die Freiwilligkeit der Entscheidung des Lebendspenders absolut gesichert wird. Der Freiwilligkeit der Spende kommt eine entscheidende Rolle zu.[277] Der hohe normative Wert des Kriteriums der Freiwilligkeit zeigt sich auch in vielen Bereichen der Rechtsordnung, etwa im Strafrecht als Tatbestandvoraussetzung des Rücktritts gemäß § 24 StGB.

Die Freiwilligkeit der Spenderentscheidung ist Grundlage und unabdingbare Voraussetzung dafür, dass die autonome Entscheidung des Einzelnen über den eigenen Körper im Rahmen des Selbstbestimmungsrechts dem Prinzip des „primum nil nocere" vorangestellt werden kann.[278] Dass der Organspender bei einer Lebendspende sein Organ freiwillig zur Verfügung stellt, ist grundlegende Bedingung dafür, dass überhaupt eine autonome Entscheidung des Organspenders vorliegt, die in die ethische Beurteilung einfließen und die Zulässigkeit der Lebendspende rechtfertigen kann. Fußt die Entscheidung des Spenders nicht auf seiner Patientenautonomie, so ist die Lebendorganspende ethisch nicht zulässig. Im juristischen Kontext kann die Freiwilligkeit der Zustimmung des Spenders als zentrales rechtliches Problem angesehen werden.[279]

---

275 Gutmann/Schroth, Organlebendspende in Europa, S. 113.
276 Gutmann/Schroth, Organlebendspende in Europa, S. 113.
277 Löw-Friedrich/Schoeppe, Transplantation, S. 167; Gründel in Wiesing, Ethik in der Medizin, S. 315 (318).
278 Löw-Friedrich/Schoeppe, Transplantation, S. 167.
279 Lilie in Albert, Praxis der Nierentransplantation (III), S. 89 (91).

Teilweise wird in der Literatur der Lebendorganspende grds. kritisch gegenüber getreten und eine restriktive Handhabung gefordert, da die vollständige Gewährleistung einer autonomen Entscheidung des Lebendspenders nicht möglich sei; es könne nicht von der Freiwilligkeit der Entscheidung in jedem Einzelfall ausgegangen werden.[280] Da oftmals der potentielle Lebendspender unter einem gewissen – zumindest moralischen – Druck steht, der von außen an ihn herangetragen wird oder der aus eigenem Betreiben entsteht, kann man sich in der Tat die Frage stellen, ob ein vollkommen autonomes und freiwilliges Handeln des Lebendorganspenders überhaupt denkbar ist.

Von den Gegnern einer Ausweitung der Lebendorganspende wird dies teilweise angezweifelt unter Hinweis darauf, zur Freiwilligkeit der Entscheidung gehöre auch, dass der Spender nicht so sehr in einer emotionalen Beziehung zum Empfänger befangen sein dürfe, dass dadurch der freie Willensentschluss beeinträchtigt werde.[281] Allzu große Zuneigung des Spenders zum Empfänger führe dazu, dass der Spender die Gesundheitsrisiken der Lebendorganspende nicht mehr sorgfältig reflektieren könne, was der Freiwilligkeit seiner Entscheidung entgegen stehe; es gelte hier das Sprichwort „Liebe macht blind".[282]

Der Bundesgerichtshof bezeichnet die Situation des potentiellen Organspenders als eine Situation mit besonderem „Aufforderungscharakter"[283] infolge der bestehenden medizinischen Gefahrenlage. *Esser* sieht darin eine „Zwangssituation oftmals sozialen oder emotionalen Ursprungs"[284]. Gerade unter Familienmitgliedern sei die Spendermotivation häufig durch Schuldgefühle oder intrafamiliäre Erwartungen beeinflusst und dadurch die Möglichkeit einer autonomen Entscheidung durch den Spender stark eingeschränkt.[285] Wenn ein Elternteil sich zur Organhingabe bereit erkläre, um sein Kind vor dem Tode zu bewahren, so könne kaum noch von einer autonomen Spenderentscheidung gesprochen werden.[286]

---

280 Ach/Marckmann in Wiesing, Ethik in der Medizin, S. 294 (298); Pöltner, Grundkurs Medizin-Ethik, S. 223; Küfner, Rechtsphilosophische Aspekte moderner Medizintechniken, S. 28.

281 Küfner, Rechtsphilosophische Aspekte moderner Medizintechniken, S. 29.

282 Küfner, Rechtsphilosophische Aspekte moderner Medizintechniken, S. 29.

283 Urteil des BGH vom 30.6.1987, Az.: VI ZR 257/86, dort Rn. 13, in BGHZ 101, 215 (219).

284 Esser, Verfassungsrechtliche Aspekte der Lebendspende von Organen zu Transplantationszwecken, S. 122.

285 Esser, Verfassungsrechtliche Aspekte der Lebendspende von Organen zu Transplantationszwecken, S. 122.

286 Esser, Verfassungsrechtliche Aspekte der Lebendspende von Organen zu Transplantationszwecken, S. 122.

Dieser Argumentation ist jedoch zu widersprechen, da hier zwei unterschiedliche Kategorien miteinander vermischt werden: zum einen die Kategorie der Freiwilligkeit des Willensentschlusses, zum anderen die Frage, wie leicht oder schwer die Willensentschließung dem Entscheider fällt.[287] Freiwilligkeit bedeutet vielmehr Willensfreiheit im Sinne von Autonomie, d.h. sich als freie Person zu begreifen und aus dieser Freiheit heraus zu handeln, also zwischen verschiedenen Handlungsoptionen auswählen zu können. Autonomie (Selbstgesetzgebung) steht – anknüpfend an die ethische Autonomie-Lehre Kants – im Gegensatz zu Heteronomie (Fremdgesetzgebung). Demnach ist eine Entscheidung freiwillig, wenn sie selbst- und nicht fremdbestimmt erfolgt.[288] Unerheblich ist in diesem Zusammenhang die moralische Motivation der Entscheidung.[289]

Wenn also der Organspender aufgrund moralischer Verhaltensnormen, die er für sich als verbindlich erachtet, zwischen den beiden Handlungsoptionen, entweder ein Organ zu spenden oder nicht, auswählt und für eine Lebendorganspende votiert, so ist dies eine selbstbestimmte und freiwillige Entscheidung des Spenders. Dies gilt auch, wenn es sich um eine moralische Ausnahmesituation für den Spender handelt, in der dieser sich derartig moralisch verpflichtet fühlt, dass ihm aus seiner subjektiven Betrachtungsweise letztlich keine Alternative verbleibt und er spontan der Transplantation zustimmt. Auch dann hat der potentielle Organspender zwei Handlungsoptionen, nämlich das betreffende Organ zu spenden oder nicht, zwischen denen er frei wählen kann. Daran ändert die Tatsache nichts, dass eine Handlungsoption für den potentiellen Spender aus moralischer oder sonstiger Motivation vertretbar erscheint und die andere Handlungsoption nicht.

Man kann dieser für den potentiellen Organspender schwierigen Entscheidungssituation nicht begegnen, indem man die Handlungsoption der Lebendspende einfach für unzulässig erklärt. Dadurch wäre keinem geholfen: Der potentielle Organempfänger könnte nicht im Wege der Organtransplantation medizinisch behandelt werden; dem hilfewilligen potentiellen Organspender wäre von vornherein die Möglichkeit abgeschnitten, durch eigenen Einsatz einer ihm nahe stehenden Person mit einer schweren Erkrankung zu helfen.[290]

---

287 *Gutmann* und *Schroth* formulieren anschaulich: „Diese Frage beruht auf einem Missverständnis. Sie verwechselt eine freiwillige mit einer „leichten" Entscheidung.", Gutmann/Schroth, Organlebendspende in Europa, S. 114.

288 Birnbacher in Brudermüller/Seelmann, Organtransplantation, S. 13 (23).

289 Birnbacher in Brudermüller/Seelmann, Organtransplantation, S. 13 (23).

290 Gutmann/Schroth, Organlebendspende in Europa, S. 115.

Es sind im Verlaufe eines menschlichen Lebens eine Reihe von schwierigen Situationen denkbar, in denen man sich zwischen verschiedenen Handlungsmöglichkeiten entscheiden muss, wobei für den Einzelnen aufgrund der bei ihm vorherrschenden Moralvorstellungen nur eine Handlungsalternative als gangbarer Weg erscheint. In vielen dieser Konstellationen außerhalb der Transplantationsmedizin wird jedoch nicht an der Freiwilligkeit der Entscheidung gezweifelt.

Wenn eine Frau von der möglicherweise lebensbedrohenden, schweren Behinderung ihres ungeborenen Kindes erfährt und spontan für sie z.B. aus ihrem christlichen Glauben heraus die Entscheidung feststeht, das Kind trotzdem zur Welt zu bringen, würde niemand die Freiwilligkeit dieser Entscheidung anzweifeln unter Verweis darauf, dass bei dieser Frau ein übergroßer moralischer Druck bestanden habe. Ist ein Kind schwerkrank und bedarf einer Operation, für die die Einwilligung der Eltern erforderlich ist, so würde niemand die Freiwilligkeit der Einwilligung seitens der Eltern in Frage stellen, obwohl diese aufgrund ihres moralischen Empfindens vielleicht niemals die Möglichkeit der Verweigerung der Zustimmung zur Operation ihres Kindes ernsthaft in Erwägung gezogen haben.

Zwar besteht zwischen den eben genannten Konstellationen und der Situation der Lebendorganspende der Unterschied, dass im Falle der Lebendorganspende die körperliche Unversehrtheit der die Entscheidung treffenden Person auf dem Spiel steht. Allgemeingültig kann jedoch davon ausgegangen werden, dass das Bestehen von Moralvorstellungen, die der Einzelne als für sich bindend erachtet, nicht die Freiwilligkeit der Entscheidung ausschließt.

Dass auch in schwierigen und durch gefühlte moralische Verpflichtungen stark beeinflussten Situationen die Freiwilligkeit der Entscheidung zur Organspende gewährleistet ist, entspricht auch psychologischen Untersuchungen zu diesem Thema: Nach wissenschaftlich-psychologischen Maßstäben sprechen die Äußerungen der in Untersuchungen befragten Spender und auch Nichtspender dafür, dass die Entscheidung zur Lebendnierenspende in der überwiegenden Mehrzahl der Fälle freiwillig erfolgte.[291] Wenn Beeinflussungsversuche durch andere Personen stattgefunden haben, geschah dies zumeist mit dem Ziel, die potentiellen Organspender von einer Lebendspende abzubringen.[292] Ergebnisse vorliegender Untersuchungen legen das Ergebnis nahe, dass die vorhandene Bereitschaft zur Lebendspende freiwillig zustande kam, und zwar aufgrund einer verinnerlichten moralischen Norm

---

291 Schneewind in Zeitschrift für Transplantationsmedizin 5 (1993), 89 (93).
292 Schneewind in Zeitschrift für Transplantationsmedizin 5 (1993), 89 (93).

zur Spendenbereitschaft.[293] Dies gilt nach den durchgeführten psychologischen Untersuchungen auch für den großen Anteil der Lebendorganspender, die ihre Entscheidung als so genannte „snap decision" treffen, d.h. spontan und eher moralisch als rational begründet, also „aus dem Bauch heraus".[294]

Es wäre geradezu paradox, würde man in dem gleichen Maße, in dem jemand moralische Gründe für seine Entscheidung zur Lebendorganspende hat, die Freiwilligkeit seiner Entscheidung in Zweifel ziehen.[295] Dies würde bedeuten, dass bei demjenigen die Zustimmung zur Organspende als in höherem Maße freiwillig eingeschätzt wird, der in geringerem Maße moralische Beweggründe für seine Entscheidung angeben kann. Mit anderen Worten: Je höher der potentielle Lebendorganspender seine moralische Verpflichtung zur Spende empfinde – und sei es auch aus für Dritte nachvollziehbaren Gründen –, desto eher müsse an dem Erfordernis einer freiwilligen Spenderentscheidung gezweifelt werden und desto restriktiver müsse die Zulässigkeit der Lebendorganspende beurteilt werden. Eine solche Argumentations- und Vorgehensweise ist nicht hinnehmbar. Vielmehr stellt die Tatsache, dass jemand starke und emotional besetzte Gründe dafür hat, ein Organ zu spenden, nicht bereits für sich genommen die Freiwilligkeit dieser Organspende in Frage.[296] Die Freiwilligkeit der Entscheidung eines potentiellen Organspenders ist unabhängig davon zu beurteilen, in welchem Maße dieser moralische Verhaltensverpflichtungen oder emotionale Gründe für seine Entscheidung stark macht.

Die Freiwilligkeit gerät aber dann in Gefahr, wenn sich der Entscheider im Rahmen seines Willensentschlusses derartig äußerer Beeinflussung ausgesetzt sieht, dass seine Entscheidung als fremdbestimmt bezeichnet werden muss. Wird also beispielsweise der potentielle Lebendorganspender von Dritten bedroht oder auf sonstige Weise unter Druck gesetzt, so ist seine Entscheidung fremd- und nicht mehr selbstbestimmt und damit nicht freiwillig. Dies wäre der Fall, wenn etwa ein Ehepartner gegenüber dem anderen erklären würde: „Wenn Du unserem Kind nicht eine Niere spendest, verlasse ich Dich."

Fühlt jedoch der als Spender in Frage kommende Ehepartner als inneren Druck die moralische Verpflichtung, seinem Kind eine Niere zu spenden, so liegt keine fremdbestimmte, sondern eine freiwillige Entscheidung vor. Dies gilt auch im Falle, dass der innere Druck bzw. die für sich selbst empfundene moralische

---

293   Schneewind in Zeitschrift für Transplantationsmedizin 5 (1993), 89 (93).
294   Schneewind in Zeitschrift für Transplantationsmedizin 5 (1993), 89 (93); Gutmann/ Schroth, Organlebendspende in Europa, S. 114.
295   Birnbacher in Brudermüller/Seelmann, Organtransplantation, S. 13 (23).
296   Birnbacher in Brudermüller/Seelmann, Organtransplantation, S. 13 (23).

Verpflichtung erst durch äußere Faktoren, z.B. durch Ermahnungen oder Vorwürfe Dritter, „aus der Latenz in die psychische Wirksamkeit überführt"[297] wird.

Zugegebenermaßen ist die Abgrenzung im Einzelfall sehr schwierig, ob für sich selbst empfundene moralische Verpflichtungen oder äußerer Druck den Organspender zu seiner Entscheidung motiviert haben. Es gibt jedoch keinen generellen Ausweg aus dieser „ethischen Dialektik von Hilfemöglichkeit und Entscheidungslast"[298]. Dass die Freiwilligkeit der Entscheidung des potentiellen Lebendorganspenders im Einzelfall gesichert wird, muss durch Etablierung angemessener Verfahren erreicht werden.

Dafür hält das Transplantationsgesetz in § 8 Abs. 3 S. 2 TPG die Lebendspendekommission als rechtlich-prozedurales Lösungsmodell bereit.[299] Diese interdisziplinär besetzte Kommission soll gutachterlich dazu Stellung nehmen, ob begründete tatsächliche Anhaltspunkte dafür vorliegen, dass die Einwilligung in die Organspende nicht freiwillig erfolgt oder dass das Organ Gegenstand verbotenen Handeltreibens ist. Diese gutachterliche Stellungnahme der Kommission ist unabdingbare Voraussetzung für die rechtliche Zulässigkeit der Lebendorganspende. Darüber hinaus sieht das Transplantationsgesetz eine umfangreiche Aufklärung des potentiellen Lebendorganspenders in § 8 Abs. 2 TPG vor, wodurch dieser erst in die Lage versetzt wird, eine freiwillige und den medizinischen Sachverhalt reflektierende Entscheidung zu treffen.

Neben der Lösung über die Lebendspendekommission, wie es das deutsche Recht vorsieht, werden andere Konzepte diskutiert, um die Freiwilligkeit der Entscheidung des Lebendspenders zu sichern. Denkbar wäre z.B., dem Lebendspender zur verfahrensrechtlichen Absicherung der Freiwilligkeit seiner Entscheidung einen Spenderanwalt („donor advocate") an die Seite zu stellen, der sogar mit einem eigenen Vetorecht ausgestattet werden könnte.[300]

Eine andere Möglichkeit bestünde darin, dass Ärzte dazu angehalten werden, einem potentiellen Lebendorganspender, der sich z.B. innerfamiliär unter Druck

---

297 Birnbacher in Brudermüller/Seelmann, Organtransplantation, S. 13 (23).

298 Gutmann/Schroth, Organlebendspende in Europa, S. 115.

299 Vgl. die ausführlichen empirischen und rechtlichen Betrachtungen hierzu bei Wagner/Fateh-Moghadam in Soziale Welt 56 (2005), 73 ff.

300 Dies schlagen führende amerikanische Verbände der mit dem Transplantationswesen befassten medizinischen Fachgruppen in dem sog. "Consensus Statement on the Live Organ Donor" vor, siehe National Kidney Foundation/American Society of Transplantation/American Society of Transplant Surgeons/American Society of Nephrology u.a. in JAMA 284 (13.12.2000), 2919 (2920 f.).

gesetzt fühlt bezüglich der Spende eines Organs und eigentlich kein Organ spenden will, mit dessen Einverständnis eine medizinische Ausrede dergestalt zu verschaffen, dass die Lebendspende für medizinisch unmöglich erklärt wird, obwohl dies nicht den Tatsachen entspricht.[301] Zwar wäre der behandelnde Arzt hier zur Lüge gezwungen; trotzdem erscheint dies hinnehmbar und weiterführend angesichts der Tatsache, dass dem potentiellen Lebendspender im Falle seiner ablehnenden Entscheidung innerfamiliäre Konflikte erspart blieben. Dies könnte in einem höheren Maße zur Sicherung der Freiwilligkeit der Entscheidung des Lebendspenders beitragen als die Befragung durch die Lebendspendekommission, so umsichtig und intensiv diese auch erfolgen mag.

Es ist jedenfalls festzuhalten, dass bei Vorliegen einer moralischen Motivation beim Lebendorganspender – sogar wenn dieser eine moralische Verpflichtung empfindet – nicht gerade deshalb an der Freiwilligkeit der Entscheidung gezweifelt werden kann. Liegt eine autonome Entscheidung des Lebendspenders vor, ist die Lebendspende angesichts des Prinzips des Respekts vor der Selbstbestimmung des Patienten gerechtfertigt.

4. Einschränkungen der Zulässigkeit der Lebendorganspende

Dennoch kann auch eine auf einer freiwilligen Entscheidung des Spenders beruhende Lebendorganspende nicht in jedem Fall ohne Einschränkung zulässig sein.

Hinzuweisen ist in diesem Zusammenhang zunächst auf die Problematik des Handeltreibens mit Organen zu Transplantationszwecken. In der gesetzlichen Regelung des § 17 TPG ist das Verbot des Organhandels normiert. Organe, die Gegenstand verbotenen Handeltreibens sind, dürfen demnach nicht auf einen Menschen übertragen werden.

War dies noch bis vor wenigen Jahren im gesellschaftlichen Diskurs sowie innerhalb der Ärzteschaft fast unbestritten[302] und daher kaum Gegenstand öffentlicher Diskussion, so hat sich die vor allem in jüngeren Altersgruppen

---

301 Dieser Vorschlag stammt ebenfalls aus dem "Consensus Statement on the Live Organ Donor", siehe National Kidney Foundation/American Society of Transplantation/ American Society of Transplant Surgeons/American Society of Nephrology u.a. in JAMA 284 (13.12.2000), 2919 (2921).

302 *Gründel* z.B. stellte klar heraus: „Insofern scheidet eine Organspende um des finanziellen oder wirtschaftlichen Zugewinns willen von vornherein als unsittlich aus.", Gründel in Wiesing, Ethik in der Medizin, S. 315 (317).

vorherrschende Auffassung dahingehend verändert, dass ein Großteil der Bevölkerung finanzielle Anreize für eine Organspende als denkbar erachtet[303]. Angesichts des anhaltenden Organmangels könnte die Schaffung finanzieller Anreize für die Organspende ein gangbarer Weg sein, um den Tod vieler auf den Wartelisten stehender Patienten zu vermeiden.[304] Diese kontrovers diskutierte Frage soll jedoch im Rahmen dieser Arbeit nicht weiter ausgebreitet werden.

Es dürfte außer Frage stehen, dass eine Lebendorganspende jedenfalls dann nicht zugelassen werden kann, wenn der Spender dadurch getötet würde. Fraglich ist aber, ob darüber hinaus in bestimmten medizinischen Konstellationen eine Einschränkung hinsichtlich der ethischen Zulässigkeit der Lebendorganspende zu machen ist, selbst wenn der Spender hinreichend aufgeklärt worden ist und eine freiwillige Entscheidung getroffen hat. Denkbar wären Situationen, in denen entweder das medizinische Risiko für den Spender zu groß oder der medizinische Nutzen für den Empfänger zu gering ist.

Schroth fordert, dass der Arzt zumindest „irrationalem Verhalten"[305] bei der Lebendorganspende entgegentreten müsse. Als irrational sei die Entscheidung des Lebendspenders dann zu bezeichnen, wenn realistischerweise keine Aussicht bestünde, dass sich der Gesundheitszustand infolge der Organtransplantation beim Empfänger verbessern würde.[306]

Problematisch erscheint an dieser Argumentation, die Entscheidung des Spenders als irrational – also als der menschlichen Vernunft widersprechend – zu bezeichnen, nur weil keine hinreichenden medizinischen Erfolgsaussichten beim Empfänger bestünden. Die Einstufung einer autonomen Entscheidung des Spenders als irrational und infolgedessen nicht beachtenswert entspricht in gewisser Hinsicht einer paternalistischen Betrachtungsweise, da die Entscheidung des Spenders an einem vom Arzt eingeschätzten medizinischen Sachverhalt gemessen wird.

Zutreffend ist jedoch, dass eine Lebendspende nicht einschränkungslos für zulässig erklärt werden kann unabhängig vom medizinischen Zustand des Spenders

---

303 Vgl. dazu die Umfragestatistiken bei Breyer/van den Daele/Engelhard/Gubernatis u.a., Organmangel, S. 171 f.

304 In diese Richtung tendierend auch Breyer/van den Daele/Engelhard/Gubernatis u.a., Organmangel, S. 173.

305 Schroth in Kaufmann,/Hassemer/Neumann, Einführung in Rechtsphilosophie und Rechtstheorie der Gegenwart, S. 458 (465).

306 Schroth in Kaufmann,/Hassemer/Neumann, Einführung in Rechtsphilosophie und Rechtstheorie der Gegenwart, S. 458 (465).

bzw. des Empfängers. § 8 TPG konstituiert als rechtliche Zulässigkeitsvoraussetzungen für eine Organentnahme bei lebenden Organspendern in medizinischer Hinsicht zum einen eine bestimmte Spenderindikation und zum anderen eine bestimmte Empfängerindikation. Die Person des Spenders muss nach ärztlicher Beurteilung gem. § 8 Abs. 1 S. 1 Nr. 1c TPG als Organspender geeignet sein und darf voraussichtlich nicht über das Operationsrisiko hinaus gefährdet oder über die unmittelbaren Folgen der Entnahme hinaus gesundheitlich schwer beeinträchtigt werden.[307] Bezüglich der medizinischen Situation des Organempfängers fordert § 8 Abs. 1 S. 1 Nr. 2 TPG, dass die Übertragung des Organs oder Gewebes nach ärztlicher Beurteilung geeignet ist, das Leben des Empfängers zu erhalten oder bei ihm eine schwerwiegende Krankheit zu heilen, ihre Verschlimmerung zu verhüten oder ihre Beschwerden zu lindern.[308] Auch ist der Personenkreis bei der Lebendorganspende beschränkt, wie es in § 8 Abs. 1 S. 2 TP bestimmt ist.[309]

Auch diese Voraussetzungen stellen in gewissem Sinne eine paternalistische Bevormundung des Patienten dar, da eine Lebendspende für den Fall des Vorliegens eines bestimmten medizinischen Sachverhaltes untersagt wird. Allerdings erscheint dies gerechtfertigt mit Blick auf das hohe Schadensrisiko, das jemand in Kauf nimmt, der ein Organ spenden möchte, obwohl für ihn eine schwerwiegende Gesundheitsbeeinträchtigung droht, und angesichts des geringen Nutzens einer Organspende, die voraussichtlich keine Gesundheitsverbesserung für den Empfänger nach sich zieht. In solchen Extremfällen ist es zulässig, dass der Staat dem Einzelnen Verhaltensverbote auferlegt, um ihn vor einer aus medizinischer Sicht nicht zu rechtfertigenden Selbstgefährdung seiner Gesundheit zu schützen. Dies gilt insbesondere für den Fall der Lebendorganspende, wo die Gefahr besteht und nicht vollständig ausgeräumt werden kann, dass auf potentielle Spender von außen Druck ausgeübt wird.

Fraglich ist, ob sich daraus ein Wertungswiderspruch ergibt, dass einem potentiellen Lebendspender in bestimmten medizinischen Konstellationen die Spende eines Organs durch strafrechtliche Regelungen im Transplantationsgesetz untersagt wird, während der Suizid oder die Verletzung des eigenen Körpers nach der deutschen Rechtsordnung straflos ist. Schließlich stellt der potentielle Lebendorganspender seine Gesundheit zur Disposition, genau wie es derjenige

---

307   Zu den Tatbestandsvoraussetzungen näher Hellweg/Beitz in Terbille/Clausen/
      Schroeder-Printzen, Münchener Anwaltshandbuch Medizinrecht, S. 1105 (1121 f.).
308   Zu den Tatbestandsvoraussetzungen näher Hellweg/Beitz in Terbille/Clausen/
      Schroeder-Printzen, Münchener Anwaltshandbuch Medizinrecht, S. 1105 (1122).
309   Dazu näher Urteil des BSG vom 10.12.2003 – Az.: B 9 VS 1/01 R – NZS 2004, 531 ff.

tut, der seinen eigenen Körper verletzt oder sogar Selbstmord begehen will, was nach dem deutschen Strafgesetzbuch keinen Straftatbestand darstellt.

Der entscheidende Unterschied besteht jedoch in der Mitwirkung anderer Personen an der Gesundheitsbeschädigung. Während der sich selbst Verstümmelnde oder der Suizident seinen Körper durch eigene Handlungen verletzt, wird der Eingriff in die körperliche Unversehrtheit beim Lebendorganspender durch einen Arzt durchgeführt. Insofern kann das Verfügungsrecht des Einzelnen über seine körperliche Unversehrtheit zumindest insofern eingeschränkt werden, als die Mitwirkung eines Dritten – also des Transplantationschirurgen – an der Verletzung der körperlichen Unversehrtheit unter bestimmten Voraussetzungen untersagt wird. Diese Wertung entspricht auch dem strafrechtlichen Normengefüge, wo die tatherrschaftliche Tötung eines anderen auf dessen Verlangen durch § 216 StGB unter Strafe gestellt wird und die Körperverletzung mit Einwilligung des Verletzten gem. § 228 StGB nur in den Grenzen der guten Sitten erlaubt ist.

Betrachtet man Einschränkungen der Zulässigkeit der Lebendorganspende, z.B. die durch § 8 TPG geforderten medizinischen Kriterien der hinreichenden Spender- und Empfängerindikation, so muss man im Blick behalten, dass nicht nur das körperliche Wohl von Spender und Empfänger auf dem Spiel steht, sondern dass die Organexplantation und die Organimplantation von einem Arzt vorgenommen werden müssen. Dem Arzt kann die Durchführung einer medizinisch unsinnigen – weil für den Spender zu riskanten oder für den Gesundheitszustand des Empfängers nicht aussichtsreichen -Organtransplantation nicht zugemutet werden. Dies folgt nicht aus dem Selbstverständnis des Arztes oder aus einem ärztlichen Standesethos[310], sondern schlicht aus den achtenswerten moralischen Vorstellungen des betroffenen Transplantationschirurgen. Greift ein Chirurg in die körperliche Unversehrtheit eines Patienten ein, so geschieht dies sonst im Rahmen eines ärztlichen Heileingriffs; dies ist aber nicht der Fall bei einer medizinisch unsinnigen Organtransplantation.

5. Bemerkungen zur ethischen Diskussion um die Lebendorganspende

In der Diskussion um die ethische Zulässigkeit der Lebendorganspende werden sehr unterschiedliche Argumentationslinien vertreten, abhängig u.a. von der ideologischen, weltanschaulichen oder religiösen Einstellung der sich an der Diskussion beteiligenden Personen. Studiert man einen Beitrag zum Thema der Organtransplantation, so wird oft nach der Lektüre weniger Seiten – und sei es

---

310 Dazu bereits oben unter C.IV.1.

unausgesprochen „zwischen den Zeilen" – deutlich, ob der Autor der Organ-transplantation grundsätzlich aufgeschlossen gegenüber steht oder Vorbehalte gegen diesem noch recht jungen Fachbereich der Humanmedizin hat. Einigkeit in der Diskussion scheint lediglich in zwei Punkten zu bestehen: Zum einen sei die Entscheidung des Lebendspenders anerkennenswert und müsse nach moralischen Maßstäben hoch geschätzt werden.[311] Zum anderen dürfe die Le-bendorganspende nicht einschränkungslos zugelassen werden. Alle Positionen dazwischen werden vertreten und sind Gegenstand heftiger Kontroversen.

Dies mag dadurch begründet sein, dass die ethische Beurteilung der Lebendor-ganspende eine grundlegend andere Herangehensweise erfordert als bei sonstigen medizinischen Handlungsformen. Bezugspunkt für die herkömmliche medizini-sche Praxis ist der Verweis auf den kranken Körper des Patienten.[312] Dessen kör-perliche oder psychische Situation soll stabilisiert werden; daran werden ärztliche Maßnahmen gemessen.

Dagegen knüpft die ethische Rechtfertigung der Lebendorganspende an den freien Willen des Lebendspenders an und stellt in gewissem Maße auf Destabi-lisierung ab.[313] In der Befragung vor der Lebendspendekommission muss der Lebendspender deutlich machen, dass er sich über die negativen Folgen der Or-ganexplantation im Klaren ist und seine Entscheidung freiwillig zustande kam. Erst durch Destabilisierung in diesem Sinne kann die freiwillige, autonome Ent-scheidung des Lebendspenders sichergestellt werden, die Voraussetzung für die ethische Zulässigkeit der Lebendorganspende ist.

Die Ausgangslage ist also bei herkömmlichen medizinischen Vorgehens-weisen einfacher und klarer hinsichtlich der ethischen Argumentation. Die Lebendorganspende muss ausgehend von dem freien Willensentschluss eines Einzelnen zur Selbstschädigung mittels eines ärztlichen Eingriffs und ausgehend von einem auf Destabilisierung abgestellten Verfahren ethisch beurteilt werden.

Hinsichtlich einiger anderer Aspekte birgt die Konstellation der Lebendor-ganspende weniger Probleme als die postmortale Organspende:

---

311 *Bickeböller* spricht in diesem Zusammenhang von einem Akt der „Barmherzigkeit und Fürsorge", Bickeböller, Grundzüge einer Ethik der Nierentransplantation, S. 449. *Schockenhoff* bezeichnet die Entscheidung des Lebendspenders als „Ausdruck per-sönlicher Selbstbestimmung und Akt mitmenschlicher Hilfeleistung", Schockenhoff, Zentralblatt für Chirurgie 124 (1999), 725 (727).
312 Wagner/Fateh-Moghadam, Soziale Welt 56 (2005), 73 (77).
313 Wagner/Fateh-Moghadam, Soziale Welt 56 (2005), 73 (77).

Die Verhältnisse bezüglich der Willenserklärung des Spenders sind unter ethischen Gesichtspunkten klarer als bei der postmortalen Organspende.[314] Im letzteren Fall ergeben sich Probleme hinsichtlich des Vorliegens einer zu Lebzeiten für seinen Tod abgegebenen Willenserklärung des Spenders bzw. hinsichtlich der stellvertretenden Willensdokumentation durch die Angehörigen, die vielleicht auch eigene Interessen verfolgen und eigene Ansichten durchsetzen wollen.[315] Im Falle der Lebendorganspende liegt eine ausdrückliche, aktuell abgegebene Willenserklärung des Spenders vor.

Außerdem entfällt das Problem der Organallokation, da zumindest derzeit die Lebendorganspende personenbezogen erfolgt.[316]

Bemerkenswert in der Diskussion um die ethische Zulässigkeit der Lebendorganspende ist, wie vehement teilweise die Durchführung dieser sowie das Bemühen der Transplantationsmedizin um medizinischen Fortschritt kritisiert werden.

In vielen Fällen wird es in unserer Gesellschaft akzeptiert oder zumindest nicht verboten, wenn Einzelne ihre Gesundheit zur Disposition stellen – sei es die Schädigung der eigenen Gesundheit durch Rauchen oder übermäßigen Alkoholgenuss, sei es das Eingehen von Risiken bei gefährlichen Sportarten oder schnellem Autofahren. Zugegebenermaßen ist die Organtransplantation infolge einer Lebendorganspende mit den genannten Fallgruppen nicht vergleichbar.

Auffällig ist aber, dass nach Ansicht vieler im Falle der Lebendorganspende der potentielle Spender durch besonders rigide und einschränkende Maßnahmen vor der Schädigung seines eigenen körperlichen Wohls und damit gewissermaßen vor sich selbst zu schützen sei[317]. Dies kritisierend, kann man sich auf den Standpunkt stellen, es trete hier eine Grundhaltung im deutschen Ethikverständnis zutage: „Missbrauchsverhütung kommt vor autonomer Entscheidung des Individuums."[318] Zumindest scheinen den Bereich der Transplantationsmedizin betreffend bei vielen Befürchtungen zu bestehen, wie sich medizinische

---

314 Schockenhoff, Zentralblatt für Chirurgie 124 (1999), 725 (727).
315 Schockenhoff, Zentralblatt für Chirurgie 124 (1999), 725 (727).
316 Schockenhoff, Zentralblatt für Chirurgie 124 (1999), 725 (727).
317 So formuliert z.B. *Schlich* eindringlich: „Die Entnahme von Organen und Geweben vom Lebenden ist kein Heileingriff. … Aus ethischer Sicht ist daher in erster Linie auf das Risiko einer Schädigung des Spenders zu achten. … Ganz besonderes Augenmerk ist auch auf die Einwilligung des Spenders zu legen.", Schlich, Geschichte, Medizin, Ethik der Organverpflanzung, S. 48 f.
318 Baumann, Ethik in der Medizin 10 (1998), 43 (44).

Möglichkeiten und Praxis entwickeln könnten[319], was bisweilen eine nüchterne Diskussion darüber, welche Vorgehensweisen der Gesetzgeber nach jetzigem Stand der Transplantationsmedizin zulassen und welche er verbieten sollte, zu erschweren scheint.

Abschließend soll in diesem Zusammenhang noch auf ein Argument in ethischer Hinsicht eingegangen werden, das sich im Zwischenbericht der Enquete-Kommission „Ethik und Recht der modernen Medizin" zum Thema „Organlebendspende" aus dem Jahre 2005 findet. Dort wird pro Zulässigkeit und Sinnhaftigkeit der Subsidiaritätsregelung des § 8 Abs. 1 S. 1 Nr. 3 TPG argumentiert, der ethische Respekt vor der Leistung der Lebendspender gebiete es, nicht unnötig auf die Lebendorganspende zurückzugreifen.[320] Nur dann, wenn alle Möglichkeiten auf dem Gebiet der postmortalen Spende ausgeschöpft und die nötigen Anstrengungen zur Förderung unternommen worden seien, dürfe man den Lebendspendern die Organspende zumuten.[321]

Diese Argumentation ist abzulehnen. Hier wird gewissermaßen ein argumentativer Taschenspielertrick angewandt, hinter dem sich eine paternalistische und bevormundende Grundhaltung und Einstellung gegenüber potentiellen Lebendorganspendern verbirgt.

Zunächst ist festzustellen, dass zwar Respekt gegenüber der Gruppe potentieller Lebendspender bekundet wird, dann jedoch das Verhalten eines Einzelnen eingeschränkt wird. Warum der Respekt vor einer Personengruppe bzw. deren „Leistung" dazu führen soll, dass einem Einzelnen eine bestimmte Verhaltensweise – die Organspende bzw. Zulassen der Organentnahme – in einer bestimmten Konstellation untersagt wird, ist nicht verständlich. Zudem ist der Begriff der „Leistung" der Lebendspender, die respektiert werden soll, irreführend: Bei einer in einer bestimmten Konstellation im Vorhinein als unzulässig erklärten und deshalb unterlassenen Lebendorganspende findet gerade keine Organentnahme beim potentiellen Spender statt, insofern wird also im konkreten Einzelfall gar keine „Leistung" erbracht.

---

319 Hans Jonas spricht bei seinem „Versuch einer Ethik für die technologische Zivilisation" – so der Untertitel des Werkes von Jonas, Das Prinzip Verantwortung – von der Heuristik der Furcht, vgl. Jonas, Das Prinzip Verantwortung, S. 8.

320 Zwischenbericht der Enquete-Kommission „Ethik und Recht der modernen Medizin" zum Thema „Organlebendspende" vom 17. März 2005, BT-Drs. 15/5050, S. 50.

321 Zwischenbericht der Enquete-Kommission „Ethik und Recht der modernen Medizin" zum Thema „Organlebendspende" vom 17. März 2005, BT-Drs. 15/5050, S. 50.

Vor allem aber erscheint nicht nachvollziehbar, warum die Entscheidung zu einer Organspende gerade deshalb im Einzelfall verboten bzw. in einer bestimmten Konstellation – nämlich wenn ein geeignetes Organ aus einer postmortalen Organspende im Zeitpunkt der geplanten Organentnahme zwecks Lebendorganspende nicht zur Verfügung steht – als unzulässig erklärt werden soll gerade unter Berufung darauf, dass die Bereitschaft zur Lebendorganspende zu respektieren sei.

Wenn ein bestimmtes Verhalten als respektabel bezeichnet und damit positiv beurteilt wird, kann dies nicht Begründung und Rechtfertigung dafür sein, dieses Verhalten normativ einzuschränken. Ethischer Respekt kann insofern nicht Legitimation für Restriktion sein. Die Formulierung „nicht unnötig auf sie zurückzugreifen"[322] vermag nicht darüber hinweg zu täuschen, dass es im Ergebnis um die Einschränkung der Freiheit des potentiellen Lebendorganspenders bzw. um ein normatives Verbot der Lebendorganspende in einer bestimmten Sachverhaltskonstellation geht.

Es mutet daher wie ein Taschenspielertrick an, zunächst ausdrücklich den ethischen Respekt vor der Entscheidung und Spendebereitschaft potentieller Lebendspender zu affirmieren, um dann im nächsten Argumentationsschritt die Lebendorganspende zu beschränken und die Entscheidungsfreiheit der Spender einzuschränken, da nicht unnötig auf sie zurückgegriffen werden solle.

Es lässt sich sicherlich eine Position vertreten, wonach die Subsidiaritätsregelung zulässig sein soll auch unter Gesichtspunkten des Paternalismus[323]. Eine Einschränkung der Rechte des Einzelnen zu einer bestimmten Handlungsweise jedoch zu rechtfertigen mit dem Argument, man wolle aus Respekt nicht unnötig zurückgreifen auf diese Handlungsweise, ist nicht nur paternalistisch, sondern darüber hinaus bevormundend in dem Sinne, dass dem Betroffenen die Freiheitsbeschränkung von staatlicher Seite gewissermaßen noch als Begünstigung verkauft wird. Anstatt die Legitimation des staatlichen Eingriffs zu begründen, wird versucht zu verschleiern, dass überhaupt ein staatlicher Eingriff vorliegt. Ein solcher Argumentationsansatz ist nicht haltbar.

---

322 Zwischenbericht der Enquete-Kommission „Ethik und Recht der modernen Medizin" zum Thema „Organlebendspende" vom 17. März 2005, BT-Drs. 15/5050, S. 50.
323 Hierzu sogleich unter Punkt G.

D) Juristische Fragestellungen zur Auslegung des § 8 Abs. 1 S. 1 Nr. 3 TPG

Der Wortlaut des § 8 Abs. 1 S. 1 Nr. 3 TPG – „im Fall der Organentnahme ein geeignetes Organ eines Spenders nach § 3 oder § 4 im Zeitpunkt der Organentnahme nicht zur Verfügung steht" – regelt die Subsidiarität der Lebendorganspende gegenüber der Totenspende in wenigen Worten und wirft einige juristische Fragen auf, die allein aufgrund des Wortlautes nicht beantwortet werden können, sondern eine Auslegung desselben erforderlich machen. Diese juristischen Problemstellungen sind Gegenstand der folgenden Erörterung. Dabei ist zu konstatieren, dass die Auslegung der einzelnen Tatbestandsmerkmale in der medizinrechtlichen Literatur heftig umstritten ist.

Unstrittig und eindeutig festzustellen ist lediglich, dass es nach dem Gesetzeswortlaut nicht darauf ankommt, aus welchen Gründen ein geeignetes Organ eines Spenders nach § 3 oder § 4 im Zeitpunkt der Organentnahme nicht zur Verfügung steht.[324] Hinsichtlich des Bezuges auf §§ 3 und 4 TPG ist darauf hinzuweisen, dass diese die postmortale Organspende regeln, § 3 TPG mit Einwilligung des Spenders und § 4 mit Zustimmung anderer Personen. Entscheidend im Rahmen des § 8 Abs. 1 S. 1 Nr. 3 TPG ist die Tatsache des Nichtzurverfügungstehens eines geeigneten Organs eines postmortalen Spenders, nicht wodurch dies bedingt ist. Es ist unerheblich, warum ein Organ eines toten Spenders im betreffenden Zeitpunkt nicht verfügbar ist; § 8 Abs. 1 S. 1 Nr. 3 TPG fordert lediglich, dass dies so ist.

I. Tatbestandsmerkmal der Geeignetheit

Fraglich ist zunächst, was unter dem in § 8 Abs. 1 S. 1 Nr. 3 TPG genannten Merkmal der „Geeignetheit" eines möglicherweise zur Verfügung stehenden postmortal entnommenen Organs zu verstehen ist.

Teilweise wird, zurückgehend auf *Koch*[325], eine strenge Interpretation des Merkmals „geeignetes Organ" postuliert.[326] Dies sei aufgrund der Überlegenheit

---

324 Lipp in Laufs/Katzenmeier/Lipp, Arztrecht, S. 183.
325 Koch, Zentralblatt für Chirurgie 124 (1999), 718 (722).
326 Gutmann in Schroth/König/Gutmann/Oduncu, § 8 Rn. 23; Gutmann, Für ein neues Transplantationsgesetz, S. 75; Gutmann, Stellungnahme zur öffentlichen Anhörung „Organlebendspende" der Enquete-Kommission „Ethik und Recht der modernen

der Lebendorganspende gegenüber der Totenspende hinsichtlich der medizinischen Ergebnisse geboten.[327] Für eine solche strenge Interpretation spreche auch, dass zahlreiche ausländische Regelungen zum Transplantationsrecht keine Subsidiarität der Lebendspende enthielten.[328] Nach *Koch* könnte es sogar einen ärztlichen Behandlungsfehler darstellen, wenn der Transplanteur den Patienten trotz Vorhandenseins eines vorzüglich geeigneten Organs von einem Lebendspender auf das aus medizinischer Sicht wesentlich schlechter geeignete Organ eines toten Spenders verweisen würde.[329]

Dieser Argumentation von *Koch* ist jedoch nicht zu folgen. Eine besonders strenge Auslegung des Tatbestandsmerkmals „geeignet" in § 8 Abs. 1 S. 1 Nr. 3 TPG ist weder geboten noch zulässig.[330] Die Argumentation von *Koch* ist aus folgenden Gründen nicht haltbar:

Es finden sich keine Anhaltspunkte im Gesetz für eine strenge Interpretation des Merkmals „geeignetes Organ". Für eine solche Interpretation können keine ausländischen Regelungszusammenhänge angeführt werden, da der Inhalt ausländischer Regelungen nicht ohne Weiteres zur Auslegung deutscher Gesetze herangezogen werden kann, zumal wenn eine der deutschen Vorschrift vergleichbare Gesetzesnorm im Ausland gar nicht existiert. Insofern ist eine Argumentation dahingehend, dass weil teilweise im Ausland eine bestimmte Regelung nicht existiere, die entsprechende Rechtsnorm in Deutschland streng auszulegen sei, nicht haltbar. Auch kann daher ein Vorgehen eines Transplanteurs in Übereinstimmung mit den strafrechtlichen Normen des Transplantationsgesetzes keine zivilrechtliche Haftung infolge eines Behandlungsfehlers auslösen, da der Arzt dann keine Pflichtverletzung begangen bzw. nicht rechtswidrig gehandelt hat. Schon nach dem Grundsatz der Einheit der Rechtsordnung kann der juristische Anknüpfungspunkt für eine zivilrechtliche Haftung nicht in einer Verhaltensweise liegen, die durch ein Strafgesetz vorgeschrieben wird.

Vor allem aber würde eine über Gebühr strenge Interpretation der „Geeignetheit" im Sinne des § 8 Abs. 1 S. 1 Nr. 3 TPG den vom Gesetzgeber intendierten

Medizin" vom 1. März 2004, Kom.-Drs. 15/135, S. 13; Norba, Rechtsfragen der Transplantationsmedizin aus deutscher und europäischer Sicht, S. 212.

327 Koch, Zentralblatt für Chirurgie 124 (1999), 718 (722).

328 Koch, Zentralblatt für Chirurgie 124 (1999), 718 (722).

329 Koch, Zentralblatt für Chirurgie 124 (1999), 718 (722).

330 So auch Nickel/Schmidt-Preisigke/Sengler, Erl. § 8 Rn. 10; Wille, Die Organknappheit im Spannungsverhältnis zwischen Sozialpflicht und Selbstbestimmung, S. 21 f.

Schutz des Lebendspenders unterlaufen.[331] Ausweislich der Gesetzesbegründung kam es dem Gesetzgeber darauf an, dass die Lebendspende im Interesse und zum Schutz des Lebendspenders nur die letzte Möglichkeit sein soll.[332] Dieser ratio würde es zuwiderlaufen, wenn man das Tatbestandsmerkmal der Geeignetheit besonders streng auslegen und damit den Schutzbereich des § 8 Abs. 1 S. 1 Nr. 3 TPG über Gebühr einschränken würde.

Noch weiter als *Koch* geht *Gutmann*, wenn er die Frage aufwirft, ob ein postmortal entnommenes Organ angesichts der überlegenen medizinischen Ergebnisse der Lebendtransplantationen überhaupt als „geeignet" im Sinne des § 8 Abs. 1 S. 1 Nr. 3 TPG angesehen werden kann.[333] *Norba* schlägt sogar vor, dass „die Konkurrenz zwischen dem angebotenen, postmortal gespendeten Organ und dem Organ aus Lebendspende so gelöst werden" könne, indem stets „letzteres als geeigneter anzusehen"[334] sei.

Auch diese Überlegungen vermögen nicht zu überzeugen. Bei der Beurteilung der „Geeignetheit" eines Organs im Sinne des § 8 Abs. 1 S. 1 Nr. 3 TPG können nur diejenigen medizinischen Maßstäbe angelegt werden, die für postmortal entnommene Organe gelten. Würde man die Vorschrift so lesen, dass im Zeitpunkt der Organentnahme „kein Organ eines Spenders nach § 3 oder § 4, das genauso geeignet ist wie das in Frage kommende Organ einer lebenden Person zur Verfügung stehen" dürfte, so würde ihr Schutzzweck nie erfüllt werden, weil in aller Regel die Transplantation eines postmortal entnommenen Organs der Lebendorgantransplantation medizinisch unterlegen ist.[335]

Dieses medizinische Faktum war dem Gesetzgeber auch schon lange vor Inkrafttreten des Transplantationsgesetzes bekannt.[336] Würde man in Anbetracht dessen trotzdem unterstellen, dass nach dem Willen des Gesetzgebers die Geeignetheit eines möglicherweise zur Verfügung stehenden postmortal entnommenen

---

331 Nickel/Schmidt-Preisigke/Sengler, Erl. § 8 Rn. 10; Wille, Die Organknappheit im Spannungsverhältnis zwischen Sozialpflicht und Selbstbestimmung, S. 21 f.

332 BT-Drs. 13/4355, S. 20.

333 Gutmann in Schroth/König/Gutmann/Oduncu, § 8 Rn. 23; Gutmann, Für ein neues Transplantationsgesetz, S. 75; Gutmann, Stellungnahme zur öffentlichen Anhörung „Organlebendspende" der Enquete-Kommission „Ethik und Recht der modernen Medizin" vom 1. März 2004, Kom.-Drs. 15/135, S. 13.

334 Norba, Rechtsfragen der Transplantationsmedizin aus deutscher und europäischer Sicht, S. 212.

335 Vgl. die Darstellung oben unter Punkt B.

336 Vgl. nur die Darstellung bei Land, Zeitschrift für Transplantationsmedizin 5 (1993), 52 (53 f.) aus dem Jahre 1993, also vier Jahre vor Inkrafttreten des Transplantationsgesetzes 1997.

Organs im Sinne des § 8 Abs. 1 S. 1 Nr. 3 TPG auch im Vergleich zur Lebendorganspende zu untersuchen sei, würde dies daraus hinauslaufen, dass der Gesetzgeber eine Vorschrift geschaffen hätte, die nach aktuellem Stand der Medizin fast überhaupt keinen Anwendungsbereich hätte und möglicherweise erst dann Bedeutung erlangen würde, wenn irgendwann künftig die Transplantationsmedizin erreichen würde, dass Transplantationen mit postmortal gespendeten Organen grundsätzlich gleiche Erfolgsaussichten haben würden wie Transplantationen mit Organen aus einer Lebendspende. Dies kann jedoch nicht der Intention des Gesetzgebers entsprechen.

Die „Geeignetheit" eines Organs im Sinne des § 8 Abs. 1 S. 1 Nr. 3 TPG muss deshalb in Hinblick auf Erfolgschancen einer Organtransplantation im Vergleich zu anderen Transplantationen mit postmortal entnommenen Organen beurteilt werden, nicht im Vergleich zur Transplantation eines lebend gespendeten Organs. Wenn in § 8 Abs. 1 S. 1 Nr. 3 TPG die Rede ist von einem „geeigneten Organ eines Spenders nach § 3 oder § 4", kann Bezugspunkt der Geeignetheit bei Beurteilung des medizinischen Sachverhaltes nur die Transplantation von Organen toter Spender sein.

„Geeignetes Organ eines Spenders nach § 3 oder § 4" im Sinne des § 8 Abs. 1 S. 1 Nr. 3 TPG bedeutet demzufolge, dass zu fragen ist, ob ein postmortal entnommenes Organ für die Transplantation zur Verfügung steht und ob dies nach den Maßstäben der Transplantation postmortal entnommener Organe lege artis hinreichend geeignet ist. Eine besonders strenge Interpretation des Merkmals der „Geeignetheit" im Sinne des § 8 Abs. 1 S. 1 Nr. 3 TPG ist abzulehnen.

Damit ist natürlich noch nicht die Frage beantwortet, welche Maßstäbe genau bei der Beurteilung der „Geeignetheit" eines Organs gem. § 8 Abs. 1 S. 1 Nr. 3 TPG anzulegen sind. Es erscheint jedoch bereits aus medizinischer Sicht kaum möglich, hierfür allgemeingültige abstrakte Kriterien anzugeben.

Die Beurteilung der Geeignetheit des von Eurotransplant angebotenen Organs von einem toten Spender muss durch die jeweiligen behandelnden Transplantationschirurgen im Einzelfall erfolgen.[337] Das Transplantationsgesetz sieht keine hierfür verantwortlichen Personen oder ein besonderes Verfahren vor. Die Einschätzung, ob ein Organ eines toten Spenders „geeignet" im Sinne des § 8 Abs. 1 S. 1 Nr. 3 TPG ist oder nicht, beruht zwangsläufig auf der ärztlichen

---

337 Nickel/Schmidt-Preisigke/Sengler, Erl. § 8 Rn. 9.; Zwischenbericht der Enquete-Kommission „Ethik und Recht der modernen Medizin" zum Thema „Organlebendspende" vom 17. März 2005, BT-Drs. 15/5050, S. 50.

Entscheidung im konkreten Fall, für die kaum abstrakte Kriterien vorgegeben werden können.

Fraglich ist, inwieweit den behandelnden Ärzten dabei ein Ermessensspielraum zusteht.[338] Hierzu kann eine Parallele zur Beurteilung der Frage der medizinischen Notwendigkeit eines stationären Krankenhausaufenthaltes als Voraussetzung des Vergütungsanspruches des Krankenhausträgers gegenüber der jeweiligen Krankenkasse auf Grundlage des § 109 Abs. 4 S. 3 SGB V[339] gezogen werden.

Diesbezüglich hatte der dritte Senat des Bundessozialgerichts früher die Auffassung vertreten, dass eine stationäre Krankenhausbehandlung bereits dann als notwendig anzusehen sei, wenn sie aus der vorausschauenden Sicht des Krankenhausarztes unter Zugrundelegung der zum damaligen Zeitpunkt bekannten oder erkennbaren Umstände vertretbar war; mithin wurde dem behandelnden Krankenhausarzt eine Einschätzungsprärogative eingeräumt.[340] Da jedoch der erste Senat des Bundessozialgerichts in seiner Rechtsprechung einen solchen Beurteilungsspielraum ablehnte, wurde diese Rechtsfrage dem Großen Senat des Bundessozialgerichts vorgelegt. Dieser führte in seiner Entscheidung aus, dass die Beurteilung der medizinischen Notwendigkeit einer stationären Behandlung durch den Krankenhausarzt gerichtlich voll überprüfbar ist, also keine Einschätzungsprärogative besteht.[341] Durch den Großen Senat wurde aber auch festgesetzt, dass dabei von „dem im Behandlungszeitpunkt verfügbaren Wissens- und Kenntnisstand des verantwortlichen Krankenhausarztes auszugehen"[342] ist. Maßgeblich ist somit eine Beurteilung der medizinischen Notwendigkeit der Krankenhausaufnahme aus ex ante-Perspektive.

---

338 In diese Richtung geht die Formulierung von *Wille*, Die Organknappheit im Spannungsverhältnis zwischen Sozialpflicht und Selbstbestimmung, S. 21 f.: „Dabei obliegt die Beurteilung, ob das postmortale Organ „geeignet" ist, dem verantwortlichen Arzt, welcher das gesetzgeberische Anliegen des bestmöglichen Lebendspenderschutzes zu berücksichtigen hat."

339 Das Bundessozialgericht sieht § 109 Abs. 4 S. 3 SGB V i.V.m. den Verträgen nach § 112 Abs. 2 SGB V als Rechtsgrundlage für den Vergütungsanspruch des Krankenhausträgers gegenüber der Krankenkasse an, vgl. Urteil des BSG vom 17.05.2000 – Az: B 3 KR 33/99 R – NZS 2001, 316 ff. und Urteil des BSG vom 13.12.2001 – Az: B 3 KR 11/01 R – NZS 2003, 28 ff.

340 So Urteil des 3. Senats des BSG vom 12.05.2005 – Az: B 3 KR 30/04 R – GesR 2005, 466 ff.

341 Beschluss des Großen Senats des BSG vom 25.09.2007 – Az: GS 1/06 – NJW 2008, 1980.

342 Beschluss des Großen Senats des BSG vom 25.09.2007 – Az: GS 1/06 – NJW 2008, 1980.

Diese Grundsätze können für die Beurteilung der „Geeignetheit" als Tatbestandsmerkmal des § 8 Abs. 1 S. 1 Nr. 3 TPG analog herangezogen werden. Hier muss ebenfalls gelten, dass keine Einschätzungsprärogative der behandelnden Ärzte besteht im Sinne eines Beurteilungsspielraumes, der teilweise gerichtlicher Überprüfung entzogen wäre.

Auf der anderen Seite ist, wie bei der Frage der medizinischen Notwendigkeit eines stationären Krankenhausaufenthaltes nach der Rechtsprechung des Bundessozialgerichtes, auch bei der „Geeignetheit" im Sinne des § 8 Abs. 1 S. 1 Nr. 3 TPG auf eine ex ante-Beurteilung aus Sicht der behandelnden Ärzte und auf den diesen überhaupt möglichen Erkenntnisstand zum damaligen Zeitpunkt abzustellen. Wenn sich erst im Nachhinein herausstellt, dass ein geeignetes Organ eines toten Spenders im Zeitpunkt der durchgeführten Lebendorganspende zur Verfügung stand, die behandelnden Ärzte aber entweder von der Existenz oder von der medizinischen Geeignetheit des postmortal entnommen Organs nichts wussten bzw. nichts wissen konnten, kann dies nicht zu einer Tatbestandsverwirklichung des § 8 Abs. 1 S. 1 Nr. 3 TPG führen.

II. Pflicht zur Aufnahme in die Warteliste

Weiterhin stellt sich die Frage, ob die Vorschrift des § 8 Abs. 1 S. 1 Nr. 3 TPG eine Verpflichtung dahingehend konstituiert, dass potentielle Empfänger eines lebend gespendeten Organs auf die Warteliste gesetzt werden und auf dieser verbleiben müssen. Unmittelbar aus dem Wortlaut des § 8 Abs. 1 S. 1 Nr. 3 TPG geht diese Verpflichtung nicht hervor.

Dennoch wird in den Empfehlungen der Bundesärztekammer zur Lebendorganspende aus § 8 Abs. 1 S. 1 Nr. 3 TPG abgeleitet, dass der potentielle Empfänger eines lebend gespendeten Organs „rechtzeitig auf die Warteliste im Transplantationszentrum aufgenommen und bei der Vermittlungsstelle als transplantabel gemeldet werden"[343] müsse. Diese Rechtsauffassung zur Auslegung des § 8 Abs. 1

---

343 Abgedruckt in Deutsches Ärzteblatt 97 (2000), A 3287 f. Hierzu weist *Kirste* darauf hin, diese Frage sei innerhalb der Ständigen Kommission Organtransplantation der Bundesärztekammer sehr lange diskutiert worden, da gegen die Pflicht zur Aufnahme der Patienten in die Warteliste vorgebracht worden sei, man könne die Anmeldegebühr bei ET für die Krankenkassen sparen. Allerdings sei dann die Kommission mehrheitlich der Meinung gewesen, die Anmeldeverpflichtung zu propagieren und dies beizubehalten. So *Kirste* in der Diskussion im Rahmen der Vorstellung der Richtlinien der Bundesärztekammer zur Lebendspende, abgedruckt bei Kirste in Kirste, Nieren-Lebendspende, Band 2, S. 35 (36).

S. 1 Nr. 3 TPG wurde auch von der Bundesregierung geteilt.[344] Es wird argumentiert, um die Subsidiarität der Lebendspende zu gewährleisten, könne man von einem potentiellen Organempfänger einen Nachweis in der Form verlangen, dass sich dieser auf die einheitliche Warteliste von Eurotransplant habe setzen lassen.[345]

In der Literatur wird die Empfehlung der Bundesärztekammer hinsichtlich einer Verpflichtung zur Aufnahme in die Warteliste überwiegend als rechtlich verfehlt kritisiert; es bestehe keine Pflicht, den potentiellen Empfänger einer Lebendorganspende vorher auf die Warteliste zu setzen.[346] Begründet wird dies mit folgenden Argumenten:

§ 8 Abs. 1 S. 1 Nr. 3 TPG verpflichte den potentiellen Organempfänger nicht, alle Möglichkeiten auszunutzen, das Organ eines Toten zu erhalten.[347] Da sich aus dem Subsidiaritätsprinzip nicht folgern lasse, dass der Patient auch die Bedingung herbeiführen müsse, die zur Anwendung des Subsidiaritätsprinzips führen könne, müsse er auf das „Zur-Verfügung-Stehen" im Sine des § 8 Abs. 1 S. 1 Nr. 3 TPG nicht durch eigene Bemühungen hinwirken.[348] Ob er auf die Warteliste von Eurotransplant gesetzt werden wolle oder nicht, unterliege allein seiner Entscheidung, was sich auch aus § 13 Abs. 3 S. 1 TPG ergebe.[349] Außerdem bestünde

---

344 Genauer gesagt bezieht sich dies auf die Bundesregierung, bestehend aus SPD und BÜNDNIS 90/DIE GRÜNEN während der 15. Legislaturperiode in den Jahren 2002 bis 2005. Auf die Anfrage einiger Abgeordneter, ob die einer Lebendspende vorausgehende Erfassung des Empfängers auf der bundeseinheitlichen Warteliste nicht gesetzlich klargestellt werden sollte, antwortete die damalige Bundesregierung, diese Notwendigkeit ergebe sich bereits aus dem Grundsatz der Subsidiarität der Lebendorganspende gem. § 8 Abs. 1 S. 1 Nr. 3 TPG und müsse deshalb nicht gesetzlich klargestellt werden; siehe BT-Drs. 15/4542, S. 32.

345 Schreiber in Kirste, Nieren-Lebendspende, Band 1, S. 33 (39 f.).

346 Nickel/Schmidt-Preisigke/Sengler, Erl. § 8 Rn. 11; Schroth in Amelung/Beulke/Lilie/Rosenau/Rüping/Wolfslast, FS für Schreiber, S. 843 (848); Gutmann in Schroth/König/Gutmann/Oduncu, § 8 Rn. 24; Gutmann, Für ein neues Transplantationsgesetz, S. 75; Gutmann, Stellungnahme zur öffentlichen Anhörung „Organlebendspende" der Enquete-Kommission „Ethik und Recht der modernen Medizin" vom 1. März 2004, Kom.-Drs. 15/135, S. 13; Gutmann/Schroth, Organlebendspende in Europa, S. 29; Lipp in Laufs/Katzenmeier/Lipp, Arztrecht, S. 183; Fateh-Moghadam, Die Einwilligung in die Lebendorganspende, S. 238; Norba, Rechtsfragen der Transplantationsmedizin aus deutscher und europäischer Sicht, S. 212.

347 Schroth in FS für Schreiber, S. 843 (848).

348 Schroth in FS für Schreiber, S. 843 (848); Gutmann in Schroth/König/Gutmann/Oduncu, § 8 Rn. 24.

349 Gutmann/Schroth in Oduncu/Schroth/Vossenkuhl, Transplantation, S. 271 (283).

sonst eine Ungleichbehandlung gegenüber ausländischen Patienten, die nicht im Eurotransplant-Gebiet lebten und deshalb nur eingeschränkt auf der Warteliste geführt werden können.[350] Für diese Patienten könne die Einschränkung der Zulässigkeit der Transplantation lebend gespendeter Organe durch das deutsche Subsidiaritätsprinzip nicht gelten, wodurch sie im Vergleich zu deutschen Patienten bessere Möglichkeiten zur Lebendtransplantation hätten.[351]

Den eben beschriebenen Argumenten in der Literatur kann jedoch nicht gefolgt werden:

Bezüglich der monierten Ungleichbehandlung bzw. Bevorzugung von Non-ET-Residents – d.h. Personen, die nicht in der Europäischen Union und nicht im Eurotransplant-Verbund ansässig sind – gegenüber Personen im Geltungsbereich des deutschen Transplantationsgesetzes ist zu sagen, dass an vielen Stellen des deutschen Transplantationsgesetzes der Status ausländischer Personen rechtlich ungeklärt ist und sich dadurch mögliche Ungleichbehandlungen ergeben, die juristisch klärungsbedürftig sind.[352] Dies bedingt die Notwendigkeit von Nachbesserungen am deutschen Transplantationsgesetz bzw. einer besseren internationalen Abstimmung im Transplantationswesen, soweit dies möglich ist, kann aber nicht dazu führen, Bestimmungen des deutschen Transplantationsgesetzes außer Kraft zu setzen unter Berufung auf den Gleichbehandlungsgrundsatz mit dem Argument, die entsprechende Regelung hätte für Ausländer keine Gültigkeit. Weiterhin gilt das deutsche Subsidiaritätsprinzip für ausländische Patienten ohnehin nicht, sofern die Lebendtransplantation im Ausland durchgeführt wird. Man kann das deutsche Transplantationsgesetz nicht mit der Erwartung betrachten, dass es eine Gleichbehandlung aller Transplantationspatienten, auch der ausländischen, herstellen könne.

§ 13 Abs. 3 S. 1 TPG normiert lediglich, dass der Arzt den Patienten nicht ohne dessen Einwilligung an das Transplantationszentrum melden und damit auf die Warteliste bringen darf. Diese Vorschrift macht aber die Aufnahme in die Warteliste als Voraussetzung für die rechtliche Zulässigkeit einer geplanten Lebendtransplantation nicht zwingend notwendig.

Der Regelungsgehalt des § 8 Abs. 1 S. 1 Nr. 3 TPG, der anordnet, dass für die Zulässigkeit der Lebendorganspende im Zeitpunkt der Organentnahme kein geeignetes Organ eines toten Spenders zur Verfügung stehen darf, kann nicht anders verstanden werden, als dass damit eine Pflicht zur Aufnahme in die Warteliste

---

350 Gutmann in Schroth/König/Gutmann/Oduncu, § 8 Rn. 24.
351 Gutmann in Schroth/König/Gutmann/Oduncu, § 8 Rn. 24.
352 Vgl. dazu Lautenschläger, Der Status ausländischer Personen im deutschen Transplantationssystem, S. 90 ff.

vor der geplanten Transplantation eines lebend gespendeten Organs einhergeht. Befindet sich der potentielle Organempfänger nicht auf der Warteliste, wird ihm ein geeignetes postmortal entnommenes Organ niemals zur Verfügung stehen, da Organe toter Spender ausschließlich unter Bezug auf die Warteliste vermittelt werden. Die normative Wirkung des § 8 Abs. 1 S. 1 Nr. 3 TPG würde dadurch ausgehebelt.

Der Patient wird durch die Verpflichtung zur Aufnahme in die Warteliste entgegen der erörterten Argumentation in der Literatur auch nicht gezwungen, die Bedingung, die zur Anwendung des Subsidiaritätsprinzips führen kann, selbst herbeizuführen. Er muss nur die Voraussetzungen dafür schaffen, damit die Bedingung theoretisch überhaupt eintreten kann. Wird er nicht auf die Warteliste gesetzt, besteht erst gar nicht die Möglichkeit, überhaupt zu prüfen, ob ein geeignetes postmortal entnommenes Organ zur Verfügung steht. Somit würde ein potentieller Empfänger einer Lebendorganspende, der sich nicht auf die Warteliste setzen lässt, nicht nur den Eintritt der Bedingung nicht aktiv herbeiführen, vielmehr darüber hinaus den Bedingungseintritt faktisch vereiteln. Eine Mitwirkungshandlung dahingehend, dass der Bedingungseintritt zumindest nicht vereitelt wird und die Voraussetzungen geschaffen werden, damit die Bedingung theoretisch überhaupt eintreten kann, wird man wohl verlangen können.

Nach alldem ist festzuhalten, dass den Empfehlungen der Bundesärztekammer zur Lebendorganspende zu folgen ist: § 8 Abs. 1 S. 1 Nr. 3 TPG konstituiert eine Verpflichtung, dass potentielle Empfänger eines lebend gespendeten Organs vor der geplanten Lebendtransplantation auf die Warteliste gesetzt werden.

III. Zulässigkeit des Verschiebens des Zeitpunkts der Lebendorganspende

Teilweise wird die Auffassung vertreten, es sei zulässig, falls im Zeitpunkt der geplanten Durchführung der Lebendorganspende ein geeignetes Organ eines toten Spenders verfügbar werden sollte, was gem. § 8 Abs. 1 S. 1 Nr. 3 TPG der Durchführung der Organentnahme zwecks Lebendorganspende eigentlich entgegenstehen würde, den Zeitpunkt für die Organentnahme im Rahmen der Lebendorganspende nach hinten zu verschieben und die Lebendorganspende zu einem späteren Zeitpunkt zu realisieren.[353]

---

353 Gutmann in Schroth/König/Gutmann/Oduncu, § 8 Rn. 23; Gutmann, Für ein neues Transplantationsgesetz, S. 75; Gutmann, Stellungnahme zur öffentlichen Anhörung „Organlebendspende" der Enquete-Kommission „Ethik und Recht der modernen

Diesbezüglich sei der Wortlaut „Zeitpunkt der Organentnahme" in § 8 Abs. 1 S. 1 Nr. 3 TPG „rechtlich eng zu verstehen und faktisch flexibel"[354]. „Rechtlich eng" bedeutet in diesem Zusammenhang wohl, dass mit dem „Zeitpunkt der Organentnahme" in § 8 Abs. 1 S. 1 Nr. 3 TPG der Zeitpunkt der tatsächlichen Durchführung der Organentnahme beim Lebendspender gemeint ist. Deshalb könne die Subsidiaritätsregelung umgangen werden, indem die tatsächliche Durchführung der Lebendorganspende einfach zeitlich nach hinten verschoben werde mit der Intention, die Organentnahme beim Lebendspender dann zu einem späteren Zeitpunkt vornehmen zu können, in dem kein geeignetes Organ eines toten Spenders mehr zur Verfügung und daher § 8 Abs. 1 S. 1 Nr. 3 TPG seinem Wortlaut nach der Lebendorganspende nicht mehr entgegen stehe. „Faktisch flexibel" sei diese Vorschrift auch insofern, als dass ein von der Vermittlungsstelle angebotenes Leichenorgan einfach abgelehnt werden könnte.[355]

Es wird argumentiert, der Wortlaut des Gesetzes gebe kein Verbot für einen potentiellen Organempfänger und dessen behandelnden Arzt her, wenn kurz vor der geplanten Lebendtransplantation ein geeignetes postmortal entnommenes Organ von der Vermittlungsstelle angeboten werde, die geplante Entnahme eines lebend gespendeten Organs zu verschieben oder auch ein von der Vermittlungsstelle angebotenes Leichenorgan abzulehnen.[356] Es könne dann für die Operation der Lebendtransplantation ein späterer Zeitpunkt abgewartet werden, in dem kein Organ von einem toten Spender zur Verfügung stehe.

Medizin" vom 1. März 2004, Kom.-Drs. 15/135, S. 13; Gutmann/Schroth, Organlebendspende in Europa, S. 29; Schroth in FS für Schreiber, S. 843 (848).

354 Gutmann in Schroth/König/Gutmann/Oduncu, § 8 Rn. 23; Gutmann, Für ein neues Transplantationsgesetz, S. 75; Gutmann, Stellungnahme zur öffentlichen Anhörung „Organlebendspende" der Enquete-Kommission „Ethik und Recht der modernen Medizin" vom 1. März 2004, Kom.-Drs. 15/135, S. 13; Gutmann/Schroth, Organlebendspende in Europa, S. 29; Schroth in FS für Schreiber, S. 843 (848).

355 Gutmann in Schroth/König/Gutmann/Oduncu, § 8 Rn. 23; Gutmann, Für ein neues Transplantationsgesetz, S. 75; Gutmann, Stellungnahme zur öffentlichen Anhörung „Organlebendspende" der Enquete-Kommission „Ethik und Recht der modernen Medizin" vom 1. März 2004, Kom.-Drs. 15/135, S. 13; Gutmann/Schroth, Organlebendspende in Europa, S. 29; Schroth in Schreiber-FS, S. 843 (848).

356 Gutmann in Schroth/König/Gutmann/Oduncu, § 8 Rn. 23; Gutmann, Für ein neues Transplantationsgesetz, S. 75; Gutmann, Stellungnahme zur öffentlichen Anhörung „Organlebendspende" der Enquete-Kommission „Ethik und Recht der modernen Medizin" vom 1. März 2004, Kom.-Drs. 15/135, S. 13; Gutmann/Schroth, Organlebendspende in Europa, S. 29; Schroth in Schreiber-FS, S. 843 (848).

Diese Auslegung widerspricht jedoch dem Schutzzweck des § 8 Abs. 1 S. 1 Nr. 3 TPG; die vorstehend erörterte Auffassung ist abzulehnen.

Ausweislich der Gesetzesbegründung wollte der Gesetzgeber mit der normativen Wirkung dieser Vorschrift im Interesse des Lebendspenders erreichen, dass die Lebendorganspende nur als letzte Möglichkeit in Betracht zu ziehen ist.[357] Könnte man den Zeitpunkt der Lebendtransplantation trotz Vorhandenseins eines geeigneten postmortal entnommnen Organs solange immer wieder bis zu dem Zeitpunkt verschieben, zu dem gerade kein Organ eines toten Spenders zur Verfügung steht, so würde keine geplante Lebendtransplantation letztlich an dem Prinzip der Subsidiarität der Lebendorganspende scheitern. Der in § 8 Abs. 1 S. 1 Nr. 3 TPG geregelte Vorrang der Totenspende würde vollkommen ins Leere laufen.

Die grundlose Ablehnung eines von der Vermittlungsstelle angebotenen Leichenorgans ist genauso wie das grundlose Verschieben der Lebendorganspende als Vorgehen contra legem anzusehen und stellt einen klaren Rechtsmissbrauch dar.[358] Ebenso abzulehnen ist ein Vorgehen dahingehend, dass der Patient nach vorheriger Registrierung bei Eurotransplant als vorübergehend nicht transplantabel gemeldet wird, nur um auszuschließen, dass im Zeitpunkt der geplanten Lebendorganspende ein geeignetes Leichenorgan angeboten wird.[359]

Vielmehr ist von der Organentnahme beim Lebendspender abzusehen, wenn vor der Organentnahme eine Mitteilung von Eurotransplant eintrifft, dass ein Organ von einem toten Spender zur Verfügung steht.[360] Ist dieses Organ in medizinischer Hinsicht geeignet, so ist vorrangig dieses Organ zu transplantieren. Es darf nicht einfach der Zeitpunkt für die bereits geplante Lebendtransplantation verschoben werden.

Die Vorschrift des § 8 Abs. 1 S. 1 Nr. 3 TPG ist so zu lesen, dass nicht der Zeitpunkt der *tatsächlichen* Organentnahme entscheidend ist, sondern dass im Zeitpunkt der *geplanten* Organentnahme kein geeignetes Organ eines toten Spenders zur Verfügung stehen darf, damit die Lebendtransplantation rechtlich

---

357 BT-Drs. 13/4355, S. 20.

358 So auch Rampfl-Platte, Der Chirurg BDC 38 (1999), 278 (288); Nickel/Schmidt-Preisigke/Sengler, Erl. § 8 Rn. 11; Sengler in Kirste, Nieren-Lebendspende, Band 1, S. 100 (104).

359 Nickel/Schmidt-Preisigke/Sengler, Erl. § 8 Rn. 11; Sengler in Kirste, Nieren-Lebendspende, Band 1, S. 100 (104).

360 Zwischenbericht der Enquete-Kommission „Ethik und Recht der modernen Medizin" zum Thema „Organlebendspende" vom 17. März 2005, BT-Drs. 15/5050, S. 50; Nickel/Schmidt-Preisigke/Sengler, Erl. § 8 Rn. 9.

zulässig ist. Nur eine solche Lesart entspricht dem Schutzzweck der Norm und der Intention des Gesetzgebers; ansonsten würde § 8 Abs. 1 S. 1 Nr. 3 TPG ins Leere laufen.

IV. Tatbestandsmerkmal „im Zeitpunkt der Organentnahme nicht zur Verfügung steht"

Festzuhalten ist zunächst, dass nicht erforderlich ist, dass ein postmortal gespendetes Organ überhaupt nicht bereit steht; vielmehr reicht es aus, wenn es nicht *rechtzeitig* zur Verfügung steht.[361] Daraus ist zu schlussfolgern, dass wenn die Organübertragung z.b. aufgrund eines akut schlechten Gesundheitszustandes des Organempfängers besonders dringlich ist, der Organempfänger keine bestimmte Zeit auf der Warteliste von Eurotransplant verbleiben muss, um das Angebot eines geeigneten Organs eines toten Spenders abzuwarten.

Nach dem oben Erörterten erfordert § 8 Abs. 1 S. 1 Nr. 3 TPG für die Zulässigkeit der Lebendorganspende, dass im Zeitpunkt der *geplanten* Organentnahme kein geeignetes Organ eines toten Spenders verfügbar ist. Damit ist jedoch noch nicht die Frage beantwortet, welcher Zeitpunkt bzw. welcher Zeitabschnitt der geplanten Durchführung der Organentnahme zur Lebendorganspende genau relevant ist, mithin auf welches Stadium des gewöhnlichen medizinischen Procedere im Rahmen der Operation abzustellen ist.

Im Rahmen einer konkreten Bestimmung des „Zeitpunkts" nach dem Wortlaut des § 8 Abs. 1 S. 1 Nr. 3 TPG stellt sich die Frage, bis zu welchem Zeitpunkt genau der Vorrang des angebotenen postmortal entnommenen Organs gilt. Es wäre aus medizinischer Sicht widersinnig, aufgrund eines kurzfristigen Angebots eines Organs von einem toten Spender durch Eurotransplant beispielsweise ein Organ, dessen Gefäßversorgung im Verlaufe der Operation bereits abgetrennt wurde, dem Lebendspender nicht zu entnehmen, statt dessen das postmortal entnommene Organ zu transplantieren und dem Lebendspender sein bereits von der Blutversorgung abgeschnittenes Organ im Körper zu belassen bzw. wieder operativ zu implantieren.

Ebenso würde es dem Schutz des Lebendspenders in medizinischer Hinsicht zuwider laufen, wenn die Entnahmeoperation kurz vor deren Ende noch abgebrochen würde aufgrund eines kurzfristig zur Verfügung stehenden Leichenorgans, obwohl es medizinisch eigentlich im Interesse des Lebendspenders angezeigt wäre, die Entnahmeoperation zu Ende zu führen, als zu versuchen,

---

361 Vgl. die Gesetzesbegründung, BT-Drs. 13/4355, S. 20.

diese gewissermaßen wieder rückgängig zu machen und den status quo ante wiederherzustellen.

Unter Berücksichtigung dessen wird als „Zeitpunkt" im Sinne des § 8 Abs. 1 S. 1 Nr. 3 TPG derjenige Zeitpunkt anzunehmen sein, bis zu dem im konkreten Fall ein Abbruch der Entnahmeoperation für den Lebendspender ein geringeres medizinisches Risiko bedeutet als die Fortführung der Entnahmeoperation.[362] Dies entspricht dem Schutzzweck der Norm, die die körperliche Integrität des Lebendspenders bewahren soll.[363]

V. Nichtgeltung der Subsidiarität bei psychischen Problemen oder moralischen Vorbehalten gegen die Totenspende

Teilweise wird in der Literatur die Ansicht vertreten, dass die Subsidiarität der Lebendorganspende gem. § 8 Abs. 1 S. 1 Nr. 3 TPG nicht für solche Patienten gelte, die aus psychischen, religiösen oder moralischen Gründen kein postmortal entnommenes, sondern ausschließlich ein lebend gespendetes Organ als Transplantat akzeptierten.[364] Dies treffe z.B. auf einige Patienten aus Staaten mit islamisch geprägter Rechtsordnung zu.[365]

Die Regelung zur Subsidiarität der Lebendspende setze ihrem Sinn und Zweck nach voraus, dass die grundsätzliche Wahlmöglichkeit zwischen der Transplantation postmortal oder lebend gespendeter Organe vom Willen des Patienten getragen und damit von seinem Einverständnis umfasst werde, wie dies für jede ärztliche Behandlungsmaßnahme erforderlich sei.[366] Bei absoluter Geltung des Subsidiaritätsprinzips würde einem Patienten, der ein postmortal entnommenes Organ ablehnt, die grundsätzlich vom Transplantationsgesetz zugelassene Lebendtransplantation schlechthin verweigert, was nicht Regelungszweck des § 8

---

362 So auch Nickel/Schmidt-Preisigke/Sengler, Erl. § 8 Rn. 9; Sengler in Kirste, Nieren-Lebendspende, Band 1, S. 100 (101); Wille, Die Organknappheit im Spannungsverhältnis zwischen Sozialpflicht und Selbstbestimmung, S. 21.

363 Nickel/Schmidt-Preisigke/Sengler, Erl. § 8 Rn. 9.

364 Nickel/Schmidt-Preisigke/Sengler, Erl. § 8 Rn. 11; Fateh-Moghadam, Die Einwilligung in die Lebendorganspende, S. 237; Sengler in Kirste, Nieren-Lebendspende, Band 1, S. 100 (104); Zwischenbericht der Enquete-Kommission „Ethik und Recht der modernen Medizin" zum Thema „Organlebendspende" vom 17. März 2005, BT-Drs. 15/5050, S. 50; Hohmann, Das Recht der Transplantationswesen in Deutschland, Österreich und der Schweiz, S. 127.

365 Nickel/Schmidt-Preisigke/Sengler, Erl. § 8 Rn. 11.

366 Nickel/Schmidt-Preisigke/Sengler, Erl. § 8 Rn. 11.

Abs. 1 S. 1 Nr. 3 TPG sei.[367] Ein Patient müsse sich in den genannten Fällen auch nicht aus formalen Gründen in die Warteliste bei Eurotransplant aufnehmen lassen, so dass die Durchführung einer Lebendtransplantation auch ohne vorherige Registrierung auf der Warteliste möglich sei.[368]

Dem ist entgegenzuhalten, dass die Vorschrift des § 8 Abs. 1 S. 1 Nr. 3 TPG in einer derart eingeschränkten Geltung und Anwendbarkeit leicht umgangen werden könnte. Wenn man Patienten mit psychischen, religiösen oder moralischen Vorbehalten gegen Organe eines toten Spenders aus der Geltung des Subsidiaritätsprinzips herauslässt, so könnten alle Patienten, die nicht mit dem Subsidiaritätsprinzip einverstanden sind, vorbringen, dass sie solche Vorbehalte gegenüber Organen toter Spender hätten. Die Vorschrift würde faktisch ausgehebelt. Außerdem findet sich im Gesetz sowie in der Gesetzesbegründung kein Hinweis auf die Nichtgeltung des § 8 Abs. 1 S. 1 Nr. 3 TPG für bestimmte Personengruppen.

Weiterhin erscheint es schwierig herauszufinden, wo im Einzelfall die Grenze gezogen werden soll zwischen beachtlichen psychischen, religiösen oder moralischen Vorbehalten und bloßer Ablehnung der Totenspende aus medizinischen Gründen, die keine Beachtung finden soll.[369] Z.B. kann eine innere Ablehnung der Transplantation von Organen toter Spender, egal aus welchem Grund, beim einzelnen Patienten zu einer gefestigten Einstellung und zu einem psychischen Vorbehalt erwachsen. Außerdem betreffen Vorbehalte gegen die postmortale Organspende aufgrund medizinischer Erwägungen den gesundheitlichen Zustand des potentiellen Organempfängers, der gem. Art. 2 Abs. 2 S. 2 GG genauso grundrechtlich geschützt ist wie psychische, religiöse oder moralische Vorbehalte grundrechtlichen Schutz durch Art. 2 Abs. 1 GG und Art. 4 GG genießen. Somit dürfen Patienten mit psychischen, religiösen oder moralischen Vorbehalten gegen postmortal gespendete Organe nicht besser gestellt werden als Patienten, die den

---

367 Sengler in Kirste, Nieren-Lebendspende, Band 1, S. 100 (104); Zwischenbericht der Enquete-Kommission „Ethik und Recht der modernen Medizin" zum Thema „Organlebendspende" vom 17. März 2005, BT-Drs. 15/5050, S. 50.

368 Nickel/Schmidt-Preisigke/Sengler, Erl. § 8 Rn. 11; Sengler in Kirste, Nieren-Lebendspende, Band 1, S. 100 (104); Zwischenbericht der Enquete-Kommission „Ethik und Recht der modernen Medizin" zum Thema „Organlebendspende" vom 17. März 2005, BT-Drs. 15/5050, S. 50.

369 *Hohmann* spricht in diesem Zusammenhang als erforderliche Voraussetzung von „glaubhaft gemachten und gewichtigen Gründen", siehe Hohmann, Das Recht der Transplantationswesen in Deutschland, Österreich und der Schweiz, S. 127. Dabei bleibt jedoch unklar und ist auch nicht nachvollziehbar, wie „gewichtige" Gründe von nicht hinreichend gewichtigen Gründen abgegrenzt werden sollen und wem gegenüber dies glaubhaft gemacht werden soll.

Vorrang der Totenspende gegenüber der Lebendspende aus zutreffenden medizinischen Erwägungen heraus ablehnen. Das angeordnete Subsidiaritätsprinzip als Akt des Gesetzgebers mit paternalistischen Tendenzen trifft beide Patientengruppen in gleichem Maße.

Folglich muss die Subsidiarität der Lebendorganspende gem. § 8 Abs. 1 S. 1 Nr. 3 TPG auch für solche Patienten gelten, die aus psychischen, religiösen oder moralischen Gründen eine ablehnende Haltung gegenüber der Transplantation von Organen von toten Spendern einnehmen.

E) Praktische Bedeutung des § 8 Abs. 1 S. 1 Nr. 3 TPG

I. Missbrauchsmöglichkeiten

Folgt man der Rechtsauffassung derjenigen Stimmen in der Literatur, die – wie gerade vorstehend erörtert – eine besonders strenge Auslegung des Tatbestandsmerkmals „geeignet" in § 8 Abs. 1 S. 1 Nr. 3 TPG propagieren, eine Pflicht zur Aufnahme in die Warteliste ablehnen, ein Verschieben des Zeitpunkts der Lebendorganspende zur Umgehung der Verfügbarkeit eines postmortal gespendeten Organs für zulässig erachten bzw. die Subsidiaritätsregelung bei psychischen Problemen oder moralischen Vorbehalten gegen die Totenspende nicht anwenden wollen, resultiert aus diesen Prämissen nach entsprechender juristischer Auslegung bereits a priori, dass die Subsidiaritätsregelung des § 8 Abs. 1 S. 1 Nr. 3 TPG in der Praxis leer läuft.[370] Der praktische Wirkungsbereich wäre vollkommen ausgehebelt.

Auf der anderen Seite ist zu konstatieren, dass auch bei der hier vertretenen, vergleichsweise restriktiven Auslegung[371] des § 8 Abs. 1 S. 1 Nr. 3 TPG Missbrauchsmöglichkeiten in vielfacher Hinsicht bestehen. Im Einzelnen sind folgende Gesichtspunkte zu nennen:

Legt man bei der Beurteilung der „Geeignetheit" des postmortal entnommenen Organs, insofern ein solches überhaupt zur Verfügung stehen sollte, einen über die Maßen strengen Maßstab an, wird schon auf dieser Ebene die praktische Geltung des Subsidiaritätsprinzips fast gänzlich ausgehebelt. Dies gilt insbesondere vor dem Hintergrund, dass angesichts der überlegenen medizinischen Ergebnisse der Lebendtransplantationen – wenn man diese generelle Betrachtungsweise in den Vordergrund rückt – sich in medizinischer Hinsicht der Standpunkt vertreten lässt, ein lebend gespendetes Organ sei generell und unabhängig vom Einzelfall geeigneter als ein postmortal entnommenes Organ.[372]

---

370 Gutmann/Schroth, Organlebendspende in Europa, S. 29; Gutmann in Schroth/König/Gutmann/Oduncu, § 8 Rn. 23.

371 Siehe zuvor Punkt D.

372 Hier setzt der nach Auffassung des Verfassers abzulehnende Vorschlag von *Norba* an, die Konkurrenz zwischen postmortal und lebend gespendeten Organ so zu lösen, dass letzteres als geeigneter anzusehen sei; siehe Norba, Rechtsfragen der Transplantationsmedizin aus deutscher und europäischer Sicht, S. 212.

Hier stehen Umgehungsmöglichkeiten bei entsprechender Argumentation in medizinischer Hinsicht offen. Jedoch ist darauf hinzuweisen, dass wie oben erörtert[373] keine Einschätzungsprärogative der behandelnden Ärzte zur Frage der „Geeignetheit" im Sinne des § 8 Abs. 1 S. 1 Nr. 3 TPG besteht, vielmehr die ärztliche Entscheidung zwar nach dem zum damaligen Zeitpunkt bestehenden Erkenntnisstand erfolgt, jedoch im Nachhinein gerichtlich voll überprüfbar ist. Wenn bei der Beurteilung der medizinischen Geeignetheit des postmortal gespendeten Organs harte medizinische Fakten zugrunde zu legen sind, kann die Entscheidung im Nachhinein von einem anderen Arzt überprüft werden, was die Missbrauchsmöglichkeiten einschränkt. Wenn z.B. bei Durchführung der Gewebetypisierung hinsichtlich des postmortal gespendeten, von Eurotransplant als verfügbar gemeldeten Organs unzutreffende Befunde auch im Vergleich zum Lebendspendeorgan angegeben werden sollten, um im Ergebnis die Subsidiaritätsvorschrift zu umgehen und zu einer Zulässigkeit der geplanten Lebendorganspende zu kommen, kann dies im Nachhinein aufgedeckt werden, indem die Ergebnisse des Gewebe-Matchings kontrolliert werden. Hinsichtlich des Tatbestandsmerkmals der Geeignetheit dürfte sich rechtsmissbräuchliches Verhalten noch relativ wirkungsvoll eindämmen lassen, auch wenn Missbrauchsmöglichkeiten nicht gänzlich auszuschließen sein dürften.

Verneint man eine Pflicht zur Aufnahme des potentiellen Empfängers einer Lebendorganspende in die Warteliste, wird dadurch im Vorhinein die normative Wirkung des § 8 Abs. 1 S. 1 Nr. 3 TPG vereitelt. Wenn der Empfänger nicht auf die Warteliste gesetzt wird, kann Eurotransplant diesem kein Organ vermitteln mit der Folge, dass ein postmortal gespendetes Organ gar nicht erst zur Verfügung stehen kann.

Geht man aber davon aus, dass eine solche Pflicht besteht[374], lässt sich relativ leicht kontrollieren, ob der Empfänger auf die Warteliste gesetzt wurde oder nicht.

Erheblich schwieriger wird dies jedoch doch für eine mögliche andere Umgehungskonstellation: Die Subsidiaritätsvorschrift könnte dadurch faktisch ausgehebelt werden, das der Patient nach der Registrierung gegenüber Eurotransplant und vor der geplanten Lebendorganspende als vorübergehend nicht transplantabel gemeldet wird, obwohl er dies in Wirklichkeit ist, nur um auszuschließen, dass Eurotransplant für diesen Patienten ein postmortal gespendetes Organ vermittelt.[375]

---

373 Siehe dazu Punkt D.I.
374 So die hier vertretene Auffassung, siehe oben D.II.
375 Nickel/Schmidt-Preisigke/Sengler, Erl. § 8 Rn. 11.

Auch könnte so vorgegangen werden, dass das Zentrum z.B. terminal niereninsuffiziente Patienten erst kurz vor der geplanten Lebendorganspende bei Eurotransplant zur Aufnahme in die Warteliste anmeldet, um die Wahrscheinlichkeit eines Angebots von Eurotransplant zusätzlich zu verringern.[376] Im Hinblick auf diese Vorgehensweise zwecks Umgehung der Subsidiaritätsregelung sind die Missbrauchsmöglichkeiten wesentlich größer, da sich medizinische Gründe dafür, den Patienten als vorübergehend nicht transplantabel zu melden, die im Nachhinein kaum noch vollumfänglich nachvollzogen und überprüft werden können, relativ problemlos finden lassen dürften.

Ebenfalls schwierig zu kontrollieren und zu verhindern ist wohl die Umgehungsvariante dahingehend, dass der geplante Operationstermin der Lebendorganspende, falls zu diesem Zeitpunkt ein geeignetes Organ eines toten Spenders zur Verfügung stehen sollte, nach hinten verschoben wird bis zu einem Zeitpunkt, in dem ein geeignetes postmortal entnommenes Organ nicht mehr zur Verfügung steht, und dann die Lebendorgansspende durchgeführt wird.[377] Als Begründung könnten die Transplantationsmediziner angeben, es fehlten noch Befunde oder man habe den OP-Plan umstrukturieren müssen.[378] Insbesondere der letztgenannte Punkt wird in der Praxis kaum zu kontrollieren sein. Interna bezüglich der OP-Planung sind im Nachhinein – vor allem von einem auswärtigen, nicht aus der betreffenden Klinik kommenden Arzt – kaum nachzuvollziehen. Somit bestehen hinsichtlich der Verlegung des Zeitpunkts der Organentnahme zwecks Lebendorganspende erhebliche Missbrauchsmöglichkeiten, deren Nachweis im Nachhinein kaum gelingen dürfte.

Hinsichtlich der diskutierten Nichtgeltung der Subsidiaritätsvorschrift bei psychischen oder moralischen Vorbehalten des potentiellen Organempfängers gegen postmortal gespendete Organe scheinen Vorgehensweisen des Gestaltungsmissbrauchs nicht ganz auszuschließen zu sein, zumal überhaupt unklar ist, welche Vorbehalte in diesem Zusammenhang erheblich sein sollen. Hierbei ist eine trennscharfe Abgrenzung schon theoretisch kaum möglich. Praktisch dürfte eine Überprüfung oder Kontrolle des Bestehens ernsthafter psychischer oder moralischer Vorbehalte kaum durchführbar, erst recht nicht mit lückenloser Effektivität möglich sein.

---

376 Dass manche Zentren so vorgehen, konstatiert auch *Siegmund-Schultze*, Deutsches Ärzteblatt 104 (2007), A 2992 (A 2994).
377 Schreiber in Kirste, Nieren-Lebendspende, Band 1, S. 33 (40); *Rampfl-Platte* spricht in diesem Zusammenhang davon, der Zeitpunkt der geplanten Lebendorganspende sei „gestaltungsfähig", siehe Rampfl-Platte, Der Chirurg BDC 38 (1999), 278 (288).
378 Rampfl-Platte, Der Chirurg BDC 38 (1999), 278 (288).

Gleichwohl stellt sich auch in Anbetracht der vorstehend erörterten denkbaren Vorgehensweisen, wenn man die Subsidiaritätsregelung rechtsmissbräuchlich umgehen will, die Frage, ob auf den vorstehend dargestellten Ansatzpunkt des Vorbringens moralischer Vorbehalte überhaupt zurückgegriffen werden müsste. Man kann die Hypothese aufstellen, dass wenn tatsächlich einmal psychische oder moralische Vorbehalte gegen eine Totenspende bei einem potentiellen Organempfänger eine Rolle spielten und die behandelnden Ärzte trotz Subsidiaritätsvorschrift des § 8 Abs. 1 S. 1 Nr. 3 TPG eine Lebendorganspende ermöglichen wollten, die gesetzliche Vorschrift des § 8 Abs. 1 S. 1 Nr. 3 TPG dann auf anderen Wegen umgangen werden könnte, z.B. durch Verlegung des OP-Zeitpunkts.

Vor dem Hintergrund des vorstehend Erörterten ist den Stimmen in der Literatur, die eine solch einschränkende Auslegung der verschiedenen Tatbestandsmerkmale des § 8 Abs. 1 S. 1 Nr. 3 TPG vertreten, entgegen zu halten, dass selbst wenn eine gesetzliche Vorschrift bzw. deren Normgehalt für falsch gehalten und daher nicht gewünscht wird, eine Argumentations- und Vorgehensweise dahingehend nicht zulässig ist, die Norm juristisch so auszulegen, dass im Ergebnis kein normativer Gehalt bzw. keine normative Wirkung übrig bleibt. Wenn der Gesetzgeber eine gesetzliche Regelung geschaffen hat, muss dem Beachtung geschenkt werden und kann die Norm nicht einfach übergangen werden, zumal wenn es um eine strafrechtliche Vorschrift geht. Auslegungsvarianten des § 8 Abs. 1 S. 1 Nr. 3 TPG, die im Ergebnis darauf hinauslaufen, dessen Wirkungsbereich gänzlich auszuhebeln, sind juristisch nicht haltbar und abzulehnen.

Gleichwohl ist in Hinblick auf die praktische Bedeutung und normative Wirkung des § 8 Abs. 1 S. 1 Nr. 3 TPG zu konstatieren, dass rechtsmissbräuchliches Verhalten in der Praxis nicht auszuschließen sein wird. Verstöße gegen § 8 Abs. 1 S. 1 Nr. 3 TPG werden mangels lückenloser Kontrollmöglichkeiten, insbesondere was die Verlegung des Operationstermins angeht, vorkommen und nicht gänzlich vermieden werden können. Man wird kaum verhindern können, dass der Termin für die geplante Lebendtransplantation endgültig erst dann festgelegt wird, wenn feststeht, dass zum betreffenden Zeitpunkt bei Eurotransplant kein postmortal entnommenes Organ für den Empfänger vorhanden ist.[379] Ebenso ist zu konstatieren, dass wenn bei Niere oder Leber auf Nachfrage bei Eurotransplant ein Organ in Aussicht gestellt und daraufhin der Termin der Lebendtransplantation unter Angabe eines medizinischen Grundes verlegt wird, dies kaum im

---

379 Schreiber in Kirste, Nieren-Lebendspende, Band 1, S. 33 (40).

Nachhinein medizinisch vollständig zu überprüfen und nachzukontrollieren, geschweige denn im Vorhinein zu verhindern sein wird.[380] Die Kontrollierbarkeit und Überprüfbarkeit des medizinischen Sachverhaltes stößt hier an Grenzen.

II. Relevanz angesichts langer Wartelisten

Betrachtet man die Relevanz der Subsidiaritätsregelung des § 8 Abs. 1 S. 1 Nr. 3 TPG in der Praxis, so ist unabhängig von den vorstehend diskutierten Missbrauchsmöglichkeiten hervorzuheben, dass angesichts der Tatsache, dass nach wie vor ein erheblicher Organmangel besteht und deshalb die Wartezeiten auf ein postmortal entnommenes Organ lang sind, die praktische Wirkung der Subsidiaritätsregelung derzeit begrenzt ist.[381] Es ist davon auszugehen, dass es wenige Fallkonstellationen gibt, in denen tatsächlich im Zeitpunkt der geplanten Lebendtransplantation ein postmortal entnommenes Organ angeboten wird.[382]

Schreiber formuliert zugespitzt, angesichts des Organmangels und der langen Wartezeiten werde die Lebendorganspende durch das Subsidiaritätsprinzip „sachlich nicht behindert".[383] Diese Einschätzung mag für eine Vielzahl oder sogar die weit überwiegende Zahl der Lebendorganspenden zutreffend sein.

Gleichwohl ist darauf hinzuweisen, dass es durchaus Fallkonstellationen gibt, in denen trotz des unstreitig bestehenden Organmangels und der langen Wartezeiten es tatsächlich dazu kommen kann, dass im Zeitpunkt der geplanten Lebendorgansspende ein Leichenorgan angeboten wird. Diese zeitliche Koinzidenz kann z.B. darin begründet werden, dass ein Patient sich zunächst auf die Warteliste bei Eurotransplant für ein postmortal entnommenes Organ setzten lässt und dann Jahre später ein Lebendspender gefunden und das Ansinnen verfolgt wird, eine Lebendspende durchzuführen. Dies wird gestützt durch den Befund, dass die Entscheidung, einerseits sich ein postmortal entnommenes Organ transplantieren zu lassen bzw. andererseits sich von einem lebenden Spender ein Organ transplantieren zu lassen, nicht zwangsläufig zeitlich parallel laufen müssen. Kommt es diesbezüglich zu einer zeitlichen Verschiebung, ist es durchaus möglich, dass eine Sachverhaltskonstellation eintritt, in der im Zeitpunkt der geplanten Lebendtransplantation ein Leichenorgan zur Verfügung steht, so dass es auf

---

380   Schreiber in Kirste, Nieren-Lebendspende, Band 1, S. 30 (40).
381   Gutmann in Schroth/König/Gutmann/Oduncu, § 8 Rn. 23; Augsberg in Höfling, § 8 Rn. 42; Schreiber in Rittner/Paul, Ethik der Lebendorganspende, S. 61 (62).
382   Gutmann in Schroth/König/Gutmann/Oduncu, § 8 Rn. 23.
383   Schreiber in Rittner/Paul, Ethik der Lebendorganspende, S. 61 (62).

die Subsidiaritätsregelung des § 8 Abs. 1 S. 1 Nr. 3 TPG ankommt bzw. ggf. diese Verbotsnorm der geplanten Lebendorganspende entgegensteht.

III. Rezeption in der Praxis

Interessant sind in diesem Zusammenhang die Ergebnisse einer Umfrage unter Transplantationschirurgen, wie dort Verhältnisse und Gewichtung zwischen Lebendorganspende und Leichenspende gesehen werden: Die Mehrzahl der Transplantationschirurgen erklärte, sie würden die Lebendorganspende nicht nur als eine Möglichkeit sehen, auf die zurückgegriffen werden sollte, wenn keine anderen Optionen, z.B. ein postmortal entnommenes Organ, zur Verfügung stünden.[384] Vielmehr sei die Lebendorganspende als therapeutisch überlegene Option anzusehen.[385]

Darüber hinaus erklärte die Mehrzahl der Transplantationschirurgen sogar, als therapeutisch überlegene Option sollte die Lebendorganspende umgesetzt werden, wenn ein Lebendspenderangebot bestünde, unabhängig davon, ob ein postmortal entnommenes Organ zur Verfügung stehe oder nicht.[386] Über ¼ der Transplantationschirurgen stellte sich auf den Standpunkt, in Anbetracht des großen medizinischen Nutzens der Lebendorganspende für den Empfänger sei eine aktive Rekrutierung von Lebendspendern gerechtfertigt.[387] Lediglich knapp über 40% der befragten Transplantationschirurgen verstanden die Lebendorganspende als subsidiär gegenüber der Totenspende, obwohl diese Sichtweise eigentlich der geltenden Rechtslage in Deutschland gem. § 8 Abs. 1 S. 1 Nr. 3 TPG entspricht.

Selbst wenn man davon ausgeht, dass unter den Transplantationsmedizinern die Subsidiaritätsvorschrift überwiegend bekannt sein müsste, wird angesichts des vorstehend Erörterten offenbar, dass die Mehrheit der Transplantationsmediziner nicht hinter dem Norm- und Sinngehalt der Subsidiaritätsvorschrift steht bzw. diesen nicht gutheißt. Auch dies legt den Schluss nahe, dass unabhängig von der Wahrscheinlichkeit des tatsächlichen Vorkommens einer Sachverhaltskonstellation, in der die Subsidiaritätsregelung zum Tragen kommen würde, die Subsidiaritätsregelung in der Praxis teilweise von den agierenden Transplantationsmedizinern nicht als maßgeblich angesehen wird. Dies rechtfertigt nicht den

---

384 Biller-Andorno/Schauenburg, Ethik in der Medizin 15 (2003), 25 (29).
385 Biller-Andorno/Schauenburg, Ethik in der Medizin 15 (2003), 25 (29).
386 Biller-Andorno/Schauenburg, Ethik in der Medizin 15 (2003), 25 (29).
387 Biller-Andorno/Schauenburg, Ethik in der Medizin 15 (2003), 25 (29).

zwingenden Rückschluss, lässt aber die Annahme als nicht fern liegend erscheinen, dass es in der Praxis zu Umgehungen kommt.

Im Ergebnis ist festzuhalten, dass zum einen angesichts des derzeit bestehenden Organmangels und der damit einhergehenden langen Wartezeit von z.B. 8–9 Jahren für eine Niere in nur einem relativ geringen Anteil der Lebendorgansspenden es tatsächlich zu einer Sachverhaltskonstellation kommt, in der die Subsidiaritätsvorschrift überhaupt zum Tragen käme, d.h. der Anwendungsbereich des § 8 Abs. 1 S. 1 Nr. 3 TPG eröffnet wird. An dieser Stelle sei der Gedanke formuliert, ob sich der Stand der Erkenntnisse der medizinischen Wissenschaft für die Richtlinientätigkeit der Bundesärztekammer gem. § 16 TPG[388] nicht verschiebt, wenn die Lebendspende die medizinisch bessere Alternative ist.

Zum anderen muss zumindest zurückhaltend beurteilt werden, ob in diesen Fällen der Normgehalt des § 8 Abs. 1 S. 1 Nr. 3 TPG in der Praxis zur Wirkung kommt bzw. umgesetzt wird. Letzteres impliziert nicht die Aussage, dass sich die betreffenden Transplantationsmediziner absichtlich oder gar nur wissentlich gesetzesuntreu verhalten. Vielmehr dürften teilweise mangelnde Kenntnis und teilweise mangelndes Gewicht, dass der Subsidiaritätsregelung beigemessen wird, eine Rolle spielen.

---

388 Zur Frage der Zulässigkeit der Richtlinienermächtigung der Bundesärztekammer siehe Beschluss des BVerfG vom 28.01.2013 – Az.: 1 BvR 274/12 – NJW 2013, 1727.

F) Rechtsfolgen eines Verstoßes und Rechtsschutz

Gem. § 8 Abs. 1 S. 1 Nr. 3 TPG ist die Entnahme von Organen zum Zwecke der Lebendorgantransplantation dann nicht zulässig, wenn im Zeitpunkt der Organentnahme ein geeignetes Organ eines toten Spenders zur Verfügung steht. Es fragt sich, welche Rechtsfolgen resultieren, wenn gegen diese Bestimmung verstoßen wird.

Es ist zu konstatieren, dass es zu den Regelungen des TPG bislang nur relativ wenige Entscheidungen aus der Rechtsprechung gibt. Dies mag damit zu tun haben, dass zumindest bislang seitens der Staatsanwaltschaften keine besonders hohe Ermittlungstätigkeit auf dem Gebiet der Transplantationsmedizin bzw. der Vorgehensweise in der Praxis entfaltet wurde. Es würde jedoch zu weit gehen, hier von einem „justizfreien"[389] Raum zu sprechen. Das Transplantationsgesetz trat am 01.12.1997 in Kraft und ist somit noch eine vergleichsweise junge strafrechtliche Materie. Es kann angenommen werden, dass es künftig vermehrt zu Ermittlungsverfahren – und dem nachfolgend gerichtlichen Verfahren – in diesem Bereich kommen wird.

Hinzuweisen ist in diesem Zusammenhang auf den Aufsehen erregenden Strafprozess gegen den Essener Transplantationschirurgen Prof. Dr. Christoph Broelsch, der letztlich vom Landgericht Essen zu einer Freiheitsstrafe von 3 Jahren verurteilt wurde.[390] Obgleich auch Verstöße gegen das Transplantationsgesetz im Raum standen und Gegenstand des Ermittlungsverfahrens waren, erfolgte die Verurteilung letztlich wegen Bestechlichkeit, Nötigung, Betrug sowie Steuerhinterziehung.[391] Das Gericht stellte u.a. fest, dass Herr Prof. Dr. Broelsch von Patienten als Gegenleistung für die Behandlung eine Geldspende auf ein so genanntes Drittmittelkonto verlangte und erhielt.[392]

Des Weiteren ist hinzuweisen auf den Prozess gegen einen Göttinger Transplantationsmediziner, wo es um Vorwürfe der Manipulationen von Wartelisten

---

389 Von diesem Befund ausgehend *Augsberg*, GesR 2/2009, 78, der gleichwohl eine solche Haltung ablehnt und eine neue gesetzliche Regelung fordert, vgl. Augsberg, GesR.
390 Siehe Urteil des LG Essen vom 12.03.2010 – Az.: 56 Kls 20/08.
391 Urteil des LG Essen vom 12.03.2010 – Az.: 56 Kls 20/08.
392 Urteil des LG Essen vom 12.03.2010 – Az.: 56 Kls 20/08.

und von Verstößen gegen Richtlinien ging, wobei das Landgericht Göttingen letztlich zum einem Freispruch kam.[393]

I. Strafrechtliche Sanktionierung

Zunächst ist hervorzuheben, dass ein Verstoß gegen § 8 Abs. 1 S. 1 Nr. 3 TPG nach den Regelungen im TPG nicht strafbewehrt ist.

Zwar existieren in § 18 ff. TPG zahlreiche Strafvorschriften für das Gebiet des Transplantationsrechts. § 19 Abs. 1 TPG sanktioniert mögliche Verstöße gegen einige Vorschriften bezüglich des ärztlichen Vorgehens bei der Lebendorganspende. Eine strafrechtliche Ahndung eines Verstoßes gegen die Subsidiaritätsvorschrift des § 8 Abs. 1 S. 1 Nr. 3 TPG ist jedoch ausdrücklich nicht vorgesehen.

Es stellt sich dann die Frage, wenn für einen Verstoß gegen die Subsidiaritätsregelung im TPG keine strafrechtliche Sanktionierung vorgesehen ist, ob eine Strafbarkeit nach den Körperverletzungstatbeständen des StGB in Betracht kommt.

Kontrovers diskutiert wird in der Literatur, ob neben § 19 Abs. 1 TPG, insoweit dort Verstöße gegen transplantationsrechtliche Vorgaben bei der Durchführung der Lebendorganspende sanktioniert werden, auch eine Strafbarkeit nach den Körperverletzungsdelikten gem. §§ 223 ff. StGB bestehen kann.[394] Gegenstand der Diskussion ist insbesondere, inwieweit es sich um einen Fall der so genannten Gesetzeseinheit bzw. der unechten Konkurrenz in der Variante der Spezialität handelt und inwieweit § 19 Abs. 1 TPG als lex specialis einen Rückgriff auf §§ 223 ff. StGB ausschließt; relevant ist dies u.a. für die Frage der Anwendbarkeit des Qualifikationstatbestandes der gefährlichen Körperverletzung gem. § 224 StGB sowie eines möglichen Rückgriffes auf die fahrlässige Körperverletzung gem. § 229 StGB, da § 19 Abs. 5 TPG eine Strafbarkeit wegen fahrlässiger Tatbegehung nur bezüglich § 19 Abs. 2 TPG, nicht aber bezüglich § 19 Abs. 1 TPG die Lebendorganspende betreffend vorsieht.[395]

§ 19 Abs. 1 TPG nimmt jedoch die Subsidiaritätsregelung des § 8 Abs. 1 S. 1 Nr. 3 TPG nicht in Bezug, so dass im Hinblick auf einen Verstoß gegen die Subsidiaritätsregelung § 19 Abs. 1 TPG keine positiv rechtlich geregelte Sanktionierung

---

393 Urteil des LG Göttingen vom 06.05.2015 – Az.: 6 Ks 4/13.

394 Vgl. zum Meinungsstand Bernsmann/Sickor in Höfling, § 19 Rn. 98 ff.; Schroth in Schroth/König/Gutmann/Oduncu, § 19 Rn. 163 ff.

395 Siehe Ulsenheimer in Laufs/Kern, Handbuch des Arztrechts, § 142 Rn. 36, S. 1668; Schroth in Schroth/König/Gutmann/Oduncu, § 19 Rn. 166 ff.; Bernsmann/Sickor in Höfling, § 19 Rn. 99.

im Sinne einer lex specialis darstellt. Im Gegenteil ist vielmehr zu konstatieren, dass der Gesetzgeber ausweislich der Normen des TPG einen Verstoß gegen die Subsidiaritätsvorschrift des § 8 Abs. 1 S. 1 Nr. 3 TPG gerade nicht unter Strafe stellen wollte.

Außerdem dürfte eine Strafbarkeit nach §§ 223 ff. StGB allein wegen einem Verstoß gegen das Subsidiaritätsregelung auch praktisch kaum denkbar sein, wenn ansonsten die Organentnahme lege artis und nach entsprechender Aufklärung mit Einwilligung des Organspender durchgeführt wird, da dann die durch den operativen Eingriff tatbestandlich verwirklichte Körperverletzung durch Einwilligung gerechtfertigt ist. Allenfalls könnte eine Sachverhaltskonstellation in Betracht kommen, wo der beim Lebendspender das Organ entnehmende Arzt Kenntnis vom Zurverfügungstehen eines geeigneten Organs eines postmortalen Spenders hatte und dies dem Lebendspender bewusst verschwiegen hat. Im Ergebnis ist aber davon auszugehen, dass allein ein Verstoß gegen die Subsidiaritätsregelung kaum eine strafrechtliche Sanktion auslösen dürfte.

II. Ärztliches Berufsrecht

Gem. § 11 Abs. 1 MBO[396] sind Ärzte den Patienten gegenüber mit Übernahme der Behandlung zur gewissenhaften Versorgung mit geeigneten Untersuchungs- und Behandlungsmethoden verpflichtet. Dies ist die berufsrechtliche Ausformung der zivilrechtlichen Sorgfaltspflicht nach § 276 BGB, wobei durch die beruflich gebotene Sorgfalt auch berufsspezifische Sorgfaltspflichten erfasst werden.[397]

Die Bestimmungen des TPG stellen sondergesetzlich geregelte Sorgfaltspflichten dar, die den Ärzten obliegen. Wenn gegen die Subsidiaritätsregelung des § 8 Abs. 1 S. 1 Nr. 3 TPG verstoßen wird, kann dies, obgleich strafrechtlich nicht sanktioniert, unter § 11 Abs. 1 MBO subsumiert werden, so dass von einem Verstoß gegen ärztliches Berufsrecht auszugehen wäre. An Sanktionen, die das Berufsgericht gegen den Arzt aussprechen könnte, kommen insbesondere Verwarnungen, Verweis oder Geldbuße in Betracht. Insofern neben dem berufsgerichtlichen Verfahren ein Strafverfahren gegen den Arzt eingeleitet worden bzw. eine strafrechtliche Verurteilung erfolgt sein sollte, wobei dies wie eben erörtert allein bei einem

---

396 Die Musterberufsordnung für die deutschen Ärzte (MBO) stellt ein vom Deutschen Ärztetag beschlossenes Muster dar. Letztlich rechtsverbindlich ist die ärztliche Berufsordnung als Satzungsrecht in den einzelnen Kammerbezirken, jeweils beschlossen durch die entsprechende Landesärztekammer. Die Abweichungen sind relativ gering, teilweise erzwungen durch die Kammer- bzw. Heilberufsgesetze der Länder.

397 Scholz in Spickhoff, § 11 MBO Rn. 1; Ratzel in Ratzel/Lippert, § 11 Rn. 2.

Verstoß gegen die Subsidiaritätsvorschrift des § 8 Abs. 1 S. 1 Nr. 3 TPG kaum der Fall sein dürfte, wäre eine zusätzliche berufsrechtliche Ahndung wegen desselben Vorganges nur dann möglich, wenn ein so genannter berufsrechtlicher Überhang besteht, d.h. die strafrechtliche Verurteilung nicht die ebenfalls verwirklichten berufsrechtlichen Verstöße mit abdeckt, so dass eine zusätzliche berufsrechtliche Sanktion erforderlich ist.[398]

III. Zivilrechtliche Ersatzansprüche

Zwischen dem Lebendspender und dem Krankenhausträger als Krankenhaus-aufnahmevertrag – bzw. zusätzlich mit dem liquidationsberechtigten Chefarzt als Arztzusatzvertrag[399], insofern eine Wahlleistungsvereinbarung nach § 17 Abs. 2 KHEntgG unterzeichnet worden und wahlärztliche Leistungen gewählt worden sein sollten –, kommt ein Behandlungsvertrag gem. § 630a ff. BGB zustande. Im Rahmen dessen sind die Ärzte des Krankenhauses Erfüllungsgehilfen, deren Verschulden gem. § 278 BGB zurechenbar ist.

Bei einem Verstoß gegen die Subsidiaritätsregelung des § 8 Abs. 1 S. 1 Nr. 3 TPG sind neben deliktischen vertragliche Haftungsansprüche denkbar, wobei es insbesondere hinsichtlich der Tatbestandsmerkmale der Pflichtwidrigkeit und des Verschuldens auf die Umstände des konkreten Einzelfalls ankommt. Wenn insofern zivilrechtliche Haftungsansprüche des Lebendspenders gegenüber dem Arzt geprüft werden, sind dies direkte Haftungsansprüche in dieser Konstellation. Es geht dabei ausdrücklich nicht um die teilweise in der Literatur diskutierte Frage, ob der Spender vertragliche Ansprüche gegen den Arzt in einer Dreieckskonstellation geltend machen kann, wenn durch einen ärztlichen Fehler der Patient – und spätere Organempfänger – verletzt und damit die Organspende herausgefordert wurde.[400]

Wenn der Lebendspender weiß, dass ein geeignetes Organ eines Totenspenders zum Zeitpunkt der Organentnahme zur Verfügung steht, gleichwohl jedoch unter Verstoß gegen § 8 Abs. 1 S. 1 Nr. 3 TPG dem Lebendspender mit dessen Einwilligung das Organ entnommen wird, wäre fraglich, ob angesichts Kenntnis und Einwilligung des Lebendspenders in Hinblick auf die Organentnahme

---

398 Lippert in Ratzel/Lippert, Einleitung Rn. 9.

399 Vgl. zur vertragsrechtlichen Einordnung für diese Konstellation grundlegend Urteil des BGH vom 19.02.1998 – Az.: III ZR 169/97 – NJW 1998, 1778 ff.

400 Vgl. zur dogmatischen Einordnung von Ansprüchen in dieser Konstellation Fritz, zivilrechtliche Ersatzansprüche nach Organentnahme vom lebenden und toten Spender, S. 49 ff.

überhaupt von einem Behandlungsfehler ausgegangen werden kann. Zumindest würde sich die Frage eines zurechenbaren Mitverschuldens gem. § 254 BGB stellen. Sollte lediglich der Arzt Kenntnis darüber gehabt haben, dass im Zeitpunkt der Durchführung der Lebendorganspende ein geeignetes Organ aus postmortaler Organspende zur Verfügung gestanden hätte, dies dem Lebendspender aber verschwiegen haben, käme ein Aufklärungsfehler in Betracht.

Insofern der Empfänger nicht auf die Warteliste gesetzt worden sein sollte, wäre dem Lebendspender der Nachweis im Zivilprozess, dass ein geeignetes Organ eines toten Spenders zur Verfügung gestanden hätte, praktisch unmöglich. Leitet man jedoch nach der hier vertretenen Rechtsauffassung aus § 8 Abs. 1 S. 1 Nr. 3 TPG eine Pflicht zur Aufnahme des Empfängers in die Warteliste ab, könnte man bei der Prüfung eines pflichtwidrigen Verhaltens des Arztes früher ansetzen und bereits die Nichtaufnahme des Empfängers auf die Warteliste trotz geplanter Lebendorganspende als haftungsrechtlichen Anknüpfungspunkt für einen Sorgfaltsverstoß sehen. Gleichsam würde es jedoch dem Lebendspender als Patienten, insofern kein grober Behandlungsfehler anzunehmen sein sollte, obliegen, Kausalität und Schaden darzulegen und zu beweisen, was in dieser Konstellation schwierig werden dürfte.

Wenn man mögliche Ansprüche des Organempfängers betrachtet, ist eine Sachverhaltskonstellation potentiell zivilrechtlich haftungsträchtig in Hinblick auf die Subsidiaritätsvorschrift des § 8 Abs. 1 S. 1 Nr. 3 TPG, wenn trotz Indikation für eine Organübertragung die Meldung und Aufnahme auf die Warteliste unterbleibt in Erwartung und im Vertrauen auf die geplante Lebendorganspende.[401] Insbesondere wenn die durchgeführte Lebendorganspende fehlschlägt, z.B. das Spenderorgan abgestoßen wird, kann eine medizinische Situation beim Empfänger eintreten, in der es günstiger ist, wenn dieser bereits gemeldet und auf die Warteliste aufgenommen wurde, als wenn dies vorher nicht erfolgt wäre und nun – möglicherweise in einer Situation der medizinischen Eilbedürftigkeit – nachgeholt werden müsste. Abhängig von den konkreten Umständen des Einzelfalles können sich haftungsrelevante Schäden beim Organempfänger ergeben, die kausal auf die Sorgfaltspflichtverletzung des Arztes im Zusammenhang mit der vorher unterbliebenen Aufnahme des Patienten auf die Warteliste zurückzuführen sind. Die Konsequenz wäre, dass der Empfänger Schadensersatz- bzw. Schmerzensgeldansprüche geltend machen könnte.

---

401 Ebenso hinweisend auf das Haftungsrisiko einer unterbliebenen Meldung trotz Indikation für eine Organübertragung *Holznagel/Holznagel*, Deutsches Ärzteblatt 95 (1998), A1718 (A1721).

Im Ergebnis ist festzuhalten, dass im Zusammenhang mit einem Verstoß gegen die Subsidiaritätsregelung zivilrechtliche Haftungsansprüche sowohl des Spenders als auch des Empfängers der Lebendorgantransplantation – auch wenn dies eher selten sein dürfte, insofern nur gegen die Subsidiaritätsvorschrift verstoßen und keine sonstigen haftungsbegründeten Tatbestände hinzukommen – durchaus denkbar sind.

IV. Rechtsschutzmöglichkeiten

Untersucht man Möglichkeiten des Rechtsschutzes im Zusammenhang mit der Subsidiaritätsregelung des § 8 Abs. 1 S. 1 Nr. 3 TPG, ist danach zu differenzieren, wessen Rechte betroffen sind bzw. aus Sicht welcher der beteiligten Personen Möglichkeiten des rechtlichen Vorgehens geprüft werden.

1. Für den Arzt

Für die beteiligten Transplantationsmediziner wird es vorrangig darum gehen, sich im Falle eines Verstoßes gegen § 8 Abs. 1 S. 1 Nr. 3 TPG gegen die hieraus erwachsenden Sanktionen zur Wehr zu setzen. Wie vorstehend erörtert, kommen als Konsequenz allein aus der Nichteinhaltung der Subsidiaritätsregelung bei Durchführung einer Organentnahme zwecks Lebendtransplantation weniger strafrechtliche Sanktionen, eher berufsrechtliche Sanktionierungen oder die Geltendmachung zivilrechtlicher Schadensersatzansprüche durch den Organspender in Betracht.

Hier ergeben sich verfahrensrechtlich keine Besonderheiten. Es können die allgemein gültigen Wege und prozesstaktischen Möglichkeiten zur Abwehr strafrechtlicher oder berufsrechtlicher Sanktionierungen bzw. zivilrechtlicher Ersatzansprüche beschritten und verfolgt werden.

2. Für Spender und Empfänger

Interessant ist, welche vorbeugenden Rechtsschutzmöglichkeiten für den potentiellen Lebendspender bestehen. Es mag der Fall eintreten, dass die Transplantationschirurgen eines Zentrums, in dem die Durchführung der Lebendorgantransplantation geplant ist, die Organentnahme zu diesem Zweck beim Lebendspender verweigern unter Verweis auf das Subsidiaritätsprinzip, da ein geeignetes Organ eines toten Spenders zur Verfügung stehe. Es würde sich dann die Frage stellen, wie der potentielle Lebendspender, der zur Organspende bereit und gewillt ist, eine gerichtliche Klärung herbeiführen könnte.

Diesbezüglich ist eine Entscheidung des VG Hamburg aus dem Jahre 2007[402] in den Blick zu nehmen. Im Ergebnis wurde eine Feststellungsanordnung, dass die Voraussetzungen für die Lebendspende einer Niere nach § 8 Abs. 1 S. 2 TPG gegeben seien, mangels Anordnungsanspruches abgelehnt. Unabhängig von dieser materiell-rechtlichen Frage ist jedoch hervorzuheben, dass ein Feststellungsantrag auch im Wege des Eilverfahrens nach § 123 Abs. 1 VwGO als zulässig erachtet wurde. Dabei wurde das Rechtsschutzbegehren der Antragsstellerin durch das Gericht ausgelegt gem. § 88 VwGO. Der ausdrücklich gestellte Antrag lautete, die Antragsgegnerin – wohl der Krankenhausträger – zur Durchführung der gewünschten Nierentransplantation zu verpflichten. Dieser Antrag war a priori – so das Gericht zutreffenderweise – zum Scheitern verurteilt, da abgesehen von dem nicht vorliegenden Sachverhalt eines Notfalls außerhalb der vertragsärztlichen Versorgung eine rechtlich durchsetzbare ärztliche Behandlungspflicht nicht besteht[403].

Ausgehend davon, dass eine Entscheidung über den ausdrücklich gestellten Antrag im Hinblick auf eine Verpflichtung zur Durchführung der Nierentransplantation bereits nicht in die Zuständigkeit des Verwaltungsgerichts fallen dürfte, vielmehr der Zivilrechtsweg zu beschreiten wäre, hat das Gericht „bei verständiger Würdigung"[404] das Rechtsschutzbegehren als darauf gerichtet angesehen, im Wege der einstweiligen Anordnung das Vorliegen einer bestimmten öffentlich-rechtlichen Voraussetzung nach dem TPG für die gewollte Lebendnierenspende festzustellen. Das Gericht verweist darauf, dass wenn einem spendenwilligen Patienten die Berechtigung zur Organspende durch eine insoweit öffentlich-rechtlich befugte Stelle abgesprochen werde, die Richtigkeit dieser die allgemeine Handlungsfreiheit einschränkenden Bewertung der gerichtlichen Kontrolle unterliegen müsse.[405] Das Gericht sieht bei einem solchen Feststellungsantrag auch den Weg der einstweiligen Anordnung nach § 123 Abs. 1 VwGO als eröffnet an.[406]

Ferner ist auf eine Entscheidung des LG Essen ebenfalls aus dem Jahre 2007[407] hinzuweisen. Dort war bei einem Antrag auf einstweiligen Rechtsschutz bezüglich der Wiederaufnahme auf die Warteliste einer Organvermittlung durch das behandelnde Krankenhaus der ordentliche Rechtsweg als zulässig angesehen

---

402 Beschluss des VG Hamburg v. 07.03.2007 – Az.: 15 E 543/07.
403 So auch Laufs in Laufs/Kern, Handbuch des Arztrechts, § 14 Rn. 12, S. 165.
404 Beschluss des VG Hamburg v. 07.03.2007 – Az.: 15 E 543/07.
405 Beschluss des VG Hamburg v. 07.03.2007 – Az.: 15 E 543/07.
406 Beschluss des VG Hamburg v. 07.03.2007 – Az.: 15 E 543/07.
407 Urteil des LG Essen v. 21.11.2007 – Az.: 1 O 312/07.

worden mit der Begründung, es werde ein Anspruch aus einem vorher geschlossenen Behandlungsvertrag mit dem Krankenhausträger geltend gemacht[408].

Dieser rechtlichen Einschätzung ist zuzustimmen, da der Anknüpfungspunkt für die Eröffnung des ordentlichen Rechtsweges bei diesem Sachverhalt ein anderer ist als der, der in dem vom VG Hamburg entschiedenen Fall nach dessen Bewertung zur Eröffnung des Verwaltungsrechtsweges geführt hatte. Wenn es im Falle eines bereits geschlossenen Behandlungsvertrages um eine mögliche Verpflichtung des Krankenhausträgers geht, eine Wiederaufnahme des Patienten auf die Warteliste vorzunehmen, handelt es sich dabei um eine originär zivilrechtliche Verpflichtung, resultierend aus dem Behandlungsverhältnis gem. § 630a ff. BGB.

Ausgehend von diesen beiden Entscheidungen[409] aus der Rechtssprechung wird für praktisch denkbare Rechtsschutzkonstellationen aus Sicht des potentiellen Lebendspenders bzw. des Organempfängers von Folgendem auszugehen sein: Insofern das Krankenhaus bzw. die behandelnden Transplantationsmediziner die Durchführung der Organentnahme beim Lebendspender zwecks Transplantation verweigern sollten unter Berufung auf die Subsidiaritätsregelung, könnte der potentielle Lebendspender dies durch einen Feststellungsantrag gerichtlich klären lassen. Bei einem Krankenhaus in öffentlich-rechtlicher Trägerschaft wäre das Verwaltungsgericht anzurufen, bei einem privaten Krankenhausträger das Zivilgericht. Dabei dürfte im konkreten Fall praktisch angesichts der Eilbedürftigkeit nur der Weg des Eilrechtsschutzes weiterführend sein, d.h. ein Antrag nach § 123 Abs. 1 VwGO zum Verwaltungsgericht bzw. ein Eilantrag zum Zivilgericht.

In Anbetracht der selbst bei einem solchen Eilverfahren insbesondere bei den Verwaltungsgerichten derzeit bestehenden Verfahrensdauer ist jedoch zweifelhaft, ob Rechtsschutz rechtzeitig erlangt werden könnte. Es ist davon auszugehen, dass sich die im Rechtsstreit zu klärende Frage, ob ein geeignetes Organ eines toten Spenders im betreffenden Zeitpunkt zur Verfügung steht, in kürzester Zeit erledigt haben dürfte, wenn nämlich das betreffende Organ von einem anderen Organempfänger in Anspruch genommen wird und dann nicht mehr zur Verfügung steht.

---

408 Urteil des LG Essen v. 21.11.2007 – Az.: 1 O 312/07 – Leitsätze und Gründe in GesR 2009, 78.

409 Keine Entscheidung zur Zulässigkeit des dort beschrittenen Verwaltungsrechtsweges musste das OVG München in seinem Beschluss 15.06.2015 – Az.: 5 ZB 14.1919 treffen, da dort im Verlaufe des Verfahrens der Rechtsweg nicht mehr gerügt worden war.

Ein mögliches Rechtschutzbegehren des Organempfängers im Zusammenhang mit einer geplanten Lebendorganspende in Hinblick auf die Subsidiaritätsregelung des § 8 Abs. 1 S. 1 Nr. 3 TPG könnte darin bestehen, dass wenn die Ärzte sich weigern, trotz der geplanten Lebendorgantransplantation den Empfänger auf die Warteliste zu setzen, dieser die Ärzte hierzu verpflichten möchte. Ein nachvollziehbares Interesse in medizinischer Hinsicht kann z.B. darin liegen, dass falls die Lebendorganspende nicht zum Erfolg führt und das Organ abgestoßen wird, es für den Empfänger möglicherweise in einer dann medizinischen eilbedürftigen Situation besser ist, wenn er sich bereits auf der Warteliste befindet, als wenn er dann erst auf diese aufgenommen werden muss.

Da bei Vorliegen einer entsprechenden medizinischen Indikation eine Verpflichtung der Ärzte zur Aufnahme des Empfängers auf die Warteliste als zivilrechtliche Pflicht aus dem Behandlungsvertrag gem. § 630a ff. BGB abzuleiten ist, müsste diesbezüglich in jedem Fall das Zivilgericht angerufen werden. Dies gilt unabhängig davon, ob es sich um ein Krankenhaus in öffentlich-rechtlicher Trägerschaft oder um einen privaten Krankenhausträger handelt.

G) Paternalismus

Im Folgenden soll beleuchtet werden, inwieweit die einschränkende Regelung in § 8 Abs. 1 S. 1 Nr. 3 TPG zur Subsidiarität der Lebendorganspende einen paternalistischen Akt des Gesetzgebers darstellt und insofern als unzulässig bezeichnet werden kann.

In der Literatur wird die Subsidiaritätsregelung in § 8 Abs. 1 Nr. 3 TPG u.a. dahingehend kritisiert, dass ein solcher Paternalismus seitens des Gesetzgebers in einem liberalen Rechtsstaat kaum zu rechtfertigen und mit dem Grundgesetz kaum zu vereinbaren sei.[410] Es stellt sich jedoch die Frage, ob es nicht zu pauschal ist, die Subsidiaritätsregelung mit dem Argument abzulehnen, diese sei prinzipiell paternalistisch und damit automatisch unzulässig. Dies nimmt der Verfasser zum Anlass, anhand einer dogmatischen Herleitung des Phänomens des Paternalismus die in § 8 Abs. 1 Nr. 3 TPG normierte Subsidiarität der Lebendorganspende innerhalb der Kategorien des Paternalismus einzuordnen und davon ausgehend die Zulässigkeit dieser gesetzlichen Regelung zu untersuchen.

I. Dogmatik

Paternalismus liegt vor, wenn durch ein bestimmtes Verhalten einem anderen Schutz aufgezwungen werden soll unabhängig davon, ob dieser Schutz erwünscht ist oder nicht.[411] Pointiert formuliert: Eine Handlung ist dann paternalistisch, wenn sie auf das Wohl eines anderen, aber gegen dessen Willen oder zumindest ohne dessen Einverständnis erfolgt.

Im medizinethischen Kontext wird der Begriff des Paternalismus gebraucht für ein ärztliches Verhalten bzw. einen Umgang mit Patienten, bei dem der Arzt aufgrund seiner Rolle bzw. seines beruflichen Selbstverständnisses allein und insofern autoritär darüber entscheidet, welche medizinischen Maßnahmen beim Patienten angewendet werden und wie sich der Patient verhalten soll. Beispiele für paternalistisches Verhalten von ärztlicher Seite sind Vorenthaltung von Informationen,

---

410   *Gutmann* und *Schroth* formulieren, ein „gesetzlicher Paternalismus dieser Art" sehe sich „in einem liberalen Rechtsstaat … einem prinzipiellen Legitimationsdefizit ausgesetzt", siehe Gutmann in Schroth/König/Gutmann/Oduncu, § 8 Rn. 22 und Gutmann/Schroth, Organlebendspende in Europa, S. 28.
411   Dworkin in Sartorius, Paternalism, S. 19 f.

um den Patienten nicht zu „belasten", oder Plazebo-Therapie in der Absicht, den Patienten zu beruhigen.[412]

Als Gegenpol wird in der Diskussion oftmals der Begriff der Patientenautonomie verwendet und ein Paradigmenwechsel dahingehend angenommen, dass die moderne Arzt-Patient-Beziehung weniger von ärztlichem Paternalismus und mehr von Patientenautonomie geprägt sein soll. Einzuschränken ist dies jedoch insofern, als der Patient autonom nur zwischen denjenigen Behandlungsalternativen wählen kann, die ihm der Arzt mit seinem Wissensvorsprung aufgezeigt hat, so dass letztlich die Entscheidungshoheit faktisch zumindest zu einem großen Teil beim Arzt verbleibt. In diesem Zusammenhang wird deutlich, dass Paternalismus immer mit – zumindest vermeintlichem – Wissensvorsprung und einer sich daraus legitimierenden Entscheidungshoheit zu tun hat.

Verhält sich der Staat gegenüber seinen Bürgern paternalistisch, so wird dies in der angelsächsischen Literatur als „legal paternalism"[413] bezeichnet, darauf zurückgehend hierzulande auch als „Rechtspaternalismus"[414]. Ausgangspunkt und Grundvoraussetzung ist dabei der legalistische Akt des Gesetzgebers, der eine Ermächtigungsgrundlage für das Handeln der Exekutive darstellt, wodurch die Freiheit des Einzelnen letztlich eingeschränkt wird. Die Rechtmäßigkeit dessen kann der Bürger vor den Gerichten überprüfen lassen, wobei die Entscheidungsgrundlage für die Judikative – neben den Grundrechten, die bei der Auslegung einfacher Gesetze zu berücksichtigen sind, und neben der Möglichkeit einer konkreten Normenkontrolle, mit der die Fachgerichte die Verfassungskonformität einfacher Gesetze durch das Bundesverfassungsgericht überprüfen lassen können – wiederum die durch den Gesetzgeber erlassene Norm ist. Man wird in der Gesamtheit das Handeln der drei Gewalten als einen einheitlichen paternalistischen Akt gegenüber dem Bürger begreifen können.

Das Besondere an staatlichem Paternalismus im Gegensatz zu anderen staatlichen Maßnahmen, durch die Freiheitsrechte der Bürger beschränkt werden, ist der Umstand, dass zumindest nicht unmittelbar Grundrechte Dritter oder Gemeinschaftsgüter entgegenstehen.[415] Es ist für den Adressaten herrschaftlichen staatlichen Handelns die Legitimation dessen eher nachvollziehbar, insofern Interessen anderer oder der Allgemeinheit geschützt werden sollen. Bspw. können sich viele Raucher mit einem Rauchverbot in öffentlichen Räumen abfinden, da

412 Gahl in Kahlke/Reiter-Theil, Ethik in der Medizin, S. 23 (27).
413 Feinberg in Sartorius, Paternalism, S. 3 ff.
414 Etabliert wurde dieser Begriff durch *Enderlein*, Rechtspaternalismus und Vertragsrecht, S. 8.
415 Möller, Paternalismus und Persönlichkeitsrecht, S. 12.

dadurch andere anwesende Personen vor den Gefahren des Passivrauchens geschützt werden. Wenn jedoch theoretischerweise ein gesetzliches Verbot erlassen würde, wonach auch in Privaträumen nicht geraucht werden dürfte, würden sich wahrscheinlich viele Raucher ungerechtfertigt bevormundet fühlen angesichts der Tatsache, dass sie beim Rauchen in ihren privaten Räumlichkeiten andere nicht gesundheitlich gefährden, sondern nur sich selbst.

In unserer freiheitlich-demokratischen Grundordnung ist es Konsens, dass, etwas plakativ formuliert, die Freiheit des einen da aufhört, wo die Freiheit des anderen beginnt.[416] Anders ausgedrückt: Die Freiheit des Einzelnen kann dann durch staatliches Handeln oder Handeln Dritter eingeschränkt werden, wenn dies zum Schutz der Freiheit Dritter oder zum Schutz von wichtigen Allgemeingütern erforderlich und angemessen ist. Dies entspricht dem verfassungsrechtlichen Prinzip der praktischen Konkordanz, wonach im Falle der Kollision verschiedener Grundrechte bzw. Rechte von Verfassungsrang diese gegeneinander abgewogen und zum Ausgleich gebracht werden.

Demgegenüber geht es bei einem paternalistischen Eingriff von staatlicher Seite um den Schutz des Betroffenen selbst, also desjenigen, dessen Freiheit gerade eingeschränkt wird. Verfassungsrechtlich könnte man in diesem Zusammenhang von „Grundrechtsschutz gegen sich selbst"[417] sprechen.

Wenn jedoch die Freiheit des Einzelnen durch staatliches Handeln eingeschränkt wird, weil dieser selbst geschützt werden soll und angeblich nicht in der Lage ist, sich selbst zu schützen, ruft dies bei den betroffenen Bürgern naturgemäß besondere Skepsis hervor. Es ist für den Betroffenen oftmals nicht einsichtig, warum man zum Verzicht gezwungen wird, wenn andere nicht davon profitieren. An der Grenze der eigenen Freiheit, die beschränkt wird, beginnt nicht die Freiheit eines anderen oder der Schutz von Allgemeingütern; vielmehr ist dort „aus freiheitlicher Sicht nur Niemandsland"[418], zumindest erscheit dies dem Betroffenen so. Er hat mit seiner Wahlentscheidung den Gesetzgeber legitimieren wollen, seine Freiheit und Interessen möglichst durchzusetzen, nicht diese – aus seiner Sicht grundlos – einzuschränken.

Als Ausfluss der Menschenwürdegarantie des Art. 1 Abs. 1 S. 1 GG ist im Grundgesetz die freie und selbstverantwortliche Bestimmung des Einzelnen über seine Persönlichkeit in Art. 2 Abs. 1 GG und über Leben und Gesundheit

---

416 Möller, Paternalismus und Persönlichkeitsrecht, S. 12.
417 Dieser Begriff geht auf *von Münch* zurück, siehe von Münch in Stödter/Thieme, FS für Ipsen, S. 113 (114). *Schwabe* spricht vom „Schutze des Menschen vor sich selbst", siehe Schwabe, JZ 1998, 66.
418 Möller, Paternalismus und Persönlichkeitsrecht, S. 12.

in Art. 2 Abs. 2 S. 1 GG verankert. Damit korrespondiert das Recht des Einzelnen auf einen eigenen, persönlichen Gestaltungsspielraum und ein Recht auf Selbstbestimmung, das sich gegen Bevormundung durch Dritte wendet.[419] Dies gilt insbesondere für die körperliche Unversehrtheit[420], die bei der Entscheidung des Spenders für die Organentnahme zum Zwecke der Lebendorganspende in Frage steht.

Nach alledem besteht ein besonderes Legitimationsbedürfnis für paternalistisches staatliches Handeln. Dieses ist in besonderem Maße auf Erforderlichkeit und Angemessenheit zu untersuchen.

II. Arten von Paternalismus und Einordnung der Subsidiaritätsregelung

Zunächst ist zu untersuchen, ob es sich bei der Subsidiaritätsregelung des § 8 Abs. 1 S. 1 Nr. 3 TPG überhaupt um eine Norm paternalistischen Inhalts, also um einen Akt paternalistischer Gesetzgebung handelt. Dies könnte in Frage zu stellen sein vor dem Hintergrund, dass § 8 Abs. 1 S. 1 Nr. 3 TPG nicht strafbewehrt ist.

Zwar finden sich in §§ 18 ff. TPG zahlreiche Strafvorschriften bezüglich des Transplantationsrechts. Insbesondere sind in § 19 Abs. 1 TPG mögliche Verstöße gegen einige Vorschriften die Lebendorganspende betreffend sanktioniert. Ein Arzt, der unter Nichteinhaltung auch nur einer der Anforderungen, die durch § 8 Abs. 2 TPG an die Aufklärung des Spenders durch den Arzt gestellt werden, ein Organ entnimmt, macht sich strafbar gem. § 19 Abs. 1 Nr. 1 TPG. Dem Arzt wird dort für den Fall des Zuwiderhandelns eine Strafe in Form der Freiheitsstrafe bis zu fünf Jahren oder Geldstrafe angedroht. Es ist jedoch keine strafrechtliche Ahndung eines Verstoßes gegen § 8 Abs. 1 S. 1 Nr. 3 TPG vorgesehen. An einen

---

419 *Littwin* diskutiert eine staatliche Bevormundung diesbezüglich, die zu einer Fremdbestimmung führt, pointiert unter dem Schlagwort „Grundrechtsschutz gegen sich selbst", siehe Littwin, Grundrechtsschutz gegen sich selbst, S. 2.

420 Das Bundesverfassungsgericht führt dazu aus: „Die Bestimmung über seine leiblichseelische Integrität gehört zum ureigensten Bereich der Personalität des Menschen. In diesem Bereich ist er aus der Sicht des Grundgesetzes frei, seine Maßstäbe zu wählen und nach ihnen zu leben und zu entscheiden.", Beschluss des BVerfG vom 25.07.1979 – Az: 2 BvR 878/74 – NJW 1979, 1925 (1931). *Forst* bezeichnet die Verfügung über den eigenen Körper gar als „grundlegendste Dimension menschlicher Persönlichkeit überhaupt: die Basis aller normativen Selbstbeziehung", siehe Forst, Kontexte der Gerechtigkeit, S. 435.

Verstoß gegen die Subsidiaritätsregelung des § 8 Abs. 1 S. 1 Nr. 3 TPG sind somit keine Strafsanktionen gebunden.

Man kann deshalb davon sprechen, dass es sich bei § 8 Abs. 1 S. 1 Nr. 3 TPG nicht um einen Fall von „Strafrechtspaternalismus"[421] handelt. Es ist jedoch nicht ersichtlich, inwiefern eine Unterscheidung von „Strafrechtspaternalismus" zu anderen Formen und Wirkungsweisen paternalistischer Normen – etwa „Zivilrechtspaternalismus" oder „Sozialrechtspaternalismus" – weiterführend sein soll. Dies soll daher nicht weiter verfolgt werden.

Jedenfalls ist deutlich zu machen, dass der paternalistische Eingriff nicht weniger einschneidend ist, weil es mangels strafrechtlicher Sanktionierung kein Fall von „Strafrechtspaternalismus" ist.[422] Die Rechtsfolgen einer Verbotsnorm sind nicht dann zwangsläufig weniger freiheitsbeschränkend von ihrer Wirkung her, wenn das Verbot zwar nicht direkt mit den Mitteln des Strafrechts bzw. mit entsprechenden Sanktionierungen strafbewehrt ist. Vielmehr entfalten gesetzliche Verbote in einer Reihe von Fällen weitreichende Konsequenzen für die Betroffenen auch ohne direkte strafrechtliche Sanktion. Als Beispiel sei das Ladenschlussgesetz[423] genannt, in dem zwar auch Strafvorschriften geregelt sind, dessen praktische Bedeutung und Wirkung auf die Rechtspraxis jedoch zu einem beträchtlichen Teil auf die Rechtsfolge der Nichtigkeit entsprechender Verträge nach § 134 BGB zurückzuführen sein dürften. Gleiches kann für das Rechtsdienstleistungsgesetz[424] angenommen werden.

Außerdem richtet sich die Verbotsnorm des § 8 Abs. 1 S. 1 Nr. 3 TPG zuvorderst an die Ärzteschaft; dort wird die geplante, durch einen Arzt durchzuführende „Entnahme von Organen oder Geweben" für unzulässig erklärt. Die Ärzteschaft dürfte als Adressatenkreis einzustufen sein, der auch durch die erörterten[425] Rechtsfolgen eines möglichen Verstoßes gegen § 8 Abs. 1 S. 1 Nr. 3 TPG hinreichend hart bzw. mit hinreichender Abschreckungswirkung zu treffen sein

---

421 So Pfeiffer, Die Regelung der Lebendorganspende im Transplantationsgesetz, S. 60.

422 Dem stimmt auch *Pfeiffer* zu, siehe Pfeiffer, Die Regelung der Lebendorganspende im Transplantationsgesetz, S. 60.

423 Gesetz über den Ladenschluss in der Fassung der Bekanntmachung vom 2. Juni 2003 (BGBl. I S. 744), das zuletzt durch Artikel 228 der Verordnung vom 31. Oktober 2006 (BGBl. I S. 2407) geändert worden ist.

424 Rechtsdienstleistungsgesetz vom 12. Dezember 2007 (BGBl. I S. 2840), das zuletzt durch Artikel 9 Absatz 2 des Gesetzes vom 30. Juli 2009 (BGBl. I S. 2449) geändert wurde, früher Rechtsberatungsgesetz.

425 Siehe oben unter F.

wird, ohne dass es einer strafrechtlichen Sanktionierung durch den Gesetzgeber bedarf.

§ 8 Abs. 1 S. 1 Nr. 3 TPG ist, wenn auch kein Fall von „Strafrechtspaternalismus", doch ein Akt paternalistischer Gesetzgebung. Es besteht daher ein besonderes Legitimationsbedürfnis für dieses Handeln des Gesetzgebers, woran sich die Prüfung der Zulässigkeit dieser paternalistischen Maßnahme auszurichten hat.

Im Rahmen der Einordnung und Beurteilung paternalistischer Akte werden verschiedene Einteilungen diskutiert und vorgenommen.

Z.T. wird dabei an die Zwecksetzung der paternalistischen Maßnahme angeknüpft und unterschieden, ob ausschließlich paternalistische Zwecke – dann wird von reinem Paternalismus gesprochen – oder auch andere Zwecke – dies wird als unreiner oder gemischter Paternalismus bezeichnet – verfolgt werden.[426] Auch wird teilweise unter Bezugnahme auf die Zwecksetzung der Maßnahme untersucht, ob überhaupt echter Paternalismus vorliegt oder das Erreichen des paternalistischen Zwecks nur Mittel zum Erreichen eines anderen, nicht paternalistischen Zweckes ist; im letzteren Fall wird dann von unechtem Paternalismus gesprochen.[427]

Diese Begriffspaare erscheinen jedoch nicht zielführend im Sinne einer Kategorisierung paternalistischer Akte, die in der Diskussion um die Legitimation paternalistischen Handelns weiterhilft. Festzuhalten ist, dass das Legitimationsbedürfnis paternalistischer Maßnahmen umso größer ist, je stärker in die Rechte der Betroffenen eingegriffen wird und je gewichtiger und bedeutender die eingeschränkten Rechtspositionen sind. Dies ergibt sich jedoch bereits aus den allgemein im Verfassungsrecht anerkannten Maßstäben zur Prüfung der Angemessenheit als Voraussetzung der Verhältnismäßigkeit staatlichen Handelns. Darüber hinaus ergeben sich aus den Antonymen rein-unrein bzw. gemischt paternalistisch sowie echt-unecht keine weiterführenden Aspekte, so dass eine Kategorisierung diesbezüglich nicht weiter verfolgt werden soll.

1. Direkter und indirekter Paternalismus

Eine für die Konzeption dieser Arbeit gewinnbringende Unterscheidung kann vorgenommen werden zwischen direktem und indirektem Paternalismus. Gefragt wird hierbei nach Adressat und Schutzrichtung der paternalistischen Norm.[428]

---

426 Enderlein, Rechtspaternalismus und Vertragsrecht, S. 16.
427 Enderlein, Rechtspaternalismus und Vertragsrecht, S. 16.
428 Enderlein, Rechtspaternalismus und Vertragsrecht, S. 15.

Richtet sich das Verbot bzw. die freiheitsbeschränkende Maßnahme an denjenigen, der auch geschützt werden soll, liegt direkter Paternalismus vor.[429] Ist hingegen Adressat der paternalistischen Maßnahme ein anderer, so wird von indirektem Paternalismus gesprochen.[430]

Wenn z.B. der Konsum einer bestimmten Droge strafrechtlich verboten ist, handelt es sich um direkten Paternalismus, da gerade der potentielle Konsument vor gesundheitlichen Gefahren geschützt werden soll. Ebenso verhält es sich bei der Gurtpflicht, durch die derjenige, der zum Anlegen des Gurtes verpflichtet wird, selbst vor Schädigungen seiner körperlichen Integrität bewahrt werden soll. Wenn jedoch z.B. der Verkauf oder das Handeltreiben mit einer bestimmten Droge unter Strafe gestellt wird, liegt ein Fall von indirektem Paternalismus vor. Das Verbot richtet sich gegen den potentiellen Drogendealer bzw. Verkäufer; geschützt werden soll der potentielle Käufer bzw. Konsument. Der Ansatzpunkt des gesetzlichen Schutzes des Endkonsumenten wird gewissermaßen vorverlagert.

§ 8 Abs. 1 S. 1 Nr. 3 TPG, der die Subsidiarität der Lebendorganspende regelt, richtet sich an den Arzt, der das Organ beim Lebendspender zu entnehmen beabsichtigt.[431] Die Formulierung im Gesetz lautet: „Die Entnahme von Organen ... ist ... nur zulässig, wenn ....“ Adressat dieser gesetzlichen Einschränkung ist der Transplantationschirurg. Geschützt werden soll jedoch der potentielle Lebendorganspender, wenn der postmortalen Organspende der Vorrang eingeräumt wird vor der Lebendorganspende. Somit fallen Adressat der gesetzlichen Regelung und die Person, deren Schutz bezweckt wird, auseinander. Es handelt sich bei der Subsidiaritätsregelung in § 8 Abs. 1 S. 1 Nr. 3 TPG mithin um einen Fall von indirektem Paternalismus.

Verwandt mit der Unterscheidung von direktem und indirektem Paternalismus ist die Differenzierung von Paternalismus im Ein-Personen-Verhältnis und im Mehr-Personen-Verhältnis.[432] Indirekter Paternalismus ist überhaupt nur im

---

429 Schroth, JZ 1997, 1149 (1153); Möller, Paternalismus und Persönlichkeitsrecht, S. 15; Enderlein, Rechtspaternalismus und Vertragsrecht, S. 15.

430 Schroth, JZ 1997, 1149 (1153); Möller, Paternalismus und Persönlichkeitsrecht, S. 15; Enderlein, Rechtspaternalismus und Vertragsrecht, S. 15.

431 In der Gesetzesbegründung heißt es: „Die Vorschrift verdeutlicht im Interesse des Lebendspenders, dass die Lebendspende nur die letzte Möglichkeit sein darf, wenn ein geeignetes Organ nach § 3 oder § 4 nicht oder im Hinblick auf die Dringlichkeit einer Organübertragung nicht rechtzeitig zur Verfügung steht.“, BT-Drs. 13/4355, S. 20.

432 Dworkin in Sartorius, Paternalism, S. 19 f.; Möller, Paternalismus und Persönlichkeitsrecht, S. 16.

Mehr-Personen-Verhältnis denkbar, da zwischen Adressat und Schutzobjekt eine Personendifferenz besteht. Dies bedeutet, dass neben dem Staat als paternalistisch handelndem Akteur mindestens zwei Personen beteiligt sein müssen. Im Falle der Lebendorganspende tritt als Besonderheit hinzu, dass drei Personen involviert sind. Neben dem Arzt als Adressaten der einschränkenden gesetzlichen Regelung und dem Organspender, dessen Schutz bezweckt wird, tritt noch der Organempfänger hinzu. Auch auf diesen wirkt sich die Regelung der Subsidiarität gem. § 8 Abs. 1 S. 1 Nr. 3 TPG insofern aus, als dass die Möglichkeiten der Transplantation eines Organs von einem Lebendspender und die Spendersuche eingeschränkt werden. Somit wirkt § 8 Abs. 1 S. 1 Nr. 3 TPG im Mehr-Personen-Verhältnis.

2. Harter und weicher Paternalismus

Unterschieden wird in der Literatur ferner zwischen hartem und weichem Paternalismus. Anknüpfungspunkt ist hierbei die Autonomiefähigkeit des Betroffenen.[433]

Hinter der Definition des weichen Paternalismus verbirgt sich die Auffassung, dass der Staat die Freiheit des Einzelnen dann durch paternalistisches Handeln einschränken darf, um den Einzelnen vor einem selbstschädigenden Verhalten zu bewahren, wenn das selbstschädigende Verhalten nicht frei willentlich ist oder wenn erst durch die Intervention festgestellt werden muss, ob das selbstschädigende Verhalten frei willentlich ist.[434] Hierbei wird in den Vordergrund gerückt, dass letztlich das staatliche Eingreifen zum Schutze der Autonomie des Einzelnen erfolgt.[435] Aus der Perspektive des Rechtsgutinhabers werden dessen Interessen „für und gegen"[436] diesen geschützt.

Als Voraussetzung für die Legitimation staatlichen Handelns unter dem Gesichtspunkt des Vorliegens von weichem Paternalismus wird gefordert, dass die Beschränkung der Autonomiefähigkeit des Einzelnen in der betreffenden

---

433 Papageorgiou, Schaden und Strafe, S. 225.

434 Gutmann in Schroth/Schneewind/Gutmann/Fateh-Moghadam, Patientenautonomie am Beispiel der Lebendorganspende, S. 189 (259); Möller, Paternalismus und Persönlichkeitsrecht, S. 16 f.; Enderlein, Rechtspaternalismus und Vertragsrecht, S. 17.

435 Papageorgiou, Schaden und Strafe, S. 225; Möller, Paternalismus und Persönlichkeitsrecht, S. 16 f.; Enderlein, Rechtspaternalismus und Vertragsrecht, S. 17.

436 Merkel in Hegselmann, Zur Debatte über Euthanasie, S. 83; Schroth, JZ 1997, 1149 (1153).

Lebenslage von einiger Intensität bzw. einigem Umfang ist.[437] Ferner ist darauf hinzuweisen, dass ein Einschreiten mit dem Ziel des Autonomieschutzes im Sinne eines weichen Paternalismus nur dann in Frage kommen und zulässig sein dürfte, wenn es nicht um triviale Wünsche geht, sondern um Entscheidungen, die von einigem Gewicht sind für die Entfaltung der Persönlichkeit des Einzelnen.[438]

Harter Paternalismus liegt vor, wenn die Freiheit des Einzelnen durch paternalistisches Handeln auch dann eingeschränkt wird, wenn die Autonomiefähigkeit bzw. Willensfreiheit nicht in Frage steht, vielmehr der Einzelne die Entscheidung zu dem betreffenden Verhalten freiwillig treffen konnte.[439] Der Staat erachtet die Freiheitseinschränkung als unabdingbar, auch wenn diese gegen den autonom gebildeten Willen des Einzelnen erfolgt. Auch dem sich frei willentlich Verhaltenden wird der Schutz aufgedrängt.[440]

Maßgeblich für die Unterscheidung zwischen hartem und weichem Paternalismus bzw. die Einordnung einer staatlichen Maßnahme als „hart" oder lediglich „weich" paternalistisch in diesem Sinne ist letztlich, wie die Freiwilligkeit der Entscheidung des Einzelnen zu dem in Frage stehenden Verhalten beurteilt wird. Nach außen hin bzw. für den Betroffenen stellt sich in beiden Fällen die paternalistische Intervention so dar, dass ein bestimmtes Verhalten verboten wird.

Ob von intervenierender staatlicher Seite – genauer gesagt: aus Sicht des handelnden staatlichen Organs – der Eingriff deshalb erfolgt, um den Einzelnen vor einer als unfreiwillig empfundenen Entscheidung zu einem selbstschädigenden Verhalten zu bewahren, oder ob von staatlicher Seite eine autonome Willensbildung angenommen und trotzdem die Freiheit eingeschränkt wird, ist für den Betroffenen nicht ohne Weiteres erkennbar. Es spielt auch aus Sicht und nach dem Empfinden des Betroffenen insofern keine Rolle, als dass in der Konsequenz jedenfalls ein Ge- oder Verbot und damit eine Freiheitseinschränkung gegenüber dem Betroffenen erfolgt.

Um zu beurteilen, ob eine staatliche Maßnahme als eine Form des weichen oder des harten Paternalismus einzuordnen ist, muss untersucht werden, inwieweit das handelnde staatliche Organ von einer Autonomiefähigkeit des Einzelnen ausgeht. Ist dies der Fall und wird die freiheitseinschränkende staatliche

---

437 Papageorgiou, Schaden und Strafe, S. 225; Möller, Paternalismus und Persönlichkeitsrecht, S. 17.

438 Papageorgiou, Schaden und Strafe, S. 225.

439 Schroth, JZ 1997, 1149 (1153); Enderlein, Rechtspaternalismus und Vertragsrecht, S. 17.

440 Möller, Paternalismus und Persönlichkeitsrecht, S. 16.

Maßnahme trotzdem oder unabhängig davon ergriffen, dürfte es sich um einen Akt von hartem Paternalismus handeln. Ergeben sich Anhaltspunkte dafür, dass die Intention des handelnden staatlichen Organs – unabhängig von der Frage, ob das Einschreiten von Seiten des Staates sinnvoll ist – darin besteht, den Einzelnen vor einem selbstschädigenden Verhalten zu schützen bzw. das Vorliegen einer freien Willensentscheidung zu überprüfen, weil davon ausgegangen wird, dass dieser möglicherweise zu einer freien Willensbildung nicht in der Lage ist, so wird eher ein Akt von weichem Paternalismus vorliegen.

Die Regelung gem. § 8 Abs. 1 S. 1 Nr. 3 TPG, wonach eine Organentnahme zur Lebendorganspende nur unter der Voraussetzung zulässig ist, dass ein geeignetes Organ eines toten Spenders im Zeitpunkt der Organentnahme nicht zur Verfügung steht, stellt eine bedingungslose Freiheitseinschränkung bzw. ein dahingehendes Verbot dar. Nur wenn die genannten Voraussetzungen gegeben sind, ist nach der gesetzlichen Normierung die Organentnahme zulässig.

Es ist keine Regelung z.B. dahingehend vorgesehen, dass für den Fall, dass ein geeignetes Organ aus einer Totenspende im Zeitpunkt der geplanten Organentnahme für die Lebendorganspende zur Verfügung stehen sollte, lediglich eine zusätzliche Voraussetzung im Rahmen von Aufklärung und Einwilligung für die Zulässigkeit der Organentnahme für die Lebendorganspende konstituiert wird. Diese könnte theoretischerweise in einer besonderen Beratung oder Begutachtung durch eine Kommission – analog der Regelung zur Lebendspendekommission zur Überprüfung der Freiwilligkeit der Einwilligung des Spenders und des Ausschlusses des Organhandels gem. § 8 Abs. 3 S. 2 TPG – bestehen.

Eine solche Regelung könnte so aussehen, dass im Falle, dass ein geeignetes Organ aus einer Totenspende zur Verfügung steht, durch Einschaltung einer entsprechenden Kommission überprüft werden muss, ob sich insbesondere der potentielle Spender über den medizinischen Sachverhalt im Klaren ist und im Rahmen einer autonomen Entscheidungsfindung dies hinreichend mit einbezogen hat. Wäre dies theoretischerweise gesetzlich normiert, könnte man von weichem Paternalismus sprechen, da lediglich eine autonome Willensbildung in Kenntnis des medizinischen Sachverhaltes gewährleistet werden soll. Korrespondierend dazu sind die in §§ 3, 4 und 8 TPG de lege lata konstituierten Voraussetzungen an eine umfassende Aufklärung und Einwilligung bei Toten- und Lebendspende bzw. deren strafrechtliche Absicherung in § 19 TPG als weicher Paternalismus anzusehen.

In Abgrenzung dazu ist jedoch in § 8 Abs. 1 S. 1 Nr. 3 TPG ein zwangsläufiges und nicht eingeschränktes Verbot normiert. Es ist ein bestimmtes Verhalten unter bestimmten Voraussetzungen verboten, unabhängig von der Freiwilligkeit der Entscheidung des Spenders oder einer weitergehenden Überprüfung dieser. Dies spricht für die Einordnung als harten Paternalismus.

Um die Intention des Gesetzgebers zu eruieren, ist zudem die Gesetzesbegründung in den Blick zu nehmen. Dort finden sich die Subsidiaritätsregelung des § 8 Abs. 1 S. 1 Nr. 3 TPG betreffend zwei Aussagen: Zum einen verdeutliche die Vorschrift „im Interesse des Lebendspenders"[441], dass die Lebendspende nur die letzte Möglichkeit sein dürfe, wenn ein geeignetes Organ eines toten Spenders nicht rechtzeitig zur Verfügung stehe. Zum anderen solle die Lebendspende nicht dazu führen, dass das Bemühen um postmortale Organspender vernachlässigt werde.[442]

Zwar wurde der Gesetzgeber nach eben genannter eigener Aussage „im Interesse des Lebendspenders" tätig. Demnach erfolgte die Normierung der Subsidiarität der Lebendorganspende zuvorderst mit der Intention des Schutzes des potentiellen Lebendspenders. Gleichwohl deutet die Gesetzesbegründung nicht darauf hin, dass der Gesetzgeber die Subsidiaritätsregelung konstituierte, weil er Zweifel an einer autonomen Willensbildung des Lebendspenders hatte, oder dass er lediglich eine autonome Entscheidung des Lebendspenders sicherstellen wollte. Vielmehr stellt § 8 Abs. 1 S. 1 Nr. 3 TPG ein Verbot der Organentnahme zur Lebendorganspende in einer bestimmten Sachverhaltskonstellation dar, unabhängig davon, ob die Willensentschließung des Lebendspenders freiwillig erfolgt oder nicht.

Zudem ist darauf hinzuweisen, dass im Gegensatz zu § 8 Abs. 1 S. 1 Nr. 3 TPG bereits ein Großteil der restlichen Regelungen des § 8 TPG der Gewährleistung einer autonomen und freiwilligen Spenderentscheidung dienen.[443] So werden in § 8 Abs. 1 S. 1 Nr. 1 und Abs. 2 TPG hohe Anforderungen an Einwilligung und Aufklärung des Spenders konstituiert. Insbesondere den Umfang der erforderlichen Aufklärung betreffend ist in § 8 Abs. 2 TPG im Detail geregelt, welche Punkte die Aufklärung inhaltlich umfassen muss. Wenn der Gesetzgeber solch detaillierte und umfangreiche Regelungen Aufklärung und Einwilligung betreffend normiert hat, darüber hinaus und unabhängig davon jedoch in § 8 Abs. 1 S. 1 Nr. 3 TPG in einer bestimmten Sachverhaltskonstellation eine Organentnahme zwecks Lebendorganspende für unzulässig erklärt, ist davon auszugehen, dass die Regelung des § 8 Abs. 1 S. 1 Nr. 3 TPG schlicht ein Verbot konstituieren und nicht die Autonomie des potentiellen Spenders verbessern soll.

---

441 BT-Drs. 13/4355, S. 20.
442 BT-Drs. 13/4355, S. 20.
443 Pfeiffer, Die Regelung der Lebendorganspende im Transplantationsgesetz, S. 60.

Außerdem geht aus der Gesetzesbegründung hervor, dass es dem Gesetzgeber darum ging, den Vorrang der postmortalen Organspende vor der Lebendorganspende nicht nur im Einzelfall, sondern allgemein auch in Hinblick auf gesamtgesellschaftliche Bemühungen zur Förderung der Totenspende sicherzustellen. Die gesetzgeberische Intention bei der Subsidiaritätsregelung des § 8 Abs. 1 S. 1 Nr. 3 TPG beschränkt sich somit nicht darauf, die Autonomiefähigkeit potentieller Lebendspender abzusichern. Vielmehr soll, indem die Organentnahme zwecks Lebendorganspende in bestimmten Sachverhaltskonstellationen für unzulässig erklärt wird, die Lebendspende im Verhältnis zur Totenspende zurückgedrängt werden bzw. der Vorrang der Totenspende gesichert werden.

Nach alledem stellt die Subsidiaritätsregelung in § 8 Abs. 1 S. 1 Nr. 3 TPG im Spannungsfeld zwischen den Antonymen harter und weicher Paternalismus einen Fall des harten Paternalismus dar.

III. Beurteilung

Teilweise wird in der Literatur die Auffassung vertreten, weicher Paternalismus sei, zumindest im Grundsatz, also von Ausnahmen abgesehen, zulässig.[444] Auf der anderen Seite könne harter Paternalismus nur ausnahmsweise als indirekter Paternalismus legitimiert sein.[445]

Es wird also von der Einordnung einer staatlichen Maßnahme als bestimmte Art von Paternalismus auf die Zulässigkeit des staatlichen Handelns geschlossen. Diesem Automatismus in der Konsequenz der Schlussfolgerung – auch wenn Ausnahmen zugelassen werden – ist nicht zuzustimmen.

Zum einen werden bei einer solchen Argumentation zwei verschiedene Prüfungsschritte vermengt. Die Einordnung einer bestimmten staatlichen Maßnahme innerhalb der verschiedenen Kategorien bzw. Arten von Paternalismus ist zu

---

444 So formuliert *Schroth*: „Berechtigt erscheint in einem liberalen Strafrechtssystem grundsätzlich nur ein weicher Paternalismus, …", Schroth, JZ 1997, 1149 (1153), genauso Schroth in Brudermüller/Seelmann, Organtransplantation, S. 159 (170). Etwas zurückhaltender und weniger pauschal formuliert *Gutmann*: „Auch wenn weich paternalistische Eingriffe zum Zwecke der Feststellung hinreichender Freiwilligkeit des Patienten *grundsätzlich* zulässig sind, so ist damit noch nicht darüber entschieden, ob sie im konkreten Fall auch auf angemessene Weise und mit vertretbarem Ergebnis durchgeführt wurden.", Gutmann in Patientenautonomie am Beispiel der Lebendorganspende, S. 189 (260), wobei auch hier die grundsätzlich pauschalierende Tendenz deutlich wird.

445 Schroth, JZ 1997, 1149 (1154); genauso Schroth in Brudermüller/Seelmann, Organtransplantation, S. 159 (170).

trennen von der Beurteilung der Zulässigkeit der Maßnahme. Die Einordnung in eine bestimmte Kategorie kann nicht dazu führen, dass daraus zwangsläufig Konsequenzen für die Beurteilung der Zulässigkeit gezogen werden.

Zum anderen setzt die Unterscheidung von weichem und hartem Paternalismus voraus, dass vorher beurteilt und entschieden wird, ob der Einzelne zu einer freien Willensentscheidung in der Lage ist oder mangels Autonomiefähigkeit des Einzelnen autonomieverbessernde Maßnahmen zu dessen Schutz ergriffen werden müssen. Wer hat dabei aber die Deutungshoheit darüber, wann eine frei willentliche Entscheidung vorliegt und wann nicht? Diese nimmt letztlich derjenige für sich in Anspruch, der die Einordnung einer staatlichen Maßnahme als weich oder hart paternalistisch vornimmt. Derjenige beurteilt nach eigenen Kategorien, inwieweit der Einzelne autonomiefähig ist, um dann das staatliche Handeln, das die Freiheit des Einzelnen einschränkt, als weich oder hart paternalistisch zu qualifizieren. Es ist jedoch kaum möglich, die Autonomiefähigkeit eines anderen zu beurteilen, zumal wenn dafür keine objektivierbaren Kategorien angegeben werden und wohl auch nicht benannt werden können.

Wenn dann noch aus der Einordnung als weich oder hart paternalistisch zwangsläufig auf die Zulässigkeit eines bestimmten staatlichen Handelns geschlossen wird, handelt es sich dabei gewissermaßen um einen Taschenspielertrick in der Begründung. Es kann nicht eine Argumentation dahingehend zutreffend sein, dass bestimmte Entscheidungen Einzelner als autonom bezeichnet werden, die staatlicherseits keinesfalls eingeschränkt werden dürfen, während andere Entscheidungen Einzelner nach Dafürhalten des Betrachters als nicht autonom bezeichnet werden, bezüglich derer von staatlicher Seite Freiheitsbeschränkungen weitgehend zulässig sein sollen. Es entsteht hier der Eindruck einer zweckgerichteten Argumentation mit dem Ziel, bestimmte staatliche Maßnahmen als unzulässig darzustellen mit Verweis auf das Vorliegen einer bestimmten Form von Paternalismus.

Nach alledem kann aus der oben vorgenommenen Einordnung der gesetzlichen Regelung des § 8 Abs. 1 S. 1 Nr. 3 TPG als Fall von indirektem, hartem Paternalismus nicht zwangsläufig auf die Legitimation dieses paternalistischen Aktes des Gesetzgebers geschlossen werden. Mit der Eingruppierung innerhalb der verschiedenen Arten des Paternalismus ist noch keine Entscheidung über die Zulässigkeit der gesetzlichen Regelung getroffen.

Fraglich ist, an welchen Maßstäben sich die Beurteilung der Legitimation einer paternalistischen Maßnahme seitens des Gesetzgebers auszurichten hat, wovon also die Begutachtung der Zulässigkeit des § 8 Abs. 1 S. 1 Nr. 3 TPG unter dem besonderen Blickpunkt des Paternalismus abhängt.

Denkbar ist es natürlich, in diesem Zusammenhang die Legitimation paternalistischer Handlungsweisen von staatlicher Seite überhaupt in Frage zu stellen. Auf grundsätzliche rechtsphilosophische Betrachtungen zur Zulässigkeit von Paternalismus bzw. die in der Rechtsphilosophie vorgebrachte grundsätzliche Kritik gegenüber Paternalismus[446] soll jedoch nicht weiter eingegangen werden, da dies den Rahmen dieser Arbeit bei Fokussierung auf die spezielle Regelung zur Subsidiarität der Lebendorganspende sprengen würde.

Letztlich sind an paternalistische Maßnahmen zunächst diejenigen Anforderungen zu stellen, die auch sonst an die verfassungsrechtliche Rechtfertigung grundrechtsrelevanter Eingriffe zu stellen sind. Dies bedeutet, dass im Rahmen einer Verhältnismäßigkeitsprüfung bei Abwägung von Intensität des Grundrechtseingriffs und der damit verfolgten Zielsetzung die eingreifende Maßnahme zur Erreichung des intendierten Zieles geeignet, erforderlich und angemessen sein muss.

Besondere Berücksichtigung muss bei paternalistischem staatlichen Verhalten jedoch der Umstand finden, dass zur verfassungsrechtlichen Rechtfertigung nicht der unmittelbare Schutz der Grundrechte Dritter oder Gemeinschaftsgüter herangezogen werden kann. Insofern sind bei der verfassungsrechtlichen Rechtfertigung höhere Hürden zu überspringen. Der paternalistische Eingriff kann seine Rechtfertigung nicht dadurch gewinnen, dass er erforderlich ist zum Schutz der Grundrechte Dritter oder anderer Verfassungsgüter.

Da durch das paternalistische Eingreifen staatlicherseits der Betroffene selbst geschützt werden soll, sind Autonomiegesichtspunkte in besonderem Maße zu berücksichtigen. Zusätzlich zu den Prüfungsschritten geeignet, erforderlich und angemessen ist bei paternalistischen Maßnahmen insbesondere noch zu untersuchen, ob der Eingriff den Betroffenen unter Autonomiegesichtspunkten zumutbar ist.[447]

Hinsichtlich der vorzunehmenden Verhältnismäßigkeitsprüfung und Abwägung der einzelnen Argumente soll zwecks Vermeidung von Wiederholungen auf die Ausführungen unter H.I.1.b)aa) verwiesen werden.

---

446 Eingehende Erörterungen hierzu finden sich bei Valdés, Rechtstheorie 18 (1987), 273 ff.; Küfner, Rechtsphilosophische Aspekte moderner Medizintechniken, S. 21 ff.; Gutmann in Patientenautonomie am Beispiel der Lebendorganspende, S. 189 (258 ff.). Letztgenannter diskutiert insbesondere den Aspekt einer möglichen Verbesserung der Patientenautonomie durch paternalistische Maßnahmen.

447 Gutmann in Patientenautonomie am Beispiel der Lebendorganspende, S. 189 (259 ff.).

An dieser Stelle sind jedoch betreffend die Argumentation hinsichtlich der Legitimation bzw. verfassungsrechtlichen Rechtfertigung des § 8 Abs. 1 S. 1 Nr. 3 TPG als paternalistischen Eingriff seitens des Gesetzgebers zwei Punkte hervorzuheben:

Paternalistische Maßnahmen sind dadurch gekennzeichnet, dass die Rechte des Einzelnen nicht zum unmittelbaren Schutz von Grundrechten Dritter oder wichtigen Allgemeingütern eingeschränkt werden, sondern ausschließlich zum Schutze des betroffenen Einzelnen selbst. Insoweit ein bestimmtes selbstgefährdendes Verhalten eingeschränkt bzw. verboten werden soll gewissermaßen im Interesse der Allgemeinheit, weil man insbesondere das massenhafte Auftreten des selbstgefährdenden Verhaltens fürchtet und verhindern will, könnte man auf die Idee kommen, dies mit der Gefahr für die „Volksgesundheit"[448] zu rechtfertigen.

Dies kann jedoch nicht dazu führen, dass allein durch das intendierte Verhindern eines möglichen massenhaften Auftretens von Selbstgefährdungen die Einschränkung der Rechte des Einzelnen gerechtfertigt wird. Die bloße Anzahl von Selbstgefährdungen Einzelner allein kann nicht hinreichender Rechtfertigungsgrund sein. Quantität und Rechtsqualität sind voneinander zu trennen; es gibt im Verfassungsrecht kein Umschlagen besonderer Quantität in eine neue Rechtsqualität.[449] Die „Volksgesundheit" ist kein Wert an sich, der über den Schutz der Gesundheit Einzelner oder Vieler hinausgeht. Allein der Umstand, dass es um die Gefahr von Selbstgefährdungen als Massenphänomen geht, berechtigt nicht dazu, in die Rechte des Einzelnen einzugreifen.[450]

Allerdings schließt dies nicht aus, dass mögliche sozialschädliche Folgewirkungen, die sich aus einem selbstgefährdenden Verhalten Einzelner ergeben könnten, in die Abwägung bei der Beurteilung der verfassungsrechtlichen

---

448 So Martens, DÖV 1976, 457 (460). Der BGH zieht diesen Begriff heran bei der Bestimmung des Schutzgutes der betäubungsmittelrechtlichen Strafnormen: „Schutzgut der betäubungsmittelrechtlichen Strafnormen sind nicht allein und nicht in erster Linie das Leben und die Gesundheit des einzelnen wie bei den §§ 211 f., 222, 223 ff. StGB. Vielmehr soll Schäden vorgebeugt werden, die sich für die Allgemeinheit aus dem verbreiteten Konsum vor allem harter Drogen und den daraus herrührenden Gesundheitsbeeinträchtigungen der Einzelnen ergeben (Schutzgut "Volksgesundheit"), BGH, Urteil vom 25.09.1990 – Az.: 4 StR 359/90 – NJW 1991, 307 (309).

449 Hillgruber, Der Schutz des Menschen vor sich selbst, S. 163.

450 Hillgruber, Der Schutz des Menschen vor sich selbst, S. 163.

Rechtfertigung mit eingestellt werden.[451] Es muss dann jedoch sorgfältig geprüft werden, inwieweit tatsächlich sozialschädliche Folgewirkungen möglich oder wahrscheinlich sind, wenn Selbstschädigungen Einzelner zugelassen werden.

Dies bedeutet bezogen auf die Thematik der Subsidiarität der Lebendorganspende, dass der Schutz der „Volksgesundheit" allein nicht Rechtfertigung für die einschränkende Regelung des § 8 Abs. 1 S. 1 Nr. 3 TPG sein kann. Zwar erklärt der Gesetzgeber in der Gesetzesbegründung zu § 8 Abs. 1 S. 1 Nr. 3 TPG, dass die Lebendspende nicht dazu führen soll, dass das Bemühen um die Gewinnung von postmortal gespendeten Organen vernachlässigt wird.[452] Gemeint ist sicherlich das gesamtgesellschaftliche Bemühen. Auch wenn hier ein gesamtgesellschaftliches Verhalten die Organspendebereitschaft betreffend in Bezug genommen wird, kann das Vorliegen oder Nichtvorliegen der Bereitschaft zur postmortalen Organspende als Massenphänomen nicht alleiniger Rechtfertigungsgrund für die Zulässigkeit des 8 Abs. 1 S. 1 Nr. 3 TPG sein.

Gleichwohl können mögliche Folgewirkungen des Bestehens bzw. – hypothethischerweise anzunehmenden – Nichtbestehens der Subsidiaritätsregelung des 8 Abs. 1 S. 1 Nr. 3 TPG ins Kalkül einbezogen werden, wenn die Zulässigkeit des 8 Abs. 1 S. 1 Nr. 3 TPG als paternalistische Norm beurteilt wird. Es muss dann jedoch tatsächlich die Frage gestellt und untersucht werden, welche Folgewirkungen auf die Bereitschaft der Bevölkerung zur postmortalen Organspende sich aus der bestehenden Vorschrift des 8 Abs. 1 S. 1 Nr. 3 TPG tatsächlich ergeben bzw. wie es sich auf die Organspendebereitschaft der Allgemeinheit auswirken würde, wenn die Subsidiaritätsregelung des 8 Abs. 1 S. 1 Nr. 3 TPG abgeschafft würde.

Auf der einen Seite ist die „Volksgesundheit" für sich genommen allein angesichts der Quantität möglicher Betroffenheiten - wie eben erörtert - kein Rechtfertigungsgrund für die Subsidiaritätsregelung des 8 Abs. 1 S. 1 Nr. 3 TPG. Insofern der Gesetzgeber mit der Regelung der Subsidiarität der Lebendorganspende die Gesundheit und körperliche Unversehrtheit des potentiellen Lebendspenders schützen will und diesem den Schutz aufoktroyiert mit der paternalistischen Norm des 8 Abs. 1 S. 1 Nr. 3 TPG, ist auf der anderen Seite jedoch darauf hinzuweisen, dass der Gesetzgeber das körperliche Wohl der Allgemeinheit auch nicht völlig außer Acht lassen kann.

Man muss in diesem Zusammenhang gar nicht den argumentativen Ansatz bzw. die Frage bemühen, ob es eine rechtliche Pflicht des Einzelnen sich selbst

451 Hillgruber, Der Schutz des Menschen vor sich selbst, S. 163.
452 BT-Drs. 13/4355, S. 20.

gegenüber zur Gesunderhaltung gibt.[453] Es kann bereits die Überlegung herangezogen werden, dass es in unserer Gesellschaftsordnung nicht akzeptabel sein dürfte, einem Lebendspender, der aufgrund der durchgeführten Lebendspende bzw. dem Verlust des gespendeten Organs später ernste gesundheitliche Probleme bekommt, keine gesundheitliche Versorgung anzubieten bzw. die Finanzierung der Behandlung ganz zu verweigern. Eine solch rigorose Auffassung zugunsten der persönlichen Freiheit, wonach dem Einzelnen seine Entscheidung völlig fei gestellt wird, dieser jedoch auch alle möglichen gesundheitlichen Folgen selbst zu tragen hätte, halten wir letztlich und mit allen Konsequenzen in unserer Kulturordnung nicht durch.[454]

Eine andere Frage ist, inwieweit die Versichertengemeinschaft vollumfänglich und auch bei einem solventen Patienten für solche Behandlungskosten aufkommen muss. Wenn jedoch ein Mensch ernsthaft oder sogar lebensbedrohlich erkrankt ist und die Behandlung aus eigenen finanziellen Mitteln nicht bestreiten kann, dürfte es außer Frage stehen, dass dieser Mensch nicht Tod oder Siechtum überlassen wird, und sei es, dass nicht die Versichertengemeinschaft in der Krankenversicherung, stattdessen aber ein Sozialhilfeträger die Behandlungskosten trägt.

Angesichts dieser möglichen Sachverhaltskonstellation kann der Gesetzgeber den potentiellen Lebendspender nicht völlig seinem eigenen Schicksal überlassen. Ein gewisses Maß an Paternalismus ist somit schon in Ansehung der möglicherweise entstehenden Behandlungskosten unumgänglich; es kann nicht jede Lebendorganspende zugelassen werden. Es stellt sich jedoch im Rahmen der vorzunehmenden Abwägung die Frage, in welchem Maße der Gesetzgeber paternalistisch eingreifen darf und sollte und ob der bestehende Eingriff mit der Subsidiaritätsregelung des § 8 Abs. 1 S. 1 Nr. 3 TPG zulässig ist. Dies wird unter Kapitel I. im Rahmen der Abwägung pro und contra § 8 Abs. 1 S. 1 Nr. 3 TPG erörtert werden.

Es ist resümierend jedoch festzuhalten, dass die eingangs des Kapitels zum Paternalismus gestellte Frage dahingehend beantwortet werden kann, dass es zu pauschal wäre, die Subsidiaritätsregelung mit dem Argument abzulehnen, diese sei prinzipiell paternalistisch und damit automatisch unzulässig. Inwieweit die Subsidiaritätsvorschrift des § 8 Abs. 1 S. 1 Nr. 3 TPG auch unter dem Gesichtspunkt, dass diese wie vorstehend dargestellt einen gesetzgeberischen Akt von

---

453   Hierzu Hohmann/Matt, JuS 1993, 370 (372).
454   Doehring in Fürst/Herzog/Umbach, FS für Zeidler, S. 1553 (1559).

indirektem, hartem Paternalismus darstellt, verfassungsrechtlich zulässig ist und inwieweit die Vorschrift unabhängig davon sinnvoll ist oder nicht, ist Gegenstand der Erörterung in den folgenden Kapiteln. Jedenfalls folgt allein aus der Einordnung des § 8 Abs. 1 S. 1 Nr. 3 TPG als paternalistischer Akt des Gesetzgebers nicht automatisch die Unzulässigkeit dieser Norm.

H) Verfassungsrechtliche Zulässigkeit

Nunmehr soll untersucht werden, ob die Vorschrift des § 8 Abs. 1 S. 1 Nr. 3 TPG den Vorgaben des Grundgesetzes entspricht, also verfassungsrechtlich zulässig ist. Dabei sind die Interessen und betroffenen Grundrechte des potentiellen Organempfängers der Lebendspende, des potentiellen Spenders der Lebendorganspende sowie der behandelnden Ärzte in den Blick zu nehmen.

In der Literatur gibt es einige Stimmen, die die verfassungsrechtliche Zulässigkeit des § 8 Abs. 1 S. 1 Nr. 3 TPG, zumindest wenn man die Subsidiaritätsregelung dem Wortlaut nach verstehe und anwende und keine einschränkende Auslegung[455] vornehme, in Frage stellen bzw. verneinen.[456] Dabei wird argumentiert, dass dem Patienten per Gesetz eine eindeutig schlechtere Therapie aufgezwungen werde, was in Hinblick auf den grundrechtlichen Schutz von körperlicher Unversehrtheit und Gesundheit nicht hinnehmbar sei.[457]

Kritisch anzumerken ist hierbei, dass die Vertreter dieser Auffassung die eben angeführte These in den Raum stellen, ohne dass eine dezidierte Prüfung nach verfassungsrechtlichen Maßstäben dargelegt wird. Diese These soll nachfolgend überprüft und eine Prüfung nach verfassungsrechtlichem Schema vorgenommen werden.

Es ist darauf hinzuweisen, dass eine Stellungnahme des Bundesverfassungsgerichts explizit zur verfassungsrechtlichen Zulässigkeit des § 8 Abs. 1 S. 1 Nr. 3 TPG nicht existiert. Im Beschluss des Bundesverfassungsgerichts vom 28.01.2013[458], wo es im Wesentlichen um die Richtlinienermächtigung der Bundesärztekammer ging, war die Subsidiaritätsvorschrift des § 8 Abs. 1 S. 1 Nr. 3 TPG kein

---

455 Dazu vorher unter Punkt C.

456 Nach Auffassung von *Gutmann* und *Schroth* erscheint § 8 Abs. 1 S. 1 Nr. 3 TPG, seinem Wortlaut nach verstanden, „verfassungsrechtlich mehr als bedenklich", so Gutmann/Schroth, Organlebendspende in Europa, S. 27. An anderer Stelle formuliert *Gutmann* sogar, § 8 Abs. 1 S. 1 Nr. 3 TPG könnte, ausgelegt seinem Wortlaut nach als echte Subsidiaritätsklausel, „verfassungsrechtlicher Prüfung nicht standhalten", Gutmann in Schroth/König/Gutmann/Oduncu, § 8 Rn. 22. Ferner die verfassungsrechtliche Zulässigkeit in Zweifel ziehend Gutmann, MedR 1997, 147 (152); Esser, Verfassungsrechtliche Aspekte der Lebendspende von Organen zu Transplantationszwecken, S. 196; Ugowski, Rechtsfragen der Lebendspende von Organen, S. 58.

457 Gutmann, MedR 1997, 147 (152); Gutmann/Schroth, Organlebendspende in Europa, S. 27.

458 Beschluss des BVerfG vom 28.01.2013 – Az.: 1 BvR 274/12 – NJW 2013, 1727 ff.

Thema. Besondere Beachtung bei der verfassungsrechtlichen Beurteilung des § 8 Abs. 1 S. 1 Nr. 3 TPG ist jedoch dem Beschluss des Bundesverfassungsgerichts vom 11.08.1999[459] zu schenken, in dem einige Verfassungsbeschwerden, die sich gegen die Regelungen zur Organentnahme bei lebenden Personen im Transplantationsgesetz richteten, nicht zur Entscheidung angenommen wurden.

Gerichtet waren die Verfassungsbeschwerden gegen §§ 8 Abs. 1 S. 2, 19 Abs. 2[460] TPG, also gegen das strafbewehrte Verbot, Organe, die sich nicht wieder bilden können, an andere als Verwandte ersten oder zweiten Grades, Ehegatten, Lebenspartner, Verlobte oder andere Personen, die dem Spender in persönlicher Verbundenheit offenkundig nahe stehen, zu spenden. Beschwerdeführer waren der potentielle Organempfänger, der diesem nicht bekannte potentielle Lebendspender sowie der Transplantationschirurg, der sich durch §§ 8 Abs. 1 S. 2, 19 Abs. 2 TPG an der Durchführung der Lebendorganspende gehindert sah. Die erhobenen Verfassungsbeschwerden wurden zur gemeinsamen Entscheidung verbunden, aber nicht zur Entscheidung angenommen, da das Bundesverfassungsgericht die Voraussetzungen des § 93a Abs. 2 BVerfGG nicht als erfüllt ansah, insbesondere die Annahme der Verfassungsbeschwerden nicht als zur Durchsetzung der als verletzt gerügten Grundrechte angezeigt erachtete, da die Vorschrift des § 8 Abs. 1 S. 2 TPG in materieller Hinsicht keinen verfassungsrechtlichen Bedenken begegne.

Zwar ergibt sich daraus keine rechtswirksame Entscheidung hinsichtlich der Subsidiaritätsregelung des § 8 Abs. 1 S. 1 Nr. 3 TPG; allerdings finden sich in der Begründung des zitierten Beschlusses des Bundesverfassungsgerichts zahlreiche argumentative Anknüpfungspunkte, die sich auch auf die verfassungsrechtliche Beurteilung des § 8 Abs. 1 S. 1 Nr. 3 TPG auswirken.

I. Interessen des Empfängers

1. Art. 2 Abs. 2 S. 1 GG

a) Eingriff in den Schutzbereich

Auf den ersten Blick ist relativ unproblematisch ein Eingriff in das Recht des potentiellen Organempfängers auf Leben und körperliche Unversehrtheit

---

459 Beschluss des BVerfG vom 11.08.1999 – Az.: 1 BvR 2181/98 u.a. – NJW 1999, 3399 ff. = MedR 2000, 28 ff., dort mit Anmerkung von Seidenath.

460 Abs. 2 nach damaliger Fassung des § 19 TPG; nach heutiger Fassung ist dies Abs. 1 des § 19 TPG, der auf die Regelung zur Lebendorganspende in § 8 TPG Bezug nimmt.

anzunehmen. Zurecht weist das Bundesverfassungsgericht darauf hin, dass „wenn staatliche Regelungen dazu führen, dass einem kranken Menschen eine nach dem Stand der medizinischen Forschung prinzipiell zugängliche Therapie, mit der eine Verlängerung des Lebens, mindestens aber eine nicht unwesentliche Minderung des Leidens verbunden ist, versagt bleibt"[461], der Schutzbereich des Art. 2 Abs. 2 S. 1 GG eröffnet ist. Durch die Subsidiaritätsregelung des § 8 Abs. 1 S. 1 Nr. 3 TPG wird in bestimmten Fallkonstellationen dem potentiellen Empfänger eines lebend gespendeten Organs dieses verweigert und der kranke, auf eine Organspende angewiesene Mensch darauf verwiesen, sich mit einem postmortal gespendeten Organ zufrieden zu geben, obwohl dies die medizinisch in aller Regel schlechtere Therapievariante ist. Dadurch ist das Recht des Empfängers auf Leben bzw. körperliche Unversehrtheit betroffen, mithin der Schutzbereich des Art. 2 Abs. 2 S. 1 GG eröffnet.

Ferner geht das Bundesverfassungsgericht im zitierten Beschluss § 8 Abs. 1 S. 2 TPG betreffend von einem Eingriff des Gesetzgebers aus und begründet dies damit, dass die mittelbar hervorgerufene Verletzung das Maß einer sozialadäquaten Beeinträchtigung übersteige und der staatlichen Tätigkeit zurechenbar sei, da die Beeinträchtigung der Rechte des Empfängers weder aus einer selbständig zu verantwortenden Tätigkeit Dritter resultiere noch schicksalhaft sei.[462] Diese Beurteilung reiht sich ein in die Rechtsprechung des Bundesverfassungsgerichts zum sog. modernen bzw. weiten Eingriffsbegriff[463], wonach auch mittelbaren Grundrechtsbeeinträchtigungen von staatlicher Seite, selbst wenn diese nicht zielgerecht, sondern nur „faktisch-mittelbare Wirkungen"[464] nach sich ziehen, Eingriffsqualität zukommt.

Nicht weiter vertieft wird vom Bundesverfassungsgericht im zitierten Beschluss die Problematik des grundrechtlichen Schutzpflichtgedankens, obwohl in Hinblick darauf die Betroffenheit des Art. 2 Abs. 2 S. 1 GG zugunsten des potentiellen Empfängers einer Lebendorganspende zumindest diskussionswürdig erscheint. Schließlich geht es um die Frage, unter welchen Voraussetzungen dem potentiellen Organempfänger ein lebend gespendetes Organ zugute kommen

---

461 Beschluss des BVerfG vom 11.08.1999 – Az.: 1 BvR 2181/98 u.a. – NJW 1999, 3399 ff., Ziffer B.II.2.a)aa) der Entscheidungsgründe.

462 Beschluss des BVerfG vom 11.08.1999 – Az.: 1 BvR 2181/98 u.a. – NJW 1999, 3399 ff., Ziffer B.II.2.a)bb) der Entscheidungsgründe.

463 Vgl. die Darstellung bei Schmidt, Grundrechte, S. 65 ff.; Pieroth/Schlink, Grundrechte, S. 65 f.

464 So die Formulierung zuletzt im Beschluss des BVerfG vom 26.06.2002 – Az.: 1 BvR 670/91 – NJW 2002, 2626 ff.

kann. Mithin steht nicht lediglich ein Abwehrrecht des Empfängers im Sinne eines Eingriffsverbots in der Diskussion, sondern der Umfang der staatlichen Schutzpflicht bzw. eines möglichen Leistungsanspruchs des Empfängers. Außerdem ist darauf hinzuweisen, dass das für die Schutzpflichtenlehre charakteristische dreipolige Rechtsverhältnis zwischen dem Grundrechtsträger als Opfer, einem Störer und dem Staat im Falle der Lebendorganspende bzw. deren Einschränkungen in § 8 TPG auf ein zweiseitiges Rechtsverhältnis reduziert ist, da der Transplantationschirurg nicht als Störer auftritt.

Gleichwohl ist zu konstatieren, dass nach der Rechtsprechung des Bundesverfassungsgerichts von einer Extensivierung des Schutzpflichtgedankens auszugehen ist.[465] Eine staatliche Schutzpflicht wird insbesondere zugunsten der körperlichen Unversehrtheit anerkannt.[466]

Für eine Ausweitung der staatlichen Schutzpflichten insbesondere im Gesundheitssektor spricht, dass in Hinblick auf die elementare Bedeutung der Rechte auf Leben und körperliche Gesundheit für den Betroffenen und angesichts der Dynamik des medizinischen Fortschritts nur so ein effektiver Grundrechtsschutz erreicht werden kann.[467] Auch wenn naturgemäß die Verantwortlichkeit für die eigene Gesundheit zuvorderst beim Grundrechtsträger selbst liegt und daher die Gefahr besteht, dass staatliches Tätigwerden zur Erfüllung des Schutzpflichtauftrages, wenn der Wille des Einzelnen entgegensteht, zu einem Grundrechtsschutz gegen sich selbst wird, ist es unumgänglich, staatliche Schutzpflichten gerade im Gesundheitssektor weit zu fassen.

Im Bereich der Gesundheitsversorgung geht es vor allem um Leistungsansprüche, weniger um schädigendes Verhalten Dritter als Störer. Insofern würde es zu kurz greifen, würde man dem Staat nur die Pflicht auferlegen, den Einzelnen vor schädigenden Eingriffen Dritter zu bewahren. Vielmehr muss das Tätigwerden des Staates in Hinblick auf die Versorgung der Bürger mit Krankenbehandlung und Gesundheitsvorsorge verfassungsrechtlich überprüfbar sein. Vor diesem

---

465 Vgl. die Rechtsprechung des Bundesverfassungsgerichts zum Abtreibungsrecht, insbesondere Urteil des BVerfG vom 28.05.1993 (Schwangerschaftsabbruch II) – Az: 2 BvF 2/90, 2 BvF 4/92, 2 BvF 5/92 – NJW 1993, 1751 ff.

466 Vgl. u.a. Fluglärm-Entscheidung, Beschluss des BVerfG vom 14.01.1981 – Az: 1 BvR 612/72 – NJW 1981, 1655; Jomol-Entscheidung (zur Frage eines Anspruchs auf Kostenerstattung für das Medikament Jomol), Beschluss des BVerfG vom 05.03.1997 – Az: 1 BvR 1068/96 – MedR 1997, 318 f.

467 So auch Esser, Verfassungsrechtliche Aspekte der Lebendspende von Organen zu Transplantationszwecken, S. 35 f.

Hintergrund ist der Schutzbereich des Art. 2 Abs. 2 S. 1 GG bezüglich staatlicher Schutzpflichten weit zu fassen.

Hierfür kann auch der Wortlaut von Art. 1 S. 2 i.V.m. Art. 1 Abs. 3 GG angeführt werden, wonach die staatliche Gewalt verpflichtet wird, die grundrechtlich geschützten Güter zu bewahren. Dies ist offen formuliert, und eine Einschränkung auf Eingriffe, ausgehend von Dritten, wird gerade nicht vorgenommen.[468] Im Ergebnis ist ein Eingriff in den Schutzbereich des Art. 2 Abs. 2 S. 1 GG zu bejahen.

b) Verfassungsrechtliche Rechtfertigung

Fraglich ist dann, ob dieser Eingriff in den Schutzbereich des Art. 2 Abs. 2 S. 1 GG verfassungsrechtlich gerechtfertigt ist. Eingriffe in das Recht auf Leben und körperliche Unversehrtheit können gem. Art. 2 Abs. 2 S. 3 GG nur „auf Grund eines Gesetzes" erfolgen.

Diesem einfachen Gesetzesvorbehalt genügt § 8 Abs. 1 S. 1 Nr. 3 TPG in formeller Hinsicht, da es sich bei dem TPG um ein vom Parlament beschlossenes förmliches Gesetz handelt. Darüber hinaus sind jedoch die für die Beschränkung seitens des Gesetzgebers geltenden Schranken-Schranken nach verfassungsrechtlichen Maßstäben zu prüfen.

aa) Prüfung der Verhältnismäßigkeit

Nach allgemeinen Maßstäben des Staatsrechts ist dabei zunächst erforderlich, wie das Bundesverfassungsgericht auch im zitierten Beschluss aus dem Jahre 1999[469] die Beschränkung des Personenkreises bei der Lebendspende nach § 8 Abs. 1 S. 2 TPG betreffend festgestellt hat, dass der Eingriff verhältnismäßig sein muss. Der vom Gesetzgeber verfolgte Zweck muss legitim sein, d.h. er darf als solcher verfolgt werden.[470] Außerdem muss das eingesetzte Mittel zur Erreichung des Zwecks – wobei dem Gesetzgeber ein Beurteilungsspielraum zusteht – geeignet und erforderlich sein, zudem angemessen, also verhältnismäßig im engeren Sinne.[471]

---

468 Esser, Verfassungsrechtliche Aspekte der Lebendspende von Organen zu Transplantationszwecken, S. 36.
469 Beschluss des BVerfG vom 11.08.1999 – Az.: 1 BvR 2181/98 u.a. – NJW 1999, 3399 ff.
470 Schmidt, Grundrechte, S. 73; Pieroth/Schlink, Grundrechte, S. 71.
471 Schmidt, Grundrechte, S. 73 ff.; Pieroth/Schlink, Grundrechte, S. 71 ff.

Konflikte zwischen den Schutzgütern des Grundrechts und anderen Rechtsgütern sind nach dem Verhältnismäßigkeitsprinzip zu lösen, indem die widerstreitenden Interessen gegeneinander abgewogen werden. Als kollidierendes Rechtsgut kommt dabei insbesondere das Recht auf körperliche Unversehrtheit des Spenders in Betracht, da durch die Organentnahme unzweifelhaft ein Eingriff in die körperliche Integrität des Spenders erfolgt, der für diesen zumindest gesundheitliche Risiken nach sich zieht.[472]

Nach der Gesetzesbegründung wollte der Gesetzgeber mit der Subsidiaritätsregelung des § 8 Abs. 1 S. 1 Nr. 3 TPG im Interesse des Lebendspenders verdeutlichen, dass die Lebendspende nur als ultima ratio in Betracht kommt, wenn ein geeignetes postmortal entnommenes Organ nicht rechtzeitig zur Verfügung steht.[473] Außerdem sollte durch § 8 Abs. 1 S. 1 Nr. 3 TPG verhindert werden, dass angesichts der Möglichkeiten der Lebendorganspende das Bemühen um postmortal gespendete Organe vernachlässigt wird.[474] Letzteres ist wohl als gesamtgesellschaftliche Zielsetzung zu verstehen.

Beide vom Gesetzgeber genannten Intentionen, das gesundheitliche Interesse des Lebendspenders sowie die Zielsetzung in Hinblick auf gesamtgesellschaftliche Bestrebungen bezüglich der Gewinnung postmortaler Organspender, dienen dem Gesundheitsschutz. Dies ist unzweifelhaft ein legitimer Zweck.

Zudem ist darauf hinzuweisen, dass das Bundesverfassungsgericht in dem Beschluss betreffend die Beschränkung des Personenkreises bei der Lebendspende gem. § 8 Abs. 1 S. 2 TPG ausdrücklich den Standpunkt vertritt, dass der Vorrang der postmortalen Organspende vor der Lebendorganspende auf „vernünftigen Gründen des Allgemeinwohls"[475] beruhe. Das Gericht begründet dies damit, dass im Sinne eines Gemeinwohlanliegens so Menschen – gemeint sind die potentiellen Lebendorganspender – vor einer Selbstschädigung geschützt werden könnten.[476] Es ist also festzuhalten, dass auch das Bundesverfassungsgericht diesbezüglich von einem legitimen Zweck ausgeht.

Bei der Prüfung der Geeignetheit kommt es darauf an, ob die gesetzliche Vorschrift des § 8 Abs. 1 S. 1 Nr. 3 TPG in irgendeiner Weise die genannten

---

472 Bock, Rechtliche Voraussetzungen der Organentnahme von Lebenden und Verstorbenen, S. 93.
473 BT-Drs. 13/4355, S. 20.
474 BT-Drs. 13/4355, S. 20.
475 Beschluss des BVerfG vom 11.08.1999 – Az.: 1 BvR 2181/98 u.a. – NJW 1999, 3399 ff., Ziffer B.II.2.a)cc) der Entscheidungsgründe.
476 Beschluss des BVerfG vom 11.08.1999 – Az.: 1 BvR 2181/98 u.a. – NJW 1999, 3399 ff., Ziffer B.II.2.a)cc) der Entscheidungsgründe.

Ziele fördert. Jede gesetzliche Einschränkung der Lebendspende kann zu einer Reduzierung der Anzahl der durchgeführten Lebendorganspenden führen und somit zur Schonung der Gesundheit potentieller Lebendspender beitragen. Auf der anderen Seite erscheint bei gesamtgesellschaftlicher Betrachtungsweise aber auch die Annahme möglich, dass je weniger Lebendspenden durchgeführt werden, die Nachfrage und dadurch das Bemühen um postmortale Organspender steigen würde.

Beides sind hypothetische Annahmen. Dies kann auch nicht anders sein, da empirische Erhebungen in Bezug auf gesamtgesellschaftliche Entwicklungen im Zusammenhang mit der gesetzlichen Regelung des § 8 Abs. 1 S. 1 Nr. 3 TPG zumindest im Zeitpunkt der Einführung dieser gesetzlichen Regelung noch nicht vorliegen konnten. Auch dürfte es äußerst schwierig bis unmöglich sein, die Auswirkung der einschränkenden rechtlichen Regelung des § 8 Abs. 1 S. 1 Nr. 3 TPG auf soziale Anschauungen und Verhaltensweisen genau zu quantifizieren. Zumindest können jedoch die oben angesprochenen Hypothesen nicht als völlig fern liegend erachtet werden. Somit ist vom Vorliegen der Geeignetheit auszugehen.

Im Rahmen der Beurteilung der Erforderlichkeit stellt sich die Frage, ob auch ein milderes Mittel ausreichend wäre, um den vom Gesetzgeber intendierten Zweck zu erreichen. Nimmt man zunächst den vom Gesetzgeber selbst genannten Zweck, dass das Bemühen um die Gewinnung postmortal gespendeter Organe nicht vernachlässigt werden soll, in den Blick, so könnte eine alternative Möglichkeit darin bestehen, direkte Anreize für eine postmortale Organspende zu schaffen, als indirekt die postmortale Organspende fördern zu wollen im Wege der Einschränkung der Lebendorganspende. Denkbar wären u.a. finanzielle Zuwendungen für Menschen, die sich für eine postmortale Organspende bereit erklären, oder strukturelle Maßnahmen zur Verbesserung der Mitarbeit der Krankenhäuser und Koordination beim Procedere der Gewinnung postmortal entnommener Organe. Der letztgenannte Aspekt wird von vielen als ein Hauptansatzpunkt zur vermehrten Gewinnung von Organen aus Leichenspende gesehen.[477]

Betrachtet man das andere vom Gesetzgeber genannte Ziel des § 8 Abs. 1 S. 1 Nr. 3 TPG, nämlich im Interesse des Lebendspenders die Stellung der Lebendspende lediglich als ultima ratio und als nachrangig gegenüber der Leichenspende zu fixieren, erscheint jedoch eine mildere Alternative kaum möglich. Wenn der Vorrang der Leichenspende vor der Lebendspende, mithin die Nachrangigkeit der

---

477 Vgl. Interview mit Hans Lilie, Deutsches Ärzteblatt 106 (2009), 2537 (2538).

Lebendspende normiert werden soll, kann dies nur eben durch eine entsprechende Subsidiaritätsregelung geschehen, wie sie § 8 Abs. 1 S. 1 Nr. 3 TPG vorsieht.

Diskutabel im Rahmen der Erforderlichkeit könnte lediglich sein, ob es wirklich des Einsatzes eines Strafgesetzes bedarf oder auch ein geringeres Interventionsniveau ausgereicht hätte. Es ist allerdings darauf hinzuweisen, dass § 8 Abs. 1 S. 1 Nr. 3 TPG nicht sanktionsbewehrt ist und das TPG keine Strafe oder Maßregelung für den Fall eines Verstoßes vorsieht. Außerdem dürfte, wenn eine bestimmte Rechtsfolge definitiv herbeigeführt, d.h. die Subsidiarität der Lebendspende gegenüber der Leichenspende durchgesetzt werden soll, keine andere gleich wirksame Methode als eine strafgesetzliche Regelung, also ein direktes Verbot in Betracht kommen. Anreizmodelle dürften nicht in gleichem Maße Wirksamkeit erzielen.

Bei der Prüfung der Erforderlichkeit im Rahmen der verfassungsrechtlichen Verhältnismäßigkeit kommt es jedoch darauf an, ob ein milderes Mittel gleich wirksam wäre.[478] Angesichts dessen ist das eingesetzte Mittel zur Erreichung des vom Gesetzgeber intendierten Ziels als erforderlich anzusehen.

Schließlich ist zu prüfen, ob die Subsidiaritätsregelung des § 8 Abs. 1 S. 1 Nr. 3 TPG der Angemessenheitsprüfung standhält, ob also nach verfassungsrechtlichen Maßstäben der Eingriff und der vom Gesetzgeber mit dem Eingriff verfolgte Zweck in recht gewichtetem und wohl abgewogenem Verhältnis zueinander stehen. Dies wird von einigen Stimmen in der Literatur verneint bzw. in Frage gestellt insbesondere mit der Begründung, durch die Subsidiaritätsklausel werde dem Spendenempfänger eine medizinisch schlechtere Therapie aufoktroyiert, was nicht zu rechtfertigen sei.[479]

In der Tat kann es als zweifelhaft bzw. zumindest kritikwürdig bezeichnet werden, wenn durch § 8 Abs. 1 S. 1 Nr. 3 TPG eine Lebendorganspende untersagt wird, obwohl diese für den Empfänger im Vergleich zur postmortalen Organspende die medizinisch bessere Therapievariante wäre und obwohl der Lebendspender nach entsprechender Aufklärung und reiflicher Überlegung aus selbstbestimmter Entscheidung heraus das Organ spenden möchte. Es mag sein, dass die Sinnhaftigkeit dieser gesetzlichen Regelung in Zweifel gezogen werden kann und dass diese gegen das Rechtsempfinden vieler verstößt.

---

478   Cannabis-Entscheidung, Beschluss des BVerfG vom 09.03.1994 – Az.: 2 BvL 43/92 u.a. – NJW 1994, 1577; Schmidt, Grundrechte, S. 75; Pieroth/Schlink, Grundrechte, S. 72.

479   Gutmann, MedR 1997, 147 (152); Gutmann/Schroth, Organlebendspende in Europa, S. 27. Dieses Argument aufgreifend auch Pfeiffer, Die Regelung der Lebendorganspende im Transplantationsgesetz, S. 55.

Daraus folgt jedoch noch nicht, dass nach verfassungsrechtlichen Maßstäben die Angemessenheit des Grundrechtseingriffs zu verneinen ist. Eine verfassungsrechtliche Beurteilung, ob ein gesetzgeberischer Akt gegen das Grundgesetz verstößt, hat nach Prüfung an den Maßstäben des Grundgesetzes zu erfolgen und kann nicht von dem eigenen Standpunkt abhängen, ob eine gesetzliche Regelung als sinnvoll oder nicht sinnvoll eingestuft wird.

bb) Prüfungsdichte und Gestaltungsspielraum, Untermaßverbot

Dem Gesetzgeber steht sowohl bei der Bewertung von Geeignetheit und Erforderlichkeit als auch bei der Abwägung im Rahmen der Angemessenheit ein Beurteilungsspielraum bzw. eine Einschätzungsprärogative zu.[480] Dies folgt aus dem Prinzip der Gewaltenteilung und aus der demokratischen Legitimation des vom Volk gewählten parlamentarischen Gesetzgebers. Damit geht eine Einschränkung der gerichtlichen Prüfungsdichte einher. Der weite Gestaltungsspielraum des Gesetzgebers ist von den Gerichten, auch vom Bundesverfassungsgericht, nur in beschränktem Umfang überprüfbar.[481]

Dies gilt in besonderem Maße für die Erfüllung von Schutzpflichten und insbesondere für Schutzpflichten, die aus Art. 2 Abs. 2 S. 1 GG resultieren. Hier ist dem Gesetzgeber ein „weiter Einschätzungsspielraum, Wertungsspielraum und Gestaltungsspielraum"[482] zuzugestehen. Dies ist zum einen in Hinblick auf die Auslegung der Verfassung aus der Tatsache zu folgern, dass das Grundgesetz zu Maßstäben und Umfang der Schutzpflichten schweigt.[483] Zum anderen besteht gerade auf dem Gesundheitssektor eine Vielzahl von Handlungsmöglichkeiten des Gesetzgebers, so dass auch in Hinblick auf Ressourcenverteilung und gesamtgesellschaftliche Gesundheitsversorgung ein Gestaltungsspielraum unerlässlich ist. Die Grenze staatlichen Handelns liegt im Untermaßverbot, wonach die Ausgestaltung des Schutzes von staatlicher Seite bestimmten Mindestanforderungen genügen muss.[484]

---

480 Ständige Rechtsprechung des BVerfG, vgl. Beschluss vom 09.03.1994 (Cannabis) – Az.: 2 BvL 43/92 u.a. – NJW 1994, 1577; Pieroth/Schlink, Grundrechte, S. 71 f.

481 Beschluss des BVerfG vom 29.10.1987 (Lagerung chemischer Waffen) – Az.: 2 BvR 624/83 u.a. – NJW 1988, 1651 ff.; Beschluss des BVerfG vom 09.03.1994 (Cannabis) – Az.: 2 BvL 43/92 u.a. – NJW 1994, 1577 ff.

482 So das BVerfG im Beschluss vom 29.10.1987 (Lagerung chemischer Waffen) – Az.: 2 BvR 624/83 u.a. – NJW 1988, 1651.

483 Epping, Grundrechte, S. 61 f.

484 Urteil des BVerfG vom 28.05.1993 (Schwangerschaftsabbruch II) – Az.: 2 BvF 2/90 u.a. – NJW 1993, 1751.

Nach diesen Maßstäben liegt ein Verfassungsverstoß bei der Erfüllung von Schutzpflichten aus Art. 2 Abs. 2 S. 1 GG seitens des Staates nur dann vor, wenn die gesetzlichen Konkretisierungen hinter dem nach dem Grundgesetz Gebotenen wesentlich zurückbleiben.[485] Nach dem Bundesverfassungsgericht ist dies dann der Fall, wenn „die öffentliche Gewalt Schutzvorkehrungen entweder überhaupt nicht getroffen hat oder offensichtlich die getroffenen Regelungen und Maßnahmen gänzlich ungeeignet oder völlig unzulänglich sind, das Schutzziel zu erreichen"[486]. Art. 2 Abs. 2 S. 1 GG leitet zwar an, ein funktionsfähiges Gesundheitssystem zu errichten. Dabei hat der Gesetzgeber jedoch einen so weiten Gestaltungsspielraum, dass sich originäre Leistungsansprüche auf eine ausreichende medizinische Versorgung oder gar auf bestimmte Behandlungsmaßnahmen kaum ableiten lassen.[487]

cc) Schutzpflicht aus Art. 2 Abs. 2 S. 1 GG

Um dies zu konkretisieren, soll anhand einiger Entscheidungen die Rechtsprechung des Bundesverfassungsgerichts zu staatlichen Schutzpflichten und Leistungsansprüchen des Einzelnen aus Art. 2 Abs. 2 S. 1 GG erläutert werden:

In seiner Rechtsprechung zum Schwangerschaftsabbruch hat das Bundesverfassungsgericht in Hinblick auf die staatliche Schutzpflicht für das ungeborene Leben konstatiert, dass dieser nicht bereits dadurch genügt werde, wenn überhaupt Schutzvorkehrungen irgendeiner Art getroffen würden.[488] Gleichwohl sei es Sache und Aufgabe des Gesetzgebers, Art und Umfang des Schutzes im Einzelnen zu bestimmen.[489] Im Ergebnis gab das Bundesverfassungsgericht vor, der Gesetzgeber müsse das Schutzkonzept so ausgestalten, dass es geeignet sei, den gebotenen Schutz zu entfalten, und nicht in eine wenn auch nur zeitlich begrenzte Freigabe des Schwangerschaftsabbruchs übergehe oder als solche wirke.[490] Es

---

485 *Epping* spricht in diesem Zusammenhang vom Erfordernis einer „evidenten Verfehlung", Epping, Grundrechte. S. 62.

486 Beschluss des BVerfG vom 29.10.1987 (Lagerung chemischer Waffen) – Az.: 2 BvR 624/83 u.a. – NJW 1988, 1651, dort Leitsatz 2.3.

487 Beschluss des BVerfG vom 06.12.2005 (Alternativmedizin) – Az.: 1 BvR 347/98 – NJW 2006, 891; Murswiek in Sachs, Art. 2 Rn. 225.

488 Urteil des BVerfG vom 28.05.1993 (Schwangerschaftsabbruch II) – Az.: 2 BvF 2/90 u.a. – NJW 1993, 1751.

489 Urteil des BVerfG vom 28.05.1993 (Schwangerschaftsabbruch II) – Az.: 2 BvF 2/90 u.a. – NJW 1993, 1751.

490 Urteil des BVerfG vom 28.05.1993 (Schwangerschaftsabbruch II) – Az.: 2 BvF 2/90 u.a. – NJW 1993, 1751.

wird jedoch vom Gericht betont, dass die konkrete Ausgestaltung des Schutzkonzeptes der Gestaltung des Gesetzgebers unterliege. Die Verfassung gebe den Schutz als Ziel vor, nicht aber die Ausgestaltung im Einzelnen.[491]

In verschiedenen Entscheidungen zu Leistungsansprüchen bzw. Erstattungsfragen in der gesetzlichen Krankenversicherung hat das Bundesverfassungsgericht immer wieder herausgestellt, dass durch Art. 2 Abs. 2 S. 2 GG auch in Verbindung mit dem Sozialstaatsprinzip dem Einzelnen kein subjektiver Anspruch auf Gewährung konkreter Leistungen durch die gesetzliche Krankenversicherung bzw. auf Inanspruchnahme bestimmter Behandlungsmaßnahmen eingeräumt werde.[492] Dies wurde so entschieden sowohl für die Erstattung eines nicht zugelassenen Arzneimittels[493] als auch für die Inanspruchnahme einer Behandlung durch den Heilpraktiker als nicht zugelassener Leistungserbringer im System des SGB V.[494] In beiden Fällen verneinte das Gericht einen verfassungsrechtlichen Anspruch des Einzelnen und verwies darauf, dass die Ausgestaltung durch den Gesetzgeber im SGB V auch unter Berücksichtigung wirtschaftlicher Gesichtspunkte von Verfassungs wegen nicht zu beanstanden sei.

Besonderes Augenmerk in diesem Zusammenhang verdient der so genannte „Nikolaus-Beschluss" des Bundesverfassungsgerichts vom 06.12.2005[495], da dort im Ergebnis unter bestimmten Voraussetzungen eine Lücke im Leistungskatalog der gesetzlichen Krankenversicherung als nicht mit der Schutzpflicht des Staates aus Art. 2 Abs. 2 S. 1 GG vereinbar erachtet wurde. Dies nimmt das Gericht jedoch unter den engen Voraussetzungen und für den schwerwiegenden Ausnahmefall an, dass es um eine lebensbedrohliche oder regelmäßig tödliche Erkrankung geht, keine andere Therapie zur Verfügung steht und es für die Behandlung ernsthafte Hinweise auf einen nicht ganz entfernt liegenden Erfolg der Heilung oder auch nur auf eine spürbare positive Einwirkung auf den Krankheitsverlauf im konkreten Einzelfall gibt.[496]

---

491 Urteil des BVerfG vom 28.05.1993 (Schwangerschaftsabbruch II) – Az.: 2 BvF 2/90 u.a. – NJW 1993, 1751.

492 Beschluss des BVerfG vom 05.03.1997 – Az.: 1 BvR 1071/95 – NJW 1997, 3085; Beschluss des BVerfG vom 15.12.1997 – Az.: 1 BvR 1953/97 – NJW 1998, 1775; Beschluss des BVerfG vom 06.12.2005 – Az.: 1 BvR 347/98 – NJW 2006, 891.

493 Beschluss des BVerfG vom 05.03.1997 – Az.: 1 BvR 1071/95 – NJW 1997, 3085.

494 Beschluss des BVerfG vom 15.12.1997 – Az.: 1 BvR 1953/97 – NJW 1998, 1775.

495 Beschluss des BVerfG vom 06.12.2005 – Az.: 1 BvR 347/98 – NJW 2006, 891.

496 Beschluss des BVerfG vom 06.12.2005 – Az.: 1 BvR 347/98 – NJW 2006, 891.

Auch im Nikolaus-Beschluss wird betont, dass es keinen verfassungsrechtlichen Anspruch auf bestimmte Leistungen der Krankenbehandlung gebe.[497] Ferner stellt das Gericht klar, dass es verfassungsrechtlich nicht zu beanstanden sei, dass die gesetzliche Krankenversicherung dem Versicherten Leistungen nach dem allgemeinen Leistungskatalog nur unter Beachtung des Wirtschaftlichkeitsgebots zur Verfügung stelle und dass neue Untersuchungs- und Behandlungsmethoden erst auf ihren diagnostischen und therapeutischen Nutzen sowie ihre medizinische Notwendigkeit sachverständig geprüft würden, bevor diese in den Leistungskatalog der gesetzlichen Krankenversicherung aufgenommen werden.[498] Es wird klargestellt, dass die gesetzlichen Krankenkassen nicht von Verfassungs wegen gehalten seien, alles zu leisten, was an Mitteln zur Erhaltung oder Wiederherstellung der Gesundheit verfügbar ist.[499]

Angesichts der erörterten Rechtsprechung des Bundesverfassungsgerichts ist im Ergebnis davon auszugehen, dass die Subsidiaritätsregelung des § 8 Abs. 1 S. 1 Nr. 3 TPG keinen Verstoß gegen staatliche Schutzpflichten aus Art. 2 Abs. 2 S. 1 GG darstellt.

Zwar geht es z.B. bei der hochgradigen Niereninsuffizienz als Indikation für eine Nierentransplantation um eine im Falle ausbleibender Behandlung lebensbedrohliche bzw. regelmäßig tödlich verlaufende Erkrankung, wie vom Bundesverfassungsgericht im Nikolaus-Beschluss gefordert. Allerdings stellt sich die Situation im Vorfeld einer geplanten Lebendnierenspende nicht so dar, dass keine Behandlungsalternative zur Verfügung steht. Das Bundesverfassungsgericht weist im Beschluss betreffend die Beschränkung des Personenkreises bei der Lebendspende gem. § 8 Abs. 1 S. 2 TPG zutreffend darauf hin, dass auch wenn die Lebendorganspende gegenüber der Leichenspende für den Empfänger medizinisch vorzugswürdig sein mag, es „immerhin möglich ist, ein postmortal entnommenes Organ zu transplantieren und dadurch eine wirkungsvolle Maßnahme der Lebenserhaltung und Gesundheitsförderung vorzunehmen"[500].

Diese Argumentation kritisiert *Seidenath* und bringt vor, das Bundesverfassungsgericht verkenne den bestehenden Organmangel und die damit verbundene lange Wartezeit auf ein postmortal gespendetes Organ, weshalb eine Leichenspende keine gleichwertige Alternative zur Lebendorganspende und

---

497 Beschluss des BVerfG vom 06.12.2005 – Az.: 1 BvR 347/98 – NJW 2006, 891.
498 Beschluss des BVerfG vom 06.12.2005 – Az.: 1 BvR 347/98 – NJW 2006, 891.
499 Beschluss des BVerfG vom 06.12.2005 – Az.: 1 BvR 347/98 – NJW 2006, 891.
500 Beschluss des BVerfG vom 11.08.1999 – Az.: 1 BvR 2181/98 u.a. – NJW 1999, 3399.

ein effektiver Gesundheitsschutz so nicht zu erreichen sei.[501] Der Kritik von *Seidenath* ist jedoch nicht zu folgen.

Im Gegensatz zu dem vom Bundesverfassungsgericht im Nikolaus-Beschluss entschiedenen Fall, wo es gar keine Behandlungsalternative gab, besteht im Falle einer beabsichtigen Lebendorganspende mit der Organtransplantation im Wege der Leichenspende eine Alternative. Angesichts des weiten Beurteilungsspielraums des Gesetzgebers kommt es im Rahmen der verfassungsrechtlichen Prüfung von staatlichen Schutzpflichten aus Art. 2 Abs. 2 S. 1 GG nicht darauf an, ob eine gleichwertige Alternative zur Verfügung steht, sondern ob überhaupt eine Behandlungsalternative für die Betroffenen existiert. Diese muss nicht die bestmögliche Variante im Sinne eines effektiven Gesundheitsschutzes sein. Insoweit die Ausführungen des Bundesverfassungsgerichts ergänzend, ist als weitere Behandlungsvariante im Falle der Niereninsuffizienz sogar noch die Dialyse hinzuzufügen.

Eine Gewichtung zwischen den einzelnen Behandlungsvarianten vorzunehmen und die gesetzlichen Voraussetzungen der Inanspruchnahme im Einzelnen zu regeln, ist Sache des Gesetzgebers. Hier kommt ihm ein Beurteilungsspielraum zu. Die konkrete Ausgestaltung der staatlichen Schutzvorkehrungen für die Gesundheit des Organempfängers ist nicht durch die Verfassung vorgegeben.

Ein aus Art. 2 Abs. 2 S. 1 GG resultierender originärer Leistungsanspruch des Einzelnen auf bestmögliche oder auch nur ausreichende medizinische Versorgung besteht nicht.[502] Korrespondierend dazu lässt sich für den Bereich der Transplantationsmedizin aus der schutzrechtlichen Dimension des Art. 2 Abs. 2 S. 1 GG kein Recht auf Transplantate entnehmen.[503] Erst recht nicht besteht dann ein Recht auf ein lebend gespendetes Transplantat, vorgezogen einem postmortal entnommenen Transplantat.

Verfassungsrechtliche Vorgaben hinsichtlich des Schutzes der Gesundheit ergeben sich aus dem Untermaßverbot, d.h. der Gesetzgeber muss bestimmte Mindestvorkehrungen zum Schutz kranker Menschen, der potentiellen Organempfänger treffen. Wie weit dies in concreto reicht, dazu erscheinen verschiedene Ansätze vertretbar:

---

501 Seidenath, MedR 2000, 28 (34).

502 So auch die Rechtsprechung des Bundessozialgerichts, vgl. Beschluss des BSG vom 15.06.2005 – Az.: B 1 KR 111/04 B; Urteil des BSG vom 19.10.2004 – Az.: B 1 KR 3/03 R – SozR 4-2500 § 27 Nr 3; Urteil des BSG vom 19.10.2004 – Az.: B 1 KR 9/04 R; ebenso Murswiek in Sachs, Art. 2 Rn. 225.

503 Esser, Verfassungsrechtliche Aspekte der Lebendspende von Organen zu Transplantationszwecken, S. 40.

Die Ausführungen des Bundesverfassungsgerichts im Beschluss aus dem Jahre 1999 betreffend die Beschränkung des Personenkreises bei der Lebendspende gem. § 8 Abs. 1 S. 2 TPG[504] legen den Schluss nahe, dass das Bundesverfassungsgericht die Bereitstellung postmortal gespendeter Organe zwecks Transplantation bzw. die Einräumung dieser Möglichkeit als hinreichend erachtet, um den Mindestanforderungen an Schutzpflichten von staatlicher Seite zu genügen.

Noch weiter geht *Esser*, der es im Falle der Nierentransplantationsmedizin als genügend ansieht, wenn Dialysezentren bereitgestellt werden.[505] *Esser* begründet dies damit, dass die staatliche Gewalt unter dem Gesichtspunkt des Schutzpflichtenauftrages aus Art. 2 Abs. 2 S. 1 GG lediglich verpflichtet sei, „irgendwelche Maßnahmen zu ergreifen, die auf die Versorgung kranker Menschen gerichtet sind"[506].

Ob die Auffassung von *Esser* haltbar ist, erscheint zweifelhaft angesichts der Tatsache, dass das Bundesverfassungsgericht ausdrücklich formuliert: „Der Schutzpflicht ist andererseits nicht dadurch genügt, dass überhaupt Schutzvorkehrungen irgendeiner Art getroffen worden sind."[507] Danach dürften irgendwelche Schutzmaßnahmen nicht hinreichend sein. Es wäre wohl zu kurz gegriffen und zu restriktiv, würde der Staat für Patienten mit – auch hochgradiger – Niereninsuffizienz lediglich Dialyseplätze bereit stellen und Nierentransplantationen gänzlich verbieten.

Letztlich bedarf diese Frage allerdings im vorliegenden Kontext keiner Entscheidung. Ob dem staatlichen Schutzpflichtenauftrag aus Art. 2 Abs. 2 S. 1 GG im Sinne des Untermaßverbotes Genüge getan wird durch die Möglichkeit der postmortalen Organspende oder schon durch das Bereitstellen von Dialysezentren, kann dahinstehen, da die Möglichkeit der postmortalen Organspende gegeben ist. Auf medizinische Erfolgsaussichten im Vergleich zur Lebendspende und Wartezeiten kommt es in diesem Zusammenhang nicht an.

Zudem ist deutlich hervorzuheben, dass durch die Subsidiaritätsvorschrift des § 8 Abs. 1 S. 1 Nr. 3 TPG noch nicht einmal die Möglichkeit der Lebendspende allumfassend ausgeschlossen wird. Es wird lediglich der Vorrang der Leichen- vor der Lebendspende normiert und eine Lebendspende für den Fall als unzulässig

---

504 Beschluss des BVerfG vom 11.08.1999 – Az.: 1 BvR 2181/98 u.a. – NJW 1999, 3399.
505 Esser, Verfassungsrechtliche Aspekte der Lebendspende von Organen zu Transplantationszwecken, S. 39.
506 Esser, Verfassungsrechtliche Aspekte der Lebendspende von Organen zu Transplantationszwecken, S. 39.
507 Urteil des BVerfG vom 28.05.1993 (Schwangerschaftsabbruch II) – Az.: 2 BvF 2/90 u.a. – NJW 1993, 1751, zitiert nach *juris* Rn. 165.

erklärt, dass ein geeignetes Organ eines toten Spenders zur Verfügung steht. Die praktische Wirkung des § 8 Abs. 1 S. 1 Nr. 3 TPG ist eher gering, die Anzahl der Fälle, in denen diese Vorschrift tatsächlich zu einem Ausschluss der Lebendspende führt, überschaubar.[508]

Resümierend ist festzuhalten, dass trotz und unabhängig von der Bestimmung des § 8 Abs. 1 S. 1 Nr. 3 TPG die medizinischen Möglichkeiten der Dialyse sowie der Transplantation postmortal gespendeter Organe bestehen, auch wenn bei letztgenannter eine lange Wartezeit besteht. Die Lebendspende wird durch § 8 Abs. 1 S. 1 Nr. 3 TPG in der Rechtspraxis nur in seltenen Fällen beschränkt, wobei dies maßgeblich im Interesse der Gesundheit potentieller Lebendorganspender geschieht. In einer solchen Konstellation ist nicht von einem verfassungsrechtlich relevanten Verstoß des Gesetzgebers gegen den Schutzpflichtenauftrag gegenüber kranken Menschen, den potentiellen Organempfängern auszugehen.

Würde man sich auf den Standpunkt stellen, die Subsidiaritätsregelung des § 8 Abs. 1 S. 1 Nr. 3 TPG verstoße gegen staatliche Schutzpflichten aus Art. 2 Abs. 2 S. 1 GG, so würde dies der dem Gesetzgeber verfassungsrechtlich zustehenden Einschätzungsprärogative zuwider laufen.

dd) Art. 2 Abs. 2 S. 1 GG als Eingriffsverbot

Der vorstehend vom Verfasser dargelegten Argumentation könnte man entgegenhalten, dass auf Basis staatlicher Schutzpflichten bzw. eines Leistungsanspruches des Einzelnen argumentiert wurde, obwohl es sich bei § 8 Abs. 1 S. 1 Nr. 3 TPG um eine Verbotsnorm, also um einen grundrechtseinschränkenden Eingriff von staatlicher Seite handelt, so dass es eigentlich nicht um das Bestehen eines originären Leistungsanspruches geht, sondern um ein Mehr an beschränkendem staatlichen Einwirken. Dabei würde es sich um einen grundrechtsdogmatischen Einwand handeln.

Darauf wäre jedoch aus Sicht des Verfassers wie folgt zu erwidern: Aus der Perspektive des Betroffenen unterscheidet sich die Situation, auf die sich der Nikolaus-Beschluss des Bundesverfassungsgerichts bezog, hinsichtlich der faktischen Wirkung nicht gänzlich von der Einschränkung der Zulässigkeit der Lebendorganspende durch § 8 Abs. 1 S. 1 Nr. 3 TPG. Auch wenn es im einen Fall um einen Leistungsanspruch bzw. die Frage der Erstattung einer bestimmten Therapiemaßnahme durch die gesetzliche Krankenversicherung und im anderen Fall um ein Verbot einer Therapiemaßnahme unter bestimmten Voraussetzungen geht, ist die Konsequenz für den Betroffenen – insoweit es bei der Erstattung

---

508 Vgl. dazu Punkt E.

seitens der Krankenversicherung um eine Behandlungsmaßnahme geht, die vom Patienten aus eigenen Mitteln nicht finanzierbar wäre, was bei neuen Behandlungsmethoden im Zusammenhang mit lebensbedrohlichen Erkrankungen in der Regel der Fall sein wird – die gleiche, nämlich dass im Ergebnis die gewünschte Therapiemaßnahme nicht stattfindet. Insofern ist es nicht fern liegend, die vom Bundesverfassungsgericht im Nikolaus-Beschluss aufgestellten Rechtssätze auch zumindest sinngemäß für die verfassungsrechtliche Beurteilung des § 8 Abs. 1 S. 1 Nr. 3 TPG heranzuziehen.

Unabhängig davon rechtfertigen es nach Auffassung des Verfassers die vorstehend im Kontext der Schutzpflichten aus Art. 2 Abs. 2 S. 1 GG erörterten Gesichtspunkte, im Rahmen der verfassungsrechtlichen Prüfung der Verhältnismäßigkeit des § 8 Abs. 1 S. 1 Nr. 3 TPG die Angemessenheit zu bejahen, auch wenn der Charakter des § 8 Abs. 1 S. 1 Nr. 3 TPG als Verbotsnorm in Rechnung gestellt wird. Dies kann wie folgt begründet werden:

Neben der Lebendorganspende bestehen noch die Behandlungsmöglichkeiten der Transplantation eines postmortal gespendeten Organs sowie im Falle der Nierentransplantationsmedizin zudem noch der Dialyse. Auch wenn die Übertragung eines lebend gespendeten Organs gegenüber diesen Behandlungsalternativen medizinisch vorzugswürdig, in manchen Fällen sogar einzig für den Patienten weiterführend sein mag, ist dennoch die Situation des Patienten nicht gänzlich alternativlos.

Es ist festzuhalten, dass durch die Subsidiaritätsregelung des § 8 Abs. 1 S. 1 Nr. 3 TPG nicht die Lebendorganspende schlechthin verboten, sondern lediglich der postmortalen Organspende der Vorrang gegenüber der Lebendspende eingeräumt wird. Im Zuge dessen wird die Lebendorganspende nur für die eng umgrenzte Fallkonstellation verboten, dass ein geeignetes Organ eines toten Spenders zur Verfügung steht.

Dies dient dem Schutz des potentiellen Organspenders, was auch das Bundesverfassungsgericht im Beschluss aus dem Jahre 1999 betreffend die Beschränkung des Personenkreises gem. § 8 Abs. 1 S. 2 TPG herausgestellt hat.[509] Weiter hat das Bundesverfassungsgericht zutreffend darauf hingewiesen, dass auch wenn selbstgefährdendes Verhalten des Lebendspenders Ausübung grundrechtlicher Freiheit ist, es genauso als legitimes Gemeinwohlanliegen und damit vom Gesetzgeber zu berücksichtigender Gesichtspunkt betrachtet werden muss,

---

509 Beschluss des BVerfG vom 11.08.1999 – Az.: 1 BvR 2181/98 u.a. – NJW 1999, 3399.

Menschen davor zu bewahren, sich einen körperlichen Schaden zuzufügen bzw. zufügen zu lassen.[510]

Letztlich kann die Angemessenheit im Rahmen der Prüfung der verfassungsrechtlichen Zulässigkeit des § 8 Abs. 1 S. 1 Nr. 3 TPG deshalb nicht verneint werden, weil die Einschätzungsprärogative und der Gestaltungsspielraum des Gesetzgebers beachtet werden müssen. Dies gilt auch, wenn man den Charakter des § 8 Abs. 1 S. 1 Nr. 3 TPG als strafrechtliche Verbotsnorm und Eingriff von staatlicher Seite berücksichtigt und das Recht des potentiellen Organempfängers auf Leben und körperliche Unversehrtheit gem. Art. 2 Abs. 2 S. 1 GG als Abwehrrecht und Eingriffsverbot betrachtet. Für die insofern gleiche Konstellation bei § 8 Abs. 1 S. 2 TPG hat das Bundesverfassungsgericht im Beschluss aus dem Jahre 1999 zutreffend die Bedeutung des gesetzgeberischen Beurteilungsspielraums für die Bewertung der verfassungsrechtlichen Zulässigkeit herausgestellt.[511]

Angesichts der Tatsache, dass der Gesundheitsschutz potentieller Organspender Zweck der gesetzlichen Regelung ist, und insbesondere unter Berücksichtigung des dem Gesetzgeber zustehenden Beurteilungs- und Gestaltungsspielraums verstößt die Subsidiaritätsregelung des § 8 Abs. 1 S. 1 Nr. 3 TPG im Ergebnis nicht gegen das Recht des potentiellen Organempfängers aus Art. 2 Abs. 2 S. 1 GG.

2. Art. 4 Abs. 1 und 2 GG

Wenn ein potentieller Organempfänger ernsthafte, religiös oder weltanschaulich motivierte Vorbehalte hat, sich das Organ eines Toten implantieren zu lassen, kann die Subsidiaritätsregelung des § 8 Abs. 1 S. 1 Nr. 3 TPG als Beschränkung der rechtlichen Zulässigkeit einer Lebendorganspende auch einen Eingriff in die Glaubensfreiheit des potentiellen Organempfängers aus Art. 4 Abs. 1 und 2 GG darstellen.

Der einheitliche Schutzbereich des Art. 4 Abs. 1 und 2 GG erstreckt sich nicht nur auf das forum internum des Denkens, also der inneren Überzeugungen, sondern auch auf das forum externum, wobei eine extensive Auslegung geboten ist.[512] Nach dem Bundesverfassungsgericht umfasst dies das Recht des Einzelnen,

---

510   Beschluss des BVerfG vom 11.08.1999 – Az.: 1 BvR 2181/98 u.a. – NJW 1999, 3399.

511   Das Bundesverfassungsgericht formuliert dort: „Die darin liegende Einschätzung des Gesetzgebers ist in Ansehung seines weiten Beurteilungsspielraumes von Verfassungs wegen nicht zu beanstanden.", Beschluss des BVerfG vom 11.08.1999 – Az.: 1 BvR 2181/98 u.a. – NJW 1999, 3399.

512   Schmidt, Grundrechte, S. 160; Pieroth/Schlink, Grundrechte, S. 139 ff.

„sein gesamtes Verhalten an den Lehren seines Glaubens auszurichten und seiner inneren Glaubensüberzeugung gemäß zu handeln"[513]. Hierunter kann auch die Verweigerung der Implantation eines Organs von einem Toten fallen, soweit diese durch eine Religion oder Weltanschauung bedingt ist.

Auch wenn – z.B. nach dem christlichen Glauben – keine grundsätzlichen Einwände nach den Lehren des Glaubens gegen eine postmortale Organspende bestehen, ist es ferner möglich, dass es ein Einzelner aus persönlichen, moralisch fundierten Gründen die Leichenspende nicht mit seinem Gewissen vereinbaren kann, was den Schutzbereich der Gewissensfreiheit tangieren würde.[514] Somit ist der Schutzbereich des Art. 4 Abs. 1 und 2 GG eröffnet und ein Eingriff in diesen durch § 8 Abs. 1 S. 1 Nr. 3 TPG zu konstatieren.

Obgleich Art. 4 GG ein vorbehaltloses Grundrecht ist, kann ein Eingriff durch kollidierende Grundrechte oder andere Verfassungsgüter verfassungsrechtlich gerechtfertigt sein.[515] Die Beschränkung der Lebendspende durch § 8 Abs. 1 S. 1 Nr. 3 TPG erfolgte durch den Gesetzgeber insbesondere im Interesse der Gesundheit der potentiellen Lebendspender, grundrechtlich verankert im Recht auf körperliche Unversehrtheit gem. Art. 2 Abs. 2 S. 1 GG. Mithin erfolgt der Eingriff in Art. 4 Abs. 1 und 2 GG aufgrund kollidierenden Verfassungsrechts.

Im Rahmen der nach dem Prinzip der praktischen Konkordanz vorzunehmenden Abwägung zwischen den verschiedenen Grundrechtspositionen kann für die Verhältnismäßigkeit nichts anderes gelten als bei der Prüfung des Eingriffs in Art. 2 Abs. 2 S. 1 GG. Auf das dort Erörterte kann verwiesen und Bezug genommen werden.[516] Im Ergebnis ist insbesondere angesichts des auf der anderen Seite in die Waagschale zu werfenden Gesundheitsinteresses potentieller Lebendspender und unter Berücksichtigung des dem Gesetzgeber zustehenden Beurteilungsspielraums von der Angemessenheit der Subsidiaritätsregelung auch in Bezug auf Art. 4 Abs. 1 und 2 GG auszugehen. Insofern verstößt § 8 Abs. 1 S. 1 Nr. 3 TPG nicht gegen das Recht des potentiellen Organempfängers aus Art. 4 Abs. 1 und 2 GG.

---

513 Urteil des BVerfG vom 19.10.1971 (Gesundbeter) – Az.: 1 BvR 387/65 – NJW 1972, 327.
514 So auch Pfeiffer, Die Regelung der Lebendorganspende im Transplantationsgesetz, S. 55.
515 Grundlegend dazu Urteil des BVerfG vom 26.05.1970 (Kriegsdienstverweigerung) – Az.: 1 BvR 83/69 u.a. – NJW 1960, 1729.
516 Vgl. eben Punkt H.I.1.b).

II. Interessen des Spenders

1. Selbstbestimmungsrecht

Ferner sind die verfassungsrechtlich geschützten Interessen des potentiellen Lebendorganspenders zu betrachten, der die Entscheidung getroffen hat, durch die Organspende einem anderen Menschen helfen zu wollen, dem dies allerdings durch die Subsidiaritätsregelung des § 8 Abs. 1 S. 1 Nr. 3 TPG verwehrt wird. Hier geht es um die Verfügungsbefugnis über den eigenen Körper.

Unter welches Grundrecht diese zu fassen ist, dazu werden unterschiedliche Auffassungen vertreten. Diskutiert werden das Recht auf körperliche Unversehrtheit gem. Art. 2 Abs. 2 S. 1 GG, das Selbstbestimmungsrecht als Bestandteil des allgemeinen Persönlichkeitsrechts gem. Art. 2 Abs. 1 i.V.m. Art. 1 Abs. 1 GG sowie die allgemeine Handlungsfreiheit gem. Art. 2 Abs. 1 GG.[517] Gegen Art. 2 Abs. 2 S. 1 GG spricht, dass dessen Wortlaut von einem „Recht *auf* körperliche Unversehrtheit" und nicht von einem „Recht *über* körperliche Unversehrtheit" ausgeht.[518] Vorzugswürdig erscheint das Selbstbestimmungsrecht als Bestandteil des allgemeinen Persönlichkeitsrechts, da es bei diesem um die Selbstbestimmung über den eigenen Körper als höchstpersönliches Rechtsgut geht und dies thematisch am ehesten zum vom Bundesverfassungsgericht aus Art. 2 Abs. 1 i.V.m. Art. 1 Abs. 1 GG entwickelten allgemeinen Persönlichkeitsrecht und darin enthaltenen Recht auf Selbstbestimmung hinsichtlich der eigenen Identität passen dürfte. Gleichwohl hat das Bundesverfassungsgericht im Beschluss aus 1990 betreffend die Einschränkung des Personenkreises nach § 8 Abs. 1 S. 2 TPG als tangiertes Grundrecht des Spenders die allgemeine Handlungsfreiheit aus Art. 2 Abs. 1 GG geprüft.[519]

Letztlich kann es dahinstehen, welches der genannten Grundrechte einschlägig ist, da jedenfalls von einem grundrechtsrelevanten Eingriff auszugehen ist und die Maßstäbe der verfassungsrechtlichen Rechtfertigung hinsichtlich sämtlicher genannter Grundrechte gleich sind, da jeweils ein einfacher Gesetzesvorbehalt besteht. Für Art. 2 Abs. 2 S. 1 GG ist dies in Art. 2 Abs. 2 S. 3 GG ausdrücklich normiert. Für die allgemeine Handlungsfreiheit und das allgemeine Persönlichkeitsrecht gilt zurückgehend auf das Elfes-Urteil des Bundesverfassungsgerichts[520],

---

517 Zum Meinungsstand vgl. die ausführliche Darstellung bei Wille, Die Organknappheit im Spannungsverhältnis zwischen Sozialpflicht und Selbstbestimmung, S. 168 ff.

518 Wille, Die Organknappheit im Spannungsverhältnis zwischen Sozialpflicht und Selbstbestimmung, S. 170.

519 Beschluss des BVerfG vom 11.08.1999 – Az.: 1 BvR 2181/98 u.a. – NJW 1999, 3399.

520 Urteil des BVerfG vom 16.01.1957 (Elfes) – Az.: 1 BvR 253/56.

dass der Begriff der „verfassungsmäßigen Ordnung" in Art. 2 Abs. 1 GG die Gesamtheit aller Normen umfasst, die formell und materiell mit der Verfassung in Einklang stehen, also ebenfalls von einem einfachen Gesetzesvorbehalt auszugehen ist.

Diesem Gesetzesvorbehalt genügt § 8 Abs. 1 S. 1 Nr. 3 TPG. Auch in Hinblick auf das Selbstbestimmungsrecht des Spenders bzw. dessen Verfügungsbefugnis über den eigenen Körper ist von der Verhältnismäßigkeit des § 8 Abs. 1 S. 1 Nr. 3 TPG als Eingriffsnorm auszugehen.

Hier besteht die besondere Konstellation in der verfassungsrechtlichen Prüfung, dass weil § 8 Abs. 1 S. 1 Nr. 3 TPG nach der Intention des Gesetzgebers insbesondere den Schutz der Gesundheit des Spenders bezweckt und im Zuge dessen gerade in die grundrechtlich geschützten Interessen des Spenders eingegriffen wird, somit die Zulässigkeit eines Schutzes „für und gegen"[521] den potentiellen Spender zu untersuchen ist. Hinsichtlich der Problematik des Paternalismus soll auf die obigen Ausführungen[522] verwiesen werden.

Bezüglich der verfassungsrechtlichen Prüfung kann nichts anderes als das zu dem Recht des potentiellen Organempfängers aus Art. 2 Abs. 2 S. 1 GG Erörterte gelten. Insbesondere in Anbetracht der dem Gesetzgeber zuzubilligenden Einschätzungsprärogative kann die Angemessenheit des § 8 Abs. 1 S. 1 Nr. 3 TPG in Hinblick auf das grundrechtlich geschützte Selbstbestimmungsrecht des potentiellen Lebendspenders bzw. die Verfügungsbefugnis über den eigenen Körper nicht verneint werden. Somit ist auch diesbezüglich die Regelung des § 8 Abs. 1 S. 1 Nr. 3 TPG von Verfassungs wegen nicht zu beanstanden.

2. Art. 1 Abs. 1 GG

Bock spricht bei der Prüfung der verfassungsrechtlichen Zulässigkeit der einschränkenden gesetzlichen Regelungen zur Lebendorganspende noch die Menschenwürdegarantie aus Art. 1 Abs. 1 GG an, wobei nicht ganz klar wird, ob der Schutzbereich der Menschenwürdegarantie letztlich als eröffnet und ein Eingriff hierein als gegeben erachtet wird oder nicht.[523] Im Ergebnis geht *Bock* davon aus, dass aus Art. 1 Abs. 1 GG die Verpflichtung für den Staat folge, durch Schaffung gesetzlicher Normen sicherzustellen, dass ein Arzt nicht ohne Einverständnis

---

521 Diese Formulierung zurückgehend auf Merkel in Hegselmann, Zur Debatte über Euthanasie, S. 71 (83); Schroth, JZ 1997, 1149 (1153).

522 Siehe Punkt G.

523 Bock, Rechtliche Voraussetzungen der Organentnahme von Lebenden und Verstorbenen, S. 91 f.

oder gegen den Willen des Betroffenen Explantationen vornehmen kann.[524] Zudem mahnt *Bock* an, die Achtung der Personenwürde und der Subjektivität des Menschen als Substrate aus Art. 1 Abs. 1 GG müssten bei gesetzlichen Regelungen zur Lebendspende vordergründig berücksichtigt werden.[525]

Dazu ist zweierlei zu sagen: Eine Situation, in der ohne Einverständnis oder gegen den Willen des Spenders Organe entnommen werden, ist nicht Gegenstand des Regelungszwecks und des Anwendungsbereiches der Subsidiaritätsregelung des § 8 Abs. 1 S. 1 Nr. 3 TPG. Somit wäre wohl auch *Bock* folgend bei der verfassungsrechtlichen Beurteilung des § 8 Abs. 1 S. 1 Nr. 3 TPG die Menschenwürdegarantie aus Art. 1 Abs. 1 GG nicht als tangiert anzusehen.

Überhaupt wäre es fern liegend, in der Subsidiaritätsvorschrift des § 8 Abs. 1 S. 1 Nr. 3 TPG einen Eingriff in Art. 1 Abs. 1 GG zu sehen. Bei der Annahme von Verstößen gegen die Menschenwürde ist Zurückhaltung geboten.[526] Dies folgt zum einen daraus, dass ansonsten bei vorschneller Ableitung verfassungsrechtlicher Ansprüche oder Garantien aus Art. 1 Abs. 1 GG die Menschenwürdegarantie banalisiert und sie ihre Sonderstellung im Grundgesetz verlieren würde.[527] Zum anderen ist zu berücksichtigen, dass die Menschenwürde schrankenlos gewährleistet ist, ein Eingriff in Art. 1 Abs. 1 GG also auch durch kollidierendes Verfassungsrecht nicht zu rechtfertigen und immer verfassungswidrig ist.[528]

Zur Definition des Schutzbereiches des Art. 1 Abs. 1 GG wird vor allem in der Literatur häufig auf die so genannte Objektformel zurückgegriffen, wonach die Menschenwürde dann verletzt ist, wenn der Mensch zum bloßen Objekt staatlichen Handelns gemacht wird, also seine Subjektqualität missachtet wird.[529] Das Bundesverfassungsgericht hat zwar im Abhörurteil[530] die Objektformel kritisiert,

---

524   Bock, Rechtliche Voraussetzungen der Organentnahme von Lebenden und Verstorbenen, S. 91.

525   Bock, Rechtliche Voraussetzungen der Organentnahme von Lebenden und Verstorbenen, S. 91 f.

526   Vgl. zuletzt u.a. Beschluss des BVerfG vom 11.03.2003 – Az.: 1 BvR 426/02 – NJW 2003, 1303. Dort formuliert das Bundesverfassungsgericht, es bedürfe „die Annahme, dass der Gebrauch eines Grundrechts die unantastbare Menschenwürde verletzt, stets einer sorgfältigen Begründung".

527   Epping, Grundrechte, S. 298.

528   Herrschende Meinung, vgl. nur Beschluss des BVerfG vom 10.10.1995 („Soldaten sind Mörder") – Az.: 1 BvR 1476/91 u.a. – NJW 1995, 3303; Pieroth/Schlink, Grundrechte, S. 93; Epping, Grundrechte, S. 300.

529   Kunig in von Münch/Kunig, Art. 1 Rn. 22 mit weiteren Nachweisen.

530   Urteil des BVerfG vom 15.12.1970 (Abhörurteil) – Az.: 2 BvF 1/69 u.a. – NJW 1971, 275.

gleichwohl in nachfolgenden Urteilen[531] die Objektformel als maßgeblichen Ansatzpunkt herangezogen.

Es würde deutlich zu weit gehen, würde man propagieren, dass durch die Subsidiaritätsregelung des § 8 Abs. 1 S. 1 Nr. 3 TPG dem potentiellen Lebendspender seine Subjektqualität genommen und dieser zum Objekt staatlichen Handelns gemacht würde. Die Lebendorganspende wird durch § 8 Abs. 1 S. 1 Nr. 3 TPG nicht grundsätzlich verboten, sondern nur für eine bestimmte Situation als unzulässig erklärt, in der dem Empfänger durch ein postmortal gespendetes Organ geholfen werden kann. Zudem erfolgt dies zum Schutz des Spenders selbst. Vor diesem Hintergrund kann nicht davon ausgegangen werden, dass durch § 8 Abs. 1 S. 1 Nr. 3 TPG der potentielle Lebendorganspender zum bloßen Objekt staatlichen Handelns gemacht wird.

Zudem ist darauf hinzuweisen, dass die Menschenwürdegarantie bereits bei der Prüfung des allgemeinen Persönlichkeitsrechts Berücksichtigung findet. Letzteres wird aus Art. 2 Abs. 1 i.V.m. Art. 1 Abs. 1 GG hergeleitet, ist gleichsam Ausfluss der Menschenwürdegarantie des Art. 1 Abs. 1 GG. Wie oben erörtert[532], verletzt die Subsidiaritätsregelung des § 8 Abs. 1 S. 1 Nr. 3 TPG das allgemeine Persönlichkeitsrecht nicht.

Resümierend ist zu konstatieren, dass die Vorschrift des § 8 Abs. 1 S. 1 Nr. 3 TPG keinen Verstoß gegen die Menschenwürdegarantie des Art. 1 Abs. 1 GG darstellt.

III. Interessen des Arztes

1. Art. 12 Abs. 1 GG

Im Rahmen des Beschlusses betreffend die Beschränkung des Personenkreises bei der Lebendspende gem. § 8 Abs. 1 S. 2 TPG prüft das Bundesverfassungsgericht eine Verletzung der Berufsfreiheit des Transplantationschirurgen und geht von einem Eingriff in den Schutzbereich aus.[533] Dem ist auch bezüglich der Subsidiaritätsregelung des § 8 Abs. 1 S. 1 Nr. 3 TPG zu folgen, da durch diese Vorschrift den behandelnden Ärzten in einer bestimmten Sachverhaltskonstellation die Entnahme eines Organs zum Zwecke der Lebendorganspende untersagt wird.

---

531 Vgl. u.a. Urteil des BVerfG vom 21.06.1977 (lebenslange Freiheitsstrafe) – Az.: 1 BvL 14/76 – NJW 1977, 1525; Beschluss des BVerfGE vom 17.01.1979 (Ausweisung (unerlaubter Waffenbesitz)) – Az.: 1 BvR 241/77 – NJW 1979, 1100; Urteil des BVerfG vom 24.04.1986 (Strafaussetzung) – Az.: 2 BvR 1146/85 – NJW 1986, 2241.

532 Vgl. oben Punkt H.II.1.

533 Beschluss des BVerfG vom 11.08.1999 – Az.: 1 BvR 2181/98 u.a. – NJW 1999, 3399.

Dadurch wird in diesem Punkt die Berufsausübung beeinträchtigt, wobei eine objektiv berufsregelnde Tendenz angenommen werden kann. Der letztgenannte Prüfungsschritt wird vom Bundesverfassungsgericht im zitierten Beschluss nicht weiter diskutiert, obgleich man bereits an dieser Stelle Zweifel haben könnte, ob Art. 12 Abs. 1 GG überhaupt tangiert ist.

Jedenfalls ist der Eingriff aber verfassungsrechtlich gerechtfertigt. Da nicht die Berufswahl der behandelnden Ärzte eingeschränkt wird, sondern es um die Berufsausübung geht, mithin nach der Drei-Stufen-Theorie ein Eingriff auf erster Stufe vorliegt, reichen vernünftige Erwägungen des Allgemeinwohls als Gesetzeszweck aus, sofern ansonsten der Eingriff verhältnismäßig ist. Diese Voraussetzungen sind gegeben; es kann insofern auf die obigen Ausführungen zur Verhältnismäßigkeitsprüfung verwiesen werden.

Zwei Argumente sollen zusätzlich noch angeführt werden: Zum einen hat das Bundesverfassungsgericht im Beschluss betreffend die Beschränkung des Personenkreises bei der Lebendspende gem. § 8 Abs. 1 S. 2 TPG zutreffend darauf hingewiesen, dass die Beschränkung der ärztlichen Tätigkeit „nicht besonders schwer wiegt"[534]. Gleiches gilt für die Subsidiaritätsregelung des § 8 Abs. 1 S. 1 Nr. 3 TPG, die aus Sicht der mit der Lebendorganspende befassten Mediziner keine besonders tiefgreifende und nachhaltige Einschränkung der Berufsausübung bedeutet.

Zum anderen hat das Bundesverfassungsgericht im gleichen Beschluss deutlich gemacht, dass der Arzt sich in diesem Zusammenhang nicht auf eine standesethische Pflicht berufen kann, den potentiellen Empfänger eines lebend gespendeten Organs bestmöglich medizinisch versorgen zu wollen und müssen.[535] Dass ärztliche Standesethik kein Selbstzweck und keine für sich genommene Rechtfertigungsgrundlage darstellen kann, war bereits thematisiert worden.[536] Verfassungsrechtlich jedenfalls ist zu sagen, dass die Freiheit ärztlicher Berufsausübung nach – bestehenden oder vermeintlichen – standesethischen Normen dort endet, wo der Schutz von Grundrechten Dritter oder grundrechtlich geschützter Rechtsgüter beginnt. Insofern besteht vorliegend keine Sonderkonstellation, nur weil es um ärztliche Tätigkeit geht. Ein Verstoß gegen Art. 12 Abs. 1 GG ist nicht gegeben.

---

534 Beschluss des BVerfG vom 11.08.1999 – Az.: 1 BvR 2181/98 u.a. – NJW 1999, 3399.
535 Beschluss des BVerfG vom 11.08.1999 – Az.: 1 BvR 2181/98 u.a. – NJW 1999, 3399.
536 Vgl. zu der ethischen Betrachtung diesbezüglich oben C.IV.1., ferner zu diesem Gesichtspunkt später unter I.I.4.

2. Art. 4 Abs. 1 und 2 GG

Auch eine Verletzung der Glaubensfreiheit von an der geplanten Lebendorganspende beteiligten behandelnden Ärzten scheidet offensichtlich aus. Zwar ist es theoretisch vorstellbar, dass ein Arzt ernsthafte, religiös oder weltanschaulich motivierte Vorbehalte hat, das Organ eines Toten zu transplantieren oder daran mitzuwirken, so dass die Untersagung der intendierten Lebendorganspende als subsidiär gegenüber der Totenspende im konkreten Fall einen Eingriff in die Glaubensfreiheit des Arztes darstellen könnte.

Allerdings muss, wenn man überhaupt einen Eingriff in Art. 4 Abs. 1 und 2 GG als denkbar erachten sollte, dieser verfassungsrechtlich gerechtfertigt sein. Wenn ein Eingriff in die Rechte des potentiellen Organempfängers einer Lebendorganspende aus Art. 4 Abs. 1 und 2 GG im Wege praktischer Konkordanz gegenüber anderen verfassungsrechtlich relevanten Rechtsgütern, deren Schutz § 8 Abs. 1 S. 1 Nr. 3 TPG bezweckt, zurücktreten muss[537], gilt dies erst recht für die Rechte der behandelnden Ärzte aus Art. 4 Abs. 1 und 2 GG. Für den potentiellen Organempfänger ist die Beschränkung wesentlich einschneidender als für die ihre Profession verrichtenden Ärzte. Somit liegt, was die Interessen der Ärzte angeht, kein Verstoß gegen Art. 4 Abs. 1 und 2 GG vor.

Insgesamt ist als Ergebnis der verfassungsrechtlichen Prüfung festzuhalten, dass die Vorschrift des § 8 Abs. 1 S. 1 Nr. 3 TPG keinen Verstoß gegen Vorgaben des Grundgesetzes beinhaltet, mithin von Verfassungs wegen nicht zu beanstanden ist.

---

537 Hierzu oben unter H.I.2.

I) Argumente für und gegen die Subsidiaritätsregelung

In der Literatur wird kontrovers diskutiert, ob die Regelung der Subsidiarität der Lebendorganspende gem. § 8 Abs. 1 S. 1 Nr. 3 TPG beibehalten oder ob diese die Möglichkeiten der Lebendorganspende einschränkende Vorschrift gestrichen werden sollte. Im Folgenden sollen die Argumentationslinien erörtert werden, die in der Diskussion pro und contra die Subsidiarität der Lebendorganspende vorgebracht werden. Dabei werden die Argumente im Einzelnen nicht nur dargestellt, sondern jeweils kritisch beleuchtet und mögliche Gegenargumente aufgezeigt.[538]

I. Argumente pro

Betrachtet man die Argumente, die für eine Legitimation der Subsidiaritätsvorschrift des § 8 Abs. 1 S. 1 Nr. 3 TPG sprechen, so ist zunächst die Intention des Gesetzgebers in den Blick zu nehmen. In der Begründung des Gesetzesentwurfes werden zwei Punkte genannt: Zum einen verdeutliche die Subsidiaritätsvorschrift im Interesse des Lebensspenders, dass die Lebendspende nur die letzte Möglichkeit sein dürfe, wenn ein geeignetes postmortal entnommenes Organ nicht zur Verfügung stehe.[539] Zum anderen wird die Einschränkung der Möglichkeiten zur Lebendorganspende durch die Subsidiaritätsvorschrift damit gerechtfertigt, die Lebendspende solle nicht dazu führen, dass das Bemühen um postmortale Organspender vernachlässigt werde.[540]

1. Beschränkung der Lebendorganspende als ultima ratio

Als erste Argumentationslinie für die Legitimation des Subsidiaritätsgrundsatzes wird postuliert, die Lebendspende gesetzlich zu beschränken angesichts deren

---

538 Insofern Aspekte in den vorherigen Kapiteln zu juristischen Auslegungsfragen im Zusammenhang mit § 8 Abs. 1 S. 1 Nr. 3 TPG, dessen praktischer Bedeutung, verfassungsrechtliche Zulässigkeit sowie ethische Betrachtungen zur Lebendorganspende bereits Gegenstand der Diskussion waren, werden diese Aspekte hier nicht nochmals breit erläutert, sondern ggf. nur kurz im Kontext angerissen.
539 BT-Drs. 13/4355, S. 20.
540 BT-Drs. 13/4355, S. 20.

Gefährdungspotentiale.[541] Hierzu wird verwiesen zum einen auf das geringe, dennoch aber bestehende medizinische Risiko für den Spender und zum anderen auf die bei der Lebendspende stets vorhandene Gefahr, dass die Freiwilligkeit der Organspende durch Druck von außen oder im Falle des Organhandels beeinträchtigt werden könne.[542] Durch eine Einschränkung der Lebendorganspenden könne verhindert werden, dass unnötig viele Menschen an der Entnahmeoperation und ihren Folgen leiden.[543]

Neben dem medizinischen Risiko bei der Entnahmeoperation sowie möglichen Spätfolgen beim Lebendspender ist auch die Gefahr, dass der Lebendspender bei seiner Entscheidung – sei es durch ausgehandelte Entgelte, Drohungen, Repressalien oder eine sonstige Belastungsituation im familiären Kontext – unter Druck gesetzt worden sein könnte, ein der Lebendspende immanentes Risiko.[544]

Im Zuge des Bestrebens zur Beschränkung der Lebendorganspenden schwingt teilweise als Beweggrund die Befürchtung um eine Entstehung bzw. Ausbreitung des Organhandels mit[545], über dessen Auswüchse im internationalen Kontext auch in der Populärpresse regelmäßig berichtet wird.[546] Zutreffend auf den Punkt gebracht werden die vorstehend erörterten Gesichtspunkt in der Formulierung von *Biller-Andorno*: „Die operative Entfernung eines Organs bei einem gesunden Menschen lässt sich ... nur rechtfertigen, wenn keine anderen Optionen zur Verfügung stehen."[547]

---

541 Wille, Die Organknappheit im Spannungsverhältnis zwischen Sozialpflicht und Selbstbestimmung, S. 160 ff.

542 Ach in Düwell/Steigleder, Bioethik, S. 276 (280 f.); Egger, Stellungnahme zur öffentlichen Anhörung „Organlebendspende" der Enquete-Kommission „Ethik und Recht der modernen Medizin" vom 1. März 2004, Kom.-Drs. 15/136, S. 5.

543 Schoeller, Vorschlag für eine gesetzliche Regelung der Organspende vom lebenden Spender, S. 100.

544 Peter in Greinert/Wuttke, Organspende, S. 146 (166 f.).

545 Egger, Stellungnahme zur öffentlichen Anhörung „Organlebendspende" der Enquete-Kommission „Ethik und Recht der modernen Medizin" v. 1. März 2004, Kom.-Drs. 15/136, S. 5.

546 Vgl. z.B. der Bericht über Organhandel in China unter dem Titel „Das Geschäft mit den Hingerichteten", SPIEGEL ONLINE, 22.03.2006. Hier wurde berichtet, dass insbesondere wohlhabende Japaner Organe für beträchtliche Beträge angekauft hatten, die von hingerichteten chinesischen Gefangenen stammten.

547 Biller-Andorno, Stellungnahme zur öffentlichen Anhörung „Organlebendspende" der Enquete-Kommission „Ethik und Recht der modernen Medizin" v. 1. März 2004, Kom.-Drs. 15/149, S. 5.

Diese Position stellt nach Ansicht des Verfassers ein stichhaltiges Argument dar. Es ist richtig, bei der Diskussion um die Subsidiarität der Lebendorganspende im Verhältnis zur Leichenspende auf die Gefahren hinzuweisen, die der Lebendspende immanent sind und die die Lebendspende für den Spender unweigerlich mit sich bringt. Hinzu kommt, dass die versicherungsrechtliche Versorgungssituation nicht hinreichend gesetzlich geklärt ist, was einen zusätzlichen Unsicherheitsfaktor für diesen mit sich bringt.[548]

Es fragt sich jedoch, ob nicht durch die anderen in § 8 TPG bestimmten einschränkenden Voraussetzungen der Lebendorganspende bereits hinreichend gewährleistet ist, dass diese nicht uferlos ausgeweitet wird. Immerhin ist gem. § 8 Abs. 1 S. 1 Nr. 1 TPG Voraussetzung, dass der Spender volljährig und einwilligungsfähig ist, hinreichend aufgeklärt worden ist und in die Entnahme eingewilligt hat sowie nach ärztlicher Beurteilung als Spender geeignet ist und voraussichtlich nicht über des Operationsrisiko hinaus gefährdet oder über die unmittelbaren Folgen der Entnahme hinaus gesundheitlich schwer beeinträchtigt wird. Zudem regelt § 8 Abs. 1 S. 1 Nr. 2 TPG, dass die Organübertragung nach ärztlicher Beurteilung geeignet sein muss, das Leben des Empfängers zu erhalten oder bei diesem eine schwerwiegende Krankheit zu heilen bzw. ihre Verschlimmerung zu verhüten oder ihre Beschwerden zu lindern. Ohnehin muss gem. § 8 Abs. 1 S. 1 Nr. 4 TPG der Eingriff der Organentnahme durch einen Arzt vorgenommen werden.

Zudem wird in § 8 Abs. 2 TPG durch das Gesetz im Detail – eine solch detaillierte gesetzliche Regelung gibt es nach den allgemeinen Grundsätze der Aufklärung im Arzthaftungsrecht nicht – bestimmt, worauf sich die Aufklärung des potentiellen Lebendspenders zu erstrecken hat. Ferner sieht § 8 Abs. 3 TPG vor, dass sich der Spender zur Teilnahme an einer ärztlichen empfohlenen Nachbetreuung bereit erklären muss. Außerdem ist dort bestimmt, dass durch die Lebendspendekommission zu prüfen ist, ob die Einwilligung in die Organspende freiwillig erfolgt ist und ob ein Fall des Organhandels vorliegt.

Hinsichtlich des letztgenannten Punktes der Überprüfung der Freiwilligkeit der Spenderentscheidung durch die Lebendspendekommission ist einschränkend darauf hinzuweisen und insofern den Gegnern der Subsidiaritätsregelung in ihrer Befürchtung zuzustimmen, dass trotz der Regelung des § 8 Abs. 3 S. 2 TPG das Postulat einer völlig frei bestimmten Entscheidungsfindung des Spenders nicht vollständig und lückenlos umzusetzen sein wird. Eine Umfrage

---

548 Vgl. hierzu Gutmann, Für ein neues Transplantationsgesetz, S. 89 ff.; ferner Hellweg/ Clausen, Gesundheitsdienst 4/2010, 6 zur versicherungsrechtlichen Situation.

unter den Mitgliedern der in Deutschland existierenden Lebendspendekommissionen hat gezeigt, dass die Mehrheit der befragten sich für die Beibehaltung der Subsidiarität aussprach.[549] Als Motive für die Zurückhaltung der Kommissionsmitglieder, Kriterien einer Lebendspende auszuweiten, wurden in diesem Zusammenhang u.a. ungenügende Möglichkeiten der Überprüfung eines Organhandels diskutiert.[550] Dies mag ein Anhaltspunkt dafür sein, dass die Mitglieder der Lebendspendekommissionen selbst, die es eigentlich am besten wissen müssten, offenbar die unvermeidbare Unzulänglichkeit ihrer eigenen Arbeit sehen und davon ausgehen, dass die Unfreiwilligkeit der Spenderentscheidung oder Organhandel nicht vollständig auszuschließen sein dürften.

Gleichwohl zeigt die obige Auflistung der in § 8 TPG bestimmten Voraussetzungen der Lebendorganspende, dass es keineswegs so ist, dass ohne die Subsidiaritätsvorschrift der Lebendspende uferlos Tor und Tür geöffnet würde. Vielmehr ist zu konstatieren, dass durch die Subsidiaritätsregelung des § 8 Abs. 1 S. 1 Nr. 3 TPG den zahlreichen anderen einschränkenden Voraussetzungen der Lebendspende in § 8 TPG lediglich eine weitere hinzugefügt wird, wobei die Subsidiaritätsregelung nicht – im Gegensatz z.B. zu den gem. § 8 Abs. 2 TPG gestellten Anforderungen – die Einwilligungsfähigkeit des Spenders im Hinblick auf dessen Autonomie sicher stellen will, sondern für einen bestimmten medizinischen Sachverhalt ein zwingendes Verbot der Lebendspende beinhaltet. Ob eine solche Normierung eines gesetzlichen Verbotes, selbst wenn alle anderen Voraussetzungen nach § 8 TPG im Hinblick auf Aufklärung und Einwilligung des Spenders vorliegen sollten – wenn also trotz autonomer Entscheidung von Spender und Empfänger die Lebendspende für den Fall des zur Verfügung Stehens eines geeigneten postmortal entnommenen Organs schlichtweg untersagt wird –, gerechtfertigt ist, erscheint fraglich.

Es ist festzuhalten, dass wenn als Argument für die Subsidiaritätsregelung auf die Gefahren der Lebendspende verwiesen wird, dann auch dazugesagt werden muss, dass gerade im Hinblick auf Aufklärung und Einwilligung des Spenders sowie Sicherstellung der Freiwilligkeit der Spenderentscheidung durch die Lebendspendekommission im Gesetz bereits zahlreiche einschränkende Voraussetzungen für die Durchführung einer Lebendorganspende geregelt sind. Dies schwächt das Argument des Verweises auf die Risiken der Lebendorganspende; zumindest ist es in diesem Kontext einzuordnen.

---

549 Hopf, Rheinisches Ärzteblatt 10/2005, 20 (22).
550 Hopf, Rheinisches Ärzteblatt 10/2005, 20 (22).

2. Vernachlässigung des Bemühens um postmortale Organspenden?

Im Rahmen der öffentlichen Anhörung „Organlebendspende" der Enquete-Kommission „Ethik und Recht der modernen Medizin" wurde eine Umfrage durchgeführt, in der danach gefragt wurde, ob die im TPG vorgesehene Subsidiarität der Lebendorganspende gegenüber der Leichenspende geändert werden sollte. Viele der Gefragten und auch derjenigen Gruppen und Interessenverbände, die von sich aus eine Stellungnahme abgaben, äußerten sich dahingehend, die Subsidiaritätsvorschrift sollte erhalten bleiben, und verwiesen zur Begründung insbesondere auf die Auswirkungen der Subsidiaritätsregelung auf das Bemühen um die Gewinnung postmortaler Organspender.

Es wird die Befürchtung zum Ausdruck gebracht, im Falle der Streichung der Subsidiaritätsklausel würden die Möglichkeiten der postmortalen Organspende nicht vollständig ausgeschöpft bzw. es würde zu einer Vernachlässigung des Bemühens um die Gewinnung postmortaler Organspenden kommen.[551] Dies entspricht den Überlegungen des Gesetzgebers ausweislich der Gesetzesbegründung.[552]

In diesem Zusammenhang wird auch darauf hingewiesen, die Bemühungen zur Gewinnung postmortal gespendeter Organe dürften insbesondere mit Rücksicht auf die postmortale Organspende für Organe, bei denen eine Lebendspende gar nicht oder nur eingeschränkt in Frage kommt – so z.B. Herz, Leber, Lunge und Pankreas –, nicht vermindert werden.[553] Dieses Argument

---

551 Dialysepatienten Deutschlands e.V., zusätzliche Stellungnahme zur öffentlichen Anhörung „Organlebendspende" der Enquete-Kommission „Ethik und Recht der modernen Medizin" v. 1. März 2004, Kom.-Drs. 15/154, S. 3; Selbsthilfe Lebertransplantierter Deutschland e.V., nachträgliche Stellungnahme zur öffentlichen Anhörung „Organlebendspende" der Enquete-Kommission „Ethik und Recht der modernen Medizin" v. 1. März 2004, Kom.-Drs. 15/162, S. 5; so auch „Positionen zur Lebendorganspende" Ständige Kommission Organtransplantation der Bundesärztekammer vom 8.12.2003, S. 6, vorgelegt als Anhang von Schreiber, Stellungnahme zur öffentlichen Anhörung „Organlebendspende" der Enquete-Kommission „Ethik und Recht der modernen Medizin" v. 1. März 2004, Kom.-Drs. 15/139; so auch das Mehrheitsvotum im Zwischenbericht der Enquete-Kommission „Ethik und Recht der modernen Medizin" zum Thema „Organlebendspende" v. 17.03.2005, BT-Drs. 15/5050, S. 50.
552 BT-Drs. 13/4355, S. 20.
553 Eigler, Stellungnahme zur öffentlichen Anhörung „Organlebendspende" der Enquete-Kommission „Ethik und Recht der modernen Medizin" v. 1. März 2004, Kom.-Drs. 15/130, S. 3; auf diesen Aspekt hinweisend auch Selbsthilfe Lebertransplantierter Deutschland e.V., nachträglich Stellungnahme zur öffentlichen Anhörung „Organlebendspende" der Enquete-Kommission „Ethik und Recht der modernen Medizin" v. 1. März 2004, Kom.-Drs. 15/162, S. 6.

ist vor dem Hintergrund zu sehen, dass wenn die Ausweitung von Lebendorganspenden dazu führen würde, dass weniger postmortal gespendete Organe zur Verfügung stünden, sich dies insbesondere negativ im Hinblick auf Organe auswirken würde, bei denen eine Lebendspende medizinisch nicht möglich ist.

Bewertet man dieses Argument, stellt sich zunächst einmal die Frage, ob die dort zugrunde gelegte Annahme hinsichtlich einer gesamtgesellschaftlichen Entwicklung des verminderten Bemühens um postmortale Organspender überhaupt zutreffend ist. Dies ist eine hypothetische Prognosebetrachtung, d.h. zum einen von einer Gesetzeslage ausgehend, die aktuell nicht existiert, und zum anderen in die Zukunft schauend, somit gewissermaßen in doppeltem Sinne mit Unsicherheit behaftet.

Es ist schon grundsätzlich schwierig, gesamtgesellschaftliche Entwicklungen bei einer bestimmten Gesetzeslage vorherzusehen. Im Zusammenhang der rechtlichen Regelungen auf dem Gebiet der Transplantationsmedizin ist beispielhaft zu nennen, dass zum Zeitpunkt der Verabschiedung des Transplantationsgesetzes in Deutschland die Hoffnung bestand, dass das Gesetz zu einer Steigerung der Organspenden führen werde; diese Hoffnung hat sich jedoch nicht erfüllt, die nachfolgende tatsächliche und gesellschaftliche Entwicklung entsprach der vorher gestellten Prognose nicht.[554] Umso komplizierter und unsicherer ist eine Prognose, wenn wie im Falle der Subsidiaritätsvorschrift die allermeisten Bürger von der gesetzlichen Regelung gar nichts wissen und selbst damit befasste Transplantationsmediziner diese kaum zur Kenntnis nehmen.[555]

Ob wirklich davon ausgegangen werden kann, dass ausgehend von dem hypothetischen Fall, die Subsidiaritätsvorschrift würde aus dem TPG gestrichen, dies zu einer Vernachlässigung des Bemühens um die Gewinnung postmortal gespendeter Organe führen würde, kann niemand sicher vorhersagen. Zweifel erscheinen jedoch angebracht.[556] Es besteht derzeit ein immenser Mangel und Bedarf an Spenderorganen, der auch bei Ausweitung der Lebendorganspende zumindest kurz- und mittelfristig nicht zu decken sein wird. Insofern ist davon auszugehen, dass der bestehende Leidensdruck auf Seiten der Patienten und das damit einhergehende Bemühen der Transplantationsmediziner dafür sorgen würden, dass gesamtgesellschaftlich sich auch im Falle des Wegfalls der

---

554 Vgl. Taupitz, Infobrief des nationalen Ethikrats 02/07, 8.

555 Siehe dazu vorher unter Punkt E.

556 Die Berechtigung dieser Annahme verneinend das Sondervotum von Michael Kauch, Ulrike Flach und Prof. Dr. Reinhard Merkel zum Zwischenbericht der Enquete-Kommission „Ethik und Recht der modernen Medizin" zum Thema „Organlebendspende" v. 17.03.2005, BT-Drs. 15/5050, S. 85.

Subsidiaritätsklausel weiter um postmortale Organspender bemüht würde. Dass dieses gesamtgesellschaftliche Bemühen vernachlässigt würde, erscheint bereits deshalb fraglich, weil – wie oben erörtert[557] – die Subsidiaritätsvorschrift von ihrer praktischen Bedeutung her ohnehin nur eine äußerst geringe Anzahl von geplanten Lebendorganspenden tatsächlich blockiert.

Zudem ist unklar, wer das Subjekt der befürchteten Vernachlässigung sein soll – der Staat, die Transplantationszentren, die Deutsche Stiftung Organtransplantation?[558] Keine der genannten Varianten erscheint plausibel.[559] Würde man den Staat als Subjekt der befürchteten Vernachlässigung der Bemühungen um postmortale Organspender ansehen, würde sich zudem das Paradoxon ergeben, dass der Gesetzgeber als ein Teil der Staatsgewalt eine Vorschrift ins Gesetz aufnehmen würde, um sich selbst zu einem bestimmten Handeln zu motivieren, sich also gewissermaßen eine Art „Merkzettel" ins Gesetz schreiben würde. Dies wäre im Strafgesetz des TPG mehr als unangebracht.

Als Subjekt der befürchteten Vernachlässigung gemeint können vernünftigerweise nur die Bürger sein, die ihre Bereitschaft zur postmortalen Organspende möglicherweise zurücknehmen könnten, weil neben dieser auch eine Lebendspende gesetzlich gleichrangig möglich wäre.[560] Für eine solche Vermutung gibt es aber keinerlei Anhaltspunkte. Dies schon vor dem Hintergrund, dass nur die allerwenigsten Bürger die Subsidiaritätsregelung des § 8 Abs. 1 S. 1 Nr. 3 TPG überhaupt kennen. Für die nicht hinreichende Bereitschaft in Deutschland zur postmortalen Organspende dürften andere Gründe maßgeblich sein. Studien haben ergeben, dass hier mangelnder Informationsstand über die medizinischen Aspekte, starke religiöse Bindung sowie Ängste über die falsche Feststellung des Todeszeitpunkts, vor Missbrauch im Sinne von Handel postmortal gespendeter

---

557 Vgl. dazu oben Punkt E.

558 Diese Frage aufwerfend auch das Sondervotum von Michael Kauch, Ulrike Flach und Prof. Dr. Reinhard Merkel zum Zwischenbericht der Enquete-Kommission „Ethik und Recht der modernen Medizin" zum Thema „Organlebendspende" v. 17.03.2005, BT.-Drs. 15/5050, S. 85.

559 Sondervotum von Michael Kauch, Ulrike Flach und Prof. Dr. Reinhard Merkel zum Zwischenbericht der Enquete-Kommission „Ethik und Recht der modernen Medizin" zum Thema „Organlebendspende" v. 17.03.2005, BT-Drs. 15/5050, S. 85.

560 Sondervotum von Michael Kauch, Ulrike Flach und Prof. Dr. Reinhard Merkel zum Zwischenbericht der Enquete-Kommission „Ethik und Recht der modernen Medizin" zum Thema „Organlebendspende" v. 17.03.2005, BT-Drs. 15/5050, S. 85.

Organe und die Angst, im Falle einer geplanten Organentnahme zu schnell aufgegeben zu werden, eine maßgebliche Rolle spielen.[561] Auch ergaben Befragungen eine deutliche Diskrepanz zwischen grundsätzlicher Spendebereitschaft und dem tatsächlichen Vorhalten eines Organspendeauswieses.[562]

Insgesamt erscheint die Annahme, dass das Bestehen oder Nichtbestehen des Subsidiaritätsvorschrift in Deutschland sich signifikant auf das Aufkommen von postmortalen Organspendern auswirkt, eher fern liegend. Es ist der Aussage der Kritiker des Subsidiaritätsgrundsatzes zuzustimmen, dass allein „auf solche brüchigen Spekulationen"[563] gesetzliche Verbote zumal in Strafgesetzen nicht begründet werden sollten.

Warum die Möglichkeit bestimmter therapeutischer Handlungen, nämlich der Lebendorgan-Transplantationen, andere therapeutische Vorgehensweisen, in denen solche Handlungen biologisch bzw. medizinisch ausgeschlossen sind, behindern sollten, ist ebenfalls kaum nachvollziehbar. Insofern vermag auch der Hinweis auf eine besondere Rücksicht im Hinblick auf Organe, bei denen eine Lebendspende nicht möglich ist, nicht zu überzeugen. Somit muss die durch den Gesetzgeber formulierte Begründung für die Subsidiaritätsvorschrift, die Lebendspende solle nicht dazuführen, dass das Bemühen um postmortale Organspender vernachlässigt werden, als nicht stichhaltig bezeichnet werden.

3. Der „ethische Respekt" vor dem Lebendspender

Teilweise wird als Argument für die Subsidiarität der Lebendorganspende angeführt, es gebiete „der ethische Respekt vor der Leistung der Lebendspender, nicht unnötig auf diese zurückzugreifen"[564]. Nur dann, wenn alle Möglichkeiten der postmortalen Organspende erschöpft worden und alle nötigen Anstrengungen

---

561 Harborth, Einfluss psychosozialer Faktoren auf Einstellungen zur Organspende in der Bevölkerung, S. 64; Kecke, Wie beeinflussen Ängste und Einstellungen hinsichtlich Tod, Religion und Altruismus die Organspendebereitschaft?, S. 61 f.

562 Harborth, Einfluss psychosozialer Faktoren auf Einstellungen zur Organspende in der Bevölkerung, S. 64; Kecke, Wie beeinflussen Ängste und Einstellungen hinsichtlich Tod, Religion und Altruismus die Organspendebereitschaft?, S. 61 f.

563 Sondervotum von Michael Kauch, Ulrike Flach und Prof. Dr. Reinhard Merkel zum Zwischenbericht der Enquete-Kommission „Ethik und Recht der modernen Medizin" zum Thema „Organlebendspende" v. 17.03.2005, BT.-Drs. 15/5050, S. 85.

564 Zwischenbericht der Enquete-Kommission „Ethik und Recht der modernen Medizin" zum Thema „Organlebendspende" v. 17.03.2005, BT-Drs. 15/5050, S. 50.

zur Förderung der postmortalen Organspende unternommen worden seien, dürfe man dem Lebendspender die Organspende „zumuten"[565]. Z.T. wird in diesem Zusammenhang sogar im Sinne einer gesamtgesellschaftlichen Betrachtungsweise auf den Respekt abgestellt, „den die Gesellschaft dem Schutz von Leben und Gesundheit zollt und der die Funktionalität des Zusammenlebens an sich gewährleistet"[566].

Dieses Argument vermag in keinster Weise zu überzeugen. Es ist nicht nur so, dass unklar bleibt, warum der ethische Respekt vor der Entscheidung des Lebendspenders dazu führen und es gebieten soll, gerade entgegen dieser Entscheidung die intendierte Spende zu verbieten. Vielmehr wäre gerade im umgekehrten Sinne zu postulieren, dass wenn der Entscheidung einer Person Respekt gegenüber erbracht werden soll, die Konsequenz daraus sein müsste, der Entscheidung der Person zu entsprechen und das Tun oder Unterlassen, zu dem sich die Person entschieden hat, zu ermöglichen. Warum im vorliegenden Fall der Respekt in ethischer Hinsicht vor der Entscheidung des Lebendspenders nicht nur rechtfertigen, sondern es sogar gebieten soll, die Lebendorgantransplantation, zu der sich der Lebendspender entschieden hat, gesetzlich zu unterbinden bzw. zu verbieten, ist nicht nachvollziehbar.

Dieses Argument muss nicht nur als nicht haltbar, sondern darüber hinaus als bewusste Irreführung bezeichnet werden. Hinter dem vermeintlichen Rekurrieren auf die selbst bestimmte Entscheidung des Lebendspenders wird eine paternalistische Grundeinstellung zu verbergen versucht, die mit dem modernen Verständnis von Patientenautonomie nicht in Einklang zu bringen ist. Hinter der Formulierung des „ethischen Respekts" offenbart sich eine Bevormundung gegenüber dem Lebendspender als Patienten, dessen autonome Entscheidung nicht berücksichtigt, vielmehr die von diesem gewünschte Lebendorganspende als unzulässig verboten wird. „Nicht unnötig auf sie zurückgreifen" heißt in der Konsequenz nichts anderes, als ein bestimmtes Verhalten zu untersagen.

Ehrlicherweise müssten die Vertreter dieser Argumentationslinie ihren Standpunkt deutlich zum Ausdruck bringen und offenbaren, wonach in einer bestimmten medizinischen Sachverhaltskonstellation entgegen der autonomen Entscheidung des Lebendspenders die geplante Lebendorganspende untersagt

---

565 Zwischenbericht der Enquete-Kommission „Ethik und Recht der modernen Medizin" zum Thema „Organlebendspende" v. 17.03.2005, BT-Drs. 15/5050, S. 50.
566 Wille, Die Organknappheit im Spannungsverhältnis zwischen Sozialpflicht und Selbstbestimmung, S. 164.

wird. Dabei geht es keineswegs um „ethischen Respekt", sondern um eine paternalistische Einschränkung, die gerade im Gegensatz zur Autonomie des potentiellen Spenders steht.

Damit soll seitens des Verfassers nicht zum Ausdruck gebracht werden, dass
der Standpunkt, unter bestimmten Voraussetzungen trotz autonomer Spenderentscheidung eine Lebendorganspende gesetzlich zu verbieten, a priori nicht vertretbar wäre. Es muss dann jedoch klar gesagt werden, dass letztlich zum Schutze
des Spenders vor sich selbst dessen Rechte und Autonomie eingeschränkt werden. Im Spannungsfeld zwischen Patientenautonomie und Paternalismus geht
eine solche Position weg von der Patientenautonomie in Richtung Paternalismus.
Darüber vermag auch die Formulierung „Respekt" vor der Entscheidung des
Spenders nicht hinweg zu täuschen, obwohl diese Wortwahl offenbar den An-
schein einer Hervorhebung der Patientenautonomie erwecken soll.

4. Hervorhebung der Rechte und Pflichten des Arztes als Dritter

Schließlich wird für die Legitimation der Subsidiaritätsregelung das Argument
ins Feld geführt, es gehe bei der Zulässigkeit der Lebendspende „nicht nur darum, was der mündige Spender sich selbst antun darf, sondern auch und gerade
darum, was ein Dritter mit ihm anstellen darf"[567]. Dies rechtfertige in bestimmten Fallkonstellationen auch eine Einschränkung der Autonomie des potentiellen
Organlebendspenders.[568] In diesem Zusammenhang wird darauf verwiesen, bei
der Organentnahme zwecks Lebendorganspende sei die aktive Mitwirkung der
Transplantationsmediziner erforderlich, die dem Prinzip primum non nocere
verpflichtet seien.[569]

Eine solche Argumentation vermag nicht zu überzeugen. Zwar hat der Arzt
unzweifelhaft bei der Behandlung von Patienten dem Grundsatz des primum non
nocere zu folgen. Dies gilt auch für den Bereich der Transplantationsmedizin.
Dieses Argument kann jedoch nicht gegen die Zulässigkeit einer Organentnahme beim lebenden Spender zwecks Organtransplantation in einer bestimmten
medizinischen Fallkonstellation ins Felde geführt werden, wenn die Interessen
und Rechte des Spenders nicht entgegenstehen.

---

567 Wille, Die Organknappheit im Spannungsverhältnis zwischen Sozialpflicht und
Selbstbestimmung, S. 163.
568 Wille, Die Organknappheit im Spannungsverhältnis zwischen Sozialpflicht und
Selbstbestimmung, S. 163.
569 Gutmann, Zeitschrift für Transplantationsmedizin 5 (1993), 75 (78).

Ärztliche Pflichten im Zusammenhang mit der Erhaltung der körperlichen Unversehrtheit und Gesundheit des Spenders können nicht weiter reichen, als es die Interessen und Rechte des Spenders selbst vorgeben. Ansonsten würde man zu dem Ergebnis gelangen, dass ein bestimmtes ärztliches Handeln zwar aus Sicht des Lebendspenders als betroffener Patient unter Berücksichtigung dessen Privatautonomie zulässig wäre, die Zulässigkeit des ärztlichen Handelns jedoch ausgeschlossen wäre unter Berufung auf ärztliche Pflichten gegenüber dem Spender. Somit würde trotz Verneinung der Schutzbedürftigkeit des Spenders der Arzt zum Schutze eben des Spenders verpflichtet. Ein solcher Standpunkt würde die Gesetze logischen Denkens mehr als ausreizen, ist zumindest nicht haltbar.

Die vorstehend in Bezug genommene Argumentationslinie rückt in die Nähe der bereits erörterten[570] Auffassung von *Eigler*, der die ethische Problematik der Lebendspende vorrangig als „Arztproblem"[571] begreift und einen Verstoß gegen ärztliches Standesethos als maßgebliches Kriterium für die Beurteilung der Zulässigkeit der Lebendorganspende ansieht. Im Ergebnis nichts anderes bedeutet es, wenn man argumentiert, bei der Zulässigkeit der Lebendspende gehe es nicht nur darum, was der mündige Spender sich selbst antun darf, sondern „auch und gerade"[572] darum, was ein Dritter mit ihm anstellen darf.

Dieser Einwand ist abzulehnen. Es gehört zur ärztlichen Verantwortung, und diese gebietet es sogar, Patienten, die sich nach hinreichender Aufklärung und reiflicher Überlegung für die Lebendspende entscheiden, in dieser höchstpersönlichen Entscheidung zu respektieren und der autonomen Entscheidung zur Verwirklichung zu verhelfen.[573] Die autonome Entscheidung eines Patienten ist als höheres Gut einzustufen als die zustimmende oder ablehnende Haltung eines Arztes aufgrund grundsätzlicher Überlegungen.[574]

Im Spannungsfeld zwischen den Interessen des Lebendspenders als Patienten und dem ärztlichen Standesethos muss Letzteres zurücktreten. Man kann nicht dem potentiellen Lebendorganspender die Organspende untersagen zum Schutze der körperlichen Unversehrtheit des potentiellen Lebendspenders gegen dessen eigenen Willen, indem man sich auf ärztliches Standesethos und das Prinzip des primum non nocere beruft. Ein tradiertes ärztliches Berufsethos über die Interessen der Patienten zu stellen, zeugt von einem ärztlichen Selbstverständnis,

---

570 Vgl. dazu bereits oben unter C.IV.1.
571 Eigler, Deutsche Medizinische Wochenschrift 122 (1997), 1398.
572 Wille, Die Organknappheit im Spannungsverhältnis zwischen Sozialpflicht und Selbstbestimmung, S. 163
573 So auch Gutmann/Schroth, Organlebendspende in Europa, S. 29.
574 Kirste, Zentralblatt für Chirurgie 124 (1999), 716.

dass mit einer modernen Vorstellung von Patientenautonomie im Rahmen der Arzt-Patient-Beziehung nicht in Einklang zu bringen ist.

II. Argumente contra

1. Das medizinische Argument

Von den Gegnern der Subsidiaritätsregelung wird vor allem auf die besseren medizinischen Erfolgsaussichten der Lebend- gegenüber der Totenspende verwiesen.[575] Der medizinische Erfolg der Transplantation für den Empfänger sei bei Verwendung eines Organs vom lebenden Spender statistisch erheblich höher als bei Verwendung eines postmortal entnommenen Organs.[576]

Zusätzliche Argumente für dieses Vorbringen sind die nach wie vor bestehende Organknappheit sowie die daraus resultierenden langen Wartezeiten und zunehmenden Wartelisten für Patienten, die auf ein postmortal gespendetes Organ warten und hoffen.[577] Es ist festzuhalten, dass der Zustand des Wartens auf ein Spenderorgan, insofern dieser über einen längeren Zeitraum andauert, an sich bereits für den Patienten eine erhebliche Belastung darstellt und psychologisches und medizinische Leid bedeutet.[578] Aufgrund des erheblichen Organmangels nicht nur in Deutschland, sondern in ganz Europa ist während der Wartezeit für eine Organtransplantation eine gravierende Sterblichkeitsrate zu konstatieren.[579] In medizinischer Hinsicht sind die langen Wartezeiten für die potentiellen Organempfänger fatal.[580]

Das Argument der medizinischen Überlegenheit der Lebendorgantransplantation gegenüber der Transplantation eines postmortal entnommenen Organs für den Empfänger ist nicht von der Hand zu weisen. Hier sprechen die medizinischen

---

575 Augsberg in Höfling, § 8 Rn. 43; Gutmann in Schroth/König/Gutmann/Oduncu, § 8 Rn. 22; Gutmann/Schroth, Organlebendspende in Europa, S. 26 f.

576 Gutmann in Schroth/König/Gutmann/Oduncu, § 8 Rn. 22; Gutmann/Schroth, Organlebendspende in Europa, S. 26 f.

577 Gutmann/Schroth, Organlebendspende in Europa, S. 27.

578 Vgl. hierzu Berichte aus der Praxis von *Nagel*, Ethik in der Medizin 12 (2000), 227 ff.

579 In einer Mitteilung an das europäische Parlament und den Rat über Maßnahmen der Organtransplantationen auf EU-Ebene ging die EU-Kommission 2007 von beinah 40.000 Patienten auf den Wartelisten in Europa aus, wobei eine Sterblichkeitsrate während der Wartezeit von in der Regel zwischen 15% und 30% angenommen wurde, siehe KOM (2007) 275, S. 2. Die EU-Kommission sprach sich daher für eine Förderung der Lebendspende aus.

580 Gutmann/Schroth, Organlebendspende in Europa, S. 27.

Fakten für sich. Dass insbesondere in Anbetracht der hohen Sterblichkeitsrate die langen Wartezeiten für potentielle Organempfänger kaum vorstellbares Leid bedeuten und dies aufgrund der Organknappheit eine immense Anzahl von Patienten betrifft, darüber kann nicht hinweggegangen werden. Selbstverständlich ist es z.B. im Falle einer Nierentransplantation medizinisch für den potentiellen Organempfänger wesentlich besser, kurzfristig ein Organ von einem lebenden Spender – insofern denn ein solcher zur Verfügung stehen sollte – zu bekommen, als 7 Jahre oder länger an der Dialyse auf ein postmortal entnommenes Organ zu warten.

Gleichwohl soll in Bezug auf die medizinische Situation auf zwei Punkte hingewiesen werden, die in diesem Zusammenhang nicht aus dem Blick geraten dürfen: Zum einen darf das bestehende medizinische Risiko für den Lebendspender nicht ausgeblendet werden. Auch wenn dieses nicht besonders hoch ist, bedeutet doch die Organentnahme einen operativen Eingriff und den Verlust eines Organteils bzw. eines Organs, wobei gesundheitliche Spätschäden nicht gänzlich ausgeschlossen werden können. Wenn man die medizinische Situation diskutiert und Lebendorgantransplantation und Leichenorgantransplantation miteinander vergleicht, muss auch dieser Punkt in die Abwägung mit eingestellt werden. Der Vorteil der Transplantation eines postmortal entnommenen Organs liegt unzweifelhaft darin, dass es keinen Lebendspender gibt, dessen körperliche Unversehrtheit und Gesundheit beeinträchtigt werden.

Zum anderen liegt ein entscheidender Grund für die wesentlich besseren medizinischen Erfolgsaussichten der Lebendorganspende gegenüber der Totenspende für den Empfänger insbesondere im Falle der Nierentransplantation mit vorhergehender Dialyse des Organempfängers in den langen Wartezeiten.[581] Ob Organe aus Lebendspende solchen aus Postmortalspende per se – also unabhängig von der Wartezeit – überlegen sind, ist eine Frage, die nicht einheitlich bejaht wird.[582]

Somit ist hervorzuheben, dass die derzeitige Vorzugswürdigkeit der Lebendorganspende aus medizinischer Sicht, insofern man den Empfänger betrachtet, unter der Bedingung langer Wartezeiten aufgrund der Knappheit postmortal gespendeter Organe steht. Zwar sind nach derzeitigem Stand die tatsächlichen Verhältnisse so, dass Organknappheit besteht und auf absehbare Zeit weiter bestehen wird. Es sind aber – zumindest theoretisch – Verhältnisse denkbar, unter denen

---

581 Zwischenbericht der Enquete-Kommission „Ethik und Recht der modernen Medizin" zum Thema „Organlebendspende" v. 17.03.2005, BT-Drs. 15/5050, S. 49.

582 Verneint wird dies im Zwischenbericht der Enquete-Kommission „Ethik und Recht der modernen Medizin" zum Thema „Organlebendspende" v. 17.03.2005, BT-Drs. 15/5050, S. 49.

sich die medizinische Überlegenheit der Lebendorgantransplantation gegenüber der Leichenorgantransplantation zumindest teilweise verringern könnte, wenn nämlich Organe von toten Spendern von der Anzahl her ausreichend und kurzfristig zur Verfügung stünden. Eine auch nur annähernde Gleichwertigkeit der medizinischen Erfolgsaussichten lässt sich aber nicht prognostizieren.[583]

Bezüglich der Nierentransplantation nach Lebendorganspende ist in medizinischer Hinsicht im Ergebnis festhalten, dass sie einerseits ein äußerst geringes Morbiditäts- und Mortalitätsrisiko für den Spender bedeutet und andererseits vor allem angesichts der besseren Transplantatüberlebensraten für den Empfänger als eindeutig medizinisch vorteilhaft im Vergleich zur Transplantation postmortal entnommener Nieren bezeichnet werden muss, was nach aller Voraussicht in absehbarer Zukunft auch so bleiben wird.

2. Aufzwingen einer medizinisch schlechteren Therapie durch das Gesetz

Vielfach wird gegen die Subsidiaritätsregelung vorgebracht, in Anbetracht der medizinisch besseren Erfolgsaussichten der Lebendorgantransplantation gegenüber der Transplantation eines postmortal entnommenen Organs oktroyiere der Staat dem Organempfänger eine schlechtere Therapiealternative auf.[584] Akzentuiert wird dies in der Formulierung, dass die Subsidiaritätsvorschrift den „wohl einzigartigen Fall"[585] darstellen würde, wo Patienten „durch Gesetz eine medizinisch eindeutig schlechtere Therapie aufgezwungen"[586] würde. Dies sei „verfassungsrechtlich bedenklich"[587] bzw. wird sogar als „verfassungsrechtlich mehr als bedenklich"[588] bezeichnet.

---

583   Siehe zum vorstehend Ausgeführten bereits oben unter Punkt B.IV.
584   Edelmann, VersR 1999, 1065 (1068); Augsberg in Höfling, § 8 Rn. 42; Schroth in Roxin/Schroth, Medizinstrafrecht, S. 466 (476); Gutmann, MedR 1997, 147 (152); Bock, Rechtliche Voraussetzungen der Organentnahme von Lebenden und Verstorbenen, S. 111; Gutmann/Schroth, Organlebendspende in Europa, S. 27.
585   Gutmann, MedR 1997, 147 (152); Bock, rechtliche Voraussetzungen der Organentnahme von lebenden und verstorbenen, S. 111; Gutmann/Schroth, Organlebendspende in Europa, S. 27.
586   Gutmann, MedR 1997, 147 (152); Bock, rechtliche Voraussetzungen der Organentnahme von lebenden und verstorbenen, S. 111; Gutmann/Schroth, Organlebendspende in Europa, S. 27.
587   Gutmann, MedR 1997, 147 (152).
588   Gutmann/Schroth, Organlebendspende in Europa, S. 27.

Ferner wird in diesem Zusammenhang kritisiert, man könne nicht mündigen und ärztlich aufgeklärten Erwachsenen gegen ihren erklärten Willen den Eingriff der Organentnahme zwecks Lebendorgantransplantation verbieten.[589] „Gesetzlicher Paternalismus dieser Art"[590] sei mit den Grundsätzen eines liberalen Rechtsstaates kaum in Einklang zu bringen.

Das Argument, die Subsidiaritätsvorschrift stelle den „wohl einzigartigen Fall" dar, wo Patienten „durch Gesetz eine medizinisch eindeutig schlechtere Therapie aufgezwungen" würde, weshalb die Subsidiaritätsregelung verfassungsrechtlich zu beanstanden und als ungesetzlicher Paternalismus abzulehnen sei, scheint den von den Gegnern der Subsidiaritätsvorschrift vertretenen Standpunkt derart auf den Punkt zu bringen, dass sich diese Formulierung fast durch die gesamte einschlägige Literatur verbreitet hat. Zugegebenermaßen ist die Formulierung griffig und scheint auf den ersten Blick auch nicht von der Hand zu weisen.

Nach zweitem Hinsehen und genauerer Prüfung sind jedoch in mehrfacher Hinsicht Einschränkungen zu machen: Wie bereits oben erörtert, ist die Subsidiaritätsregelung des § 8 Abs. 1 S. 1 Nr. 3 TPG nicht verfassungsrechtlich unzulässig.[591] Ebenso wurde bereits dargelegt, dass allein aus der Einordnung des § 8 Abs. 1 S. 1 Nr. 3 TPG als paternalistischer Akt des Gesetzgebers nicht automatisch die Unzulässigkeit dieser Norm folgt.[592]

Schließlich ist auch die Annahme kaum haltbar, die Subsidiaritätsvorschrift sei der einzige Fall, in dem Patienten durch Gesetz eine schlechtere Therapiealternative aufgezwungen würde. Dies würde voraussetzen – und so wird es suggeriert –, dass ansonsten den Patienten immer die bestmögliche Therapie zur Verfügung stünde. Dies ist jedoch evidentermaßen schon nach den tatsächlichen Verhältnissen unabhängig von den rechtlichen Voraussetzungen nicht der Fall. Was die Rechtslage angeht, ist auf die bereits dargestellte[593] Rechtssprechung des Bundesverfassungsgerichts hinzuweisen, wonach in Anbetracht des weiten Gestaltungsspielraums des Gesetzgebers ein Leistungsanspruch des Einzelnen auf eine ausreichende medizinische Versorgung oder gar auf bestimmte Behandlungsmaßnahmen nicht besteht.

Nun könnte dem entgegen gehalten werden und wird durch den Verfasser nicht verkannt, dass ein Unterschied besteht zwischen dem Aufzwingen einer

---

589   Gutmann in Schroth/König/Gutmann/Oduncu, § 8 Rn. 22; Gutmann/Schroth, Organlebendspende in Europa, S. 28.
590   Gutmann/Schroth, Organlebendspende in Europa, S. 28.
591   Siehe oben Punkt H.
592   Siehe oben Punkt G.
593   vgl. oben Punkt H.I.1.b.

schlechteren Therapiealternative durch das Gesetz und einem originären Leistungsanspruch auf die bestmögliche Therapiealternative. Jedoch hilft es den allermeisten gesetzlich Krankenversicherten in Deutschland tatsächlich wenig im Hinblick auf Leistungsansprüche bzw. Erstattungsfragen in der gesetzlichen Krankenversicherung, wenn man diese darauf verweist, dass zwar eine über das medizinisch unbedingt erforderliche hinausgehende bestmögliche Behandlungsvariante nicht erstattet wird, durch private Zuzahlungen jedoch in Anspruch genommen werden kann.

Insofern besteht im Ergebnis wenig Unterschied zwischen einer Verbotsnorm im TPG, durch die in bestimmten Konstellationen die bestmögliche Behandlungsvariante untersagt wird, und z.B. Regelungen des SGB V, durch die gesetzlich krankenversicherten Patienten qua ausbleibender Kostenerstattung die bestmögliche Behandlungsvariante nicht zur Verfügung gestellt wird. Die praktische Konsequenz für die betroffenen Patienten ist die gleiche: Die bestmögliche Therapievariante kommt ihnen nicht zugute. Diese faktische Konsequenz für die Rechte und Interessen der Betroffenen besteht unabhängig davon, ob im einen Fall eine bestimmte Behandlungsmethode verboten wird oder im anderen Fall die Kosten hierfür nicht erstattet werden.

Zugegebenermaßen ist die Herangehensweise des Gesetzgebers unterschiedlich, und zwar auf der einen Seite durch ein strafrechtliches Verbot und auf der anderen Seite durch Nichtzurverfügungstellung. Auch ist zuzugeben, dass im letztgenannten Falle Patienten mit entsprechenden finanziellen Ressourcen die Behandlung in Anspruch nehmen können.

Dies gilt aber für die allermeisten Patienten nicht, da insbesondere auf dem Gebiet der Transplantationsmedizin medizinische Maßnahmen erhebliche Kosten verursachen, die durch Privatpersonen in nur wenigen Fällen getragen werden können. Dies nicht zu berücksichtigen, wäre die tatsächlichen Verhältnisse negierend. Man könnte es fast als anmaßend bezeichnen, würde man sich gerade bei transplantationsmedizinischen Maßnahmen auf den Standpunkt stellen, es dürfe auf der einen Seite eine bestimmte Therapiemethode nicht verboten werden, auf der anderen Seite müsse aber keine Kostenerstattung im System der gesetzlichen Krankenversicherung erfolgen. Dass aber gesetzlich krankenversicherten Patienten durch das SGB V – und an vielen Stellen auch privat krankenversicherten Patienten durch die Regelungen der MB/KK – nicht durchgängig die beste Behandlungsmethode auf dem neuesten Stand der medizinischen Wissenschaft – ggf. auch die teuerste – einschließlich vollumfänglicher Kostenerstattung angeboten wird, kann nicht ernsthaft angezweifelt werden.

Vor diesem Hintergrund kann dann aber nicht pointierend vorgebracht werden, die Subsidiaritätsregelung des § 8 Abs. 1 S. 1 Nr. TPG stelle den „wohl

einzigartigen Fall" dar, wo Patienten durch den Gesetzgeber eine schlechtere Therapiealternative aufoktroyiert würde. Richtigerweise müsste formuliert werden,
dass die Regelung des § 8 Abs. 1 S. 1 Nr. TPG den Patienten eine bestimmte Behandlungsmethode – strafrechtlich normiert – untersagt, allerdings auch die Regelungen des SGB V vielfach in der Konsequenz dazu führen, dass Patienten die
bestmögliche Therapie nicht zur Verfügung steht. Auch unter diesem Gesichtspunkt ist das Argument des Aufzwingens einer eindeutig schlechteren Therapie
durch das Gesetz nicht als falsch abzutun, jedoch das Gewicht eines solchen Vorbringens einzuschränken.

Gleichwohl bleibt als Essenz des Arguments zutreffend und hervorzuheben,
dass durch die Subsidiaritätsvorschrift die Patientenautonomie weit reichend
beschränkt wird. Es geht um eine Situation, in der nach umfangreicher Aufklärung zwei Erwachsene Personen sich dazu entschieden haben, dass der eine dem
anderen ein Organ bzw. ein Organteil spenden möchte, zudem sich das medizinische Risiko für den Spender in Grenzen hält und die Freiwilligkeit der Spenderentscheidung durch eine spezielle Kommission überprüft wurde. Trotzdem
wird in dieser Konstellation bei einem bestimmten medizinischen Sachverhalt
die beabsichtigte Lebendorganspende von § 8 Abs. 1 S. 1 Nr. 3 TPG verboten.
Dieses Verbot erfolgt trotz und gegen die autonome Entscheidung des Spenders.
Somit bleibt als zu berücksichtigendes und in die Abwägung einzustellendes
Argument gegen die Legitimation der Subsidiaritätsvorschrift stehen, dass die
Patientenautonomie des Spenders unabhängig von Aufklärungserfordernissen
sehr weitgehend eingeschränkt wird.

3. Patienten mit Vorbehalten gegenüber Leichenorganen

Außerdem wird gegen die Subsidiaritätsregelung vorgebracht, es gebe eine Reihe
von Patienten, die auf ein Organ angewiesen seien, jedoch erhebliche psychische
Probleme mit oder moralische Vorbehalte gegenüber postmortal gespendeten
Organen hätten.[594] Diese Vorbehalte bezüglich der Vorstellung, ein Organ gera-
de eines toten Menschen zu erhalten, seien schützenswürdig, was § 8 Abs. 1 S. 1
Nr. 3 TPG nicht berücksichtige.[595]

Dieses Argument ist nicht a priori abzulehnen. In der Tat trifft das Verbot
des § 8 Abs. 1 S. 1 Nr. 3 TPG auch Patienten mit ernsthaften – nur um solche
kann es gehen – psychischen oder moralischen Vorbehalten gegenüber Leichenorganen. Zudem ist darauf hinzuweisen, dass es als grundsätzlicher Vorteil der

---

594   Edelmann, VersR 1999, 1065 (1068); Gutmann, MedR 1997, 147 (152).
595   Edelmann, VersR 1999, 1065 (1068).

Lebendspende gegenüber der Totenspende anzusehen ist, dass der Empfänger nicht das Körperteil eines völlig fremden Menschen gewissermaßen als Fremdkörper in eigenem Leib empfindet[596], zumindest ausgehend von der derzeitigen Restriktion des Personenkreises nach § 8 Abs. 1 S. 2 TPG. Wenn einem Menschen mit grundsätzlichen Vorbehalten gegenüber der postmortalen Organspende vorgeschrieben wird, es dürfe ihm nur das Organ einer fremden, bereits toten Person und nicht das eines ihm bekannten und nahe stehenden Menschen implantiert werden, ist dies per se ein gewichtiger Eingriff in das Selbstbestimmungsrecht über den eigenen Körper.[597]

Auch wenn die Berücksichtigungsfähigkeit des Arguments dadurch unberührt bleibt, stellt sich jedoch die Frage, ob eine gesetzliche Regelung der Subsidiarität, wenn eine solche denn erfolgen soll, überhaupt so gefasst werden könnte, dass Patienten mit ernsthaften psychischen oder moralischen Vorbehalten gegenüber der Leichenspende berücksichtigt bzw. ausgenommen würden. Dies erscheint kaum möglich, da zum einen sich das Problem der Abgrenzung von ernsthaften Vorbehalten auf der einen Seite und nicht berücksichtigungsfähigen Aussagen der Patienten auf der anderen Seite gesetzlich kaum lösen lassen wird. Zum anderen, selbst wenn eine Abgrenzung im Gesetz gelingen sollte, dürfte deren Einhaltung in der Praxis schwierig bis gar nicht zu kontrollieren sein.

4. Vorwurf der Überflüssigkeit

Vielfach wird darauf verwiesen, die Subsidiaritätsvorschrift entfalte in der Praxis keine wirkliche normative Wirkung.[598] Hiervon ausgehend könnte man der gesetzlichen Subsidiaritätsregelung des § 8 Abs. 1 S. 1 Nr. 3 TPG den Vorwurf der Überflüssigkeit entgegenhalten.

Dazu ist zu sagen, dass eine gesetzliche Vorschrift dann als überflüssig bezeichnet werden kann, wenn sie tatsächlich überhaupt keine praktische Wirkung bzw. keinen Anwendungsbereich hat. Dies ist jedoch bei § 8 Abs. 1 S. 1 Nr. 3 TPG nicht der Fall. Wie bereits oben diskutiert[599], ist bezüglich des Anwendungsbereichs von

---

596 Vgl. dazu das Fallbeispiel bei *Kalitzkus*, Leben durch den Tod, S. 165 ff.

597 Das Bundesverfassungsgericht formuliert diesbezüglich: „Die Bestimmung über seine leiblich-seelische Integrität gehört zum ureigensten Bereich der Personalität des Menschen.", BVerfG, Beschluss vom 25.07.1979 – Az.: 2 BvR 878/74 – NJW 1979, 1925 (1931).

598 Röspel, Stellungnahme zur öffentlichen Anhörung „Organlebendspende" Enquete-Kommission „Ethik und Recht der modernen Medizin" v. 1. März 2004, Kom-Drs. 15/132, S. 7; Gutmann in Schroth//König/Gutmann/Oduncu, § 8 Rn. 23.

599 hierzu oben unter Punkt E.

§ 8 Abs. 1 S. 1 Nr. 3 TPG bei zutreffender juristischer Auslegung der Tatbestandsmerkmale, auch wenn keine lückenlosen Kontrollmöglichkeiten bestehen, von einer – wenn auch begrenzten – praktischen Wirkung der Subsidiaritätsvorschrift auszugehen.

Auch wenn man annehmen kann, dass es in Anbetracht insbesondere der langen Wartezeiten für ein postmortal entnommenes Organ nach derzeitigen Stand wenige medizinische Fallkonstellationen gibt, in denen tatsächlich im Zeitpunkt der geplanten Lebendtransplantation ein postmortal entnommenes Organ angeboten wird, kann man nicht die Aussage treffen, § 8 Abs. 1 S. 1 Nr. 3 TPG entfalte überhaupt keine praktische Wirkung. Selbst wenn der Anwendungsbereich einer gesetzlichen Bestimmung nur in sehr wenigen konkreten Einzelfällen eröffnet ist, kann dieser deshalb nicht gänzlich der praktische Wirkungsbereich abgesprochen werden. Es gibt keine Mindestanzahl von Gesetzesadressaten, keine Minimalzahl von betroffenen Personen dergestalt, dass erst ab deren Erreichen eine einschränkende gesetzliche Regelung zulässig wäre.

Vielmehr ist es dem Gesetzgeber unbenommen, eine Verbotsnorm zu schaffen, auch wenn diese nur für wenig tatsächlich vorkommende Fallkonstellationen maßgeblich ist. Der Vorwurf der Überflüssigkeit kann mithin der Zulässigkeit der Subsidiaritätsvorschrift des § 8 Abs. 1 S. 1 Nr. 3 TPG nicht entgegengehalten werden.

5. Organallokation

Vor dem Hintergrund der Organallokation wird gegen die Subsidiaritätsregelung eingewandt, diese sei abzulehnen, da ein postmortal entnommenes Organ einem Patienten, der ein Organ eines Lebendspenders erhalten könnte und möchte, aufgezwungen und damit zugleich dem nächstplatzierten Anwärter auf der Eurotransplant-Warteliste vorenthalten werde.[600] Würde man die Subsidiaritätsvorschrift streichen, würde dies die Wartelisten entlasten.[601]

Dieses Argument ist stichhaltig. Dass der nächstplatzierte Anwärter auf der Warteliste für postmortal entnommene Organe nicht zum Zuge kommen würde,

---

600 Gutmann in Schroth/König/Gutmann/Oduncu, § 8 Rn. 22; Gutmann/Schroth in Oduncu/Schroth/Vossenkuhl, Transplantation, S. 271 (283); Gutmann/Schroth, Organlebendspende in Europa, S. 29; Sondervotum von Michael Kauch, Ulrike Flach und Prof. Dr. Reinhard Merkel zum Zwischenbericht der Enquete-Kommission „Ethik und Recht der modernen Medizin" zum Thema „Organlebendspende" v. 17.03.2005, BT.-Drs. 15/5050, S. 86.

601 Homann, Das Transplantationswesen in Deutschland, Österreich und der Schweiz, S. 85.

insofern aufgrund der Subsidiaritätsvorschrift der vorher platzierte Patient sich ein Leichenorgan implantieren lassen müsste, obwohl für diesen ein Lebendspender zur Verfügung stünde, ist eine unvermeidbare Konsequenz bei Anwendung der Subsidiaritätsregelung. Diese Schieflage im Kontext der Organallokation entsteht dadurch, dass das Organ des Lebendspenders im Ergebnis in einer solchen Konstellation nicht gespendet würde, obwohl Organknappheit herrscht und viele weiter hinten auf der Warteliste platzierte Patienten dringend auf ein Organ angewiesen wären.

Hiergegen wendet *Wille* einschränkend ein, diese Argumentation vermöge nur dann zu überzeugen, wenn auf dem Gebiet der Leichenorgangewinnung eine Knappheitssituation vorherrsche.[602] Dieser Hinweis ist zwar sachlich zutreffend; hierdurch wird jedoch die Stichhaltigkeit des Allokationsargumentes nicht eingeschränkt. Selbstverständlich kann dem nächsten Anwärter auf der Warteliste ein Organ nur dann vorenthalten werden, wenn in der Gesamtheit Organknappheit herrscht. Ansonsten, wenn genügend postmortal gespendete Organe zur Verfügung stünden, bliebe die Untersagung einer geplanten Lebendorganspende zu Gunsten der Implantation eines Leichenorgans ohne Auswirkungen auf die Organzuteilung an andere potentielle Organempfänger.

Es ist jedoch festzustellen, dass aktuell eine Knappheitssituation vorherrscht und erheblicher Organmangel besteht. Eine Situation, in der für alle Patienten, die ein Organ benötigen, kurzfristig ein postmortal entnommenes Organ zur Verfügung gestellt werden kann, wird aller Voraussicht nach in absehbarer Zeit nicht eintreten. Somit ist derzeit sowie in zumindest naher Zukunft eine Organknappheit als gegeben anzusehen, womit sich der Gesetzgeber auseinandersetzen muss.

Es ist auch keine Regelung de lege ferenda ersichtlich, wodurch dieses Problem bei Beibehaltung der Subsidiaritätsregelung gelöst werden könnte. Vielmehr ist zu konstatieren, dass wenn man an der Subsidiarität der Lebendorganspende gegenüber der Totenspende festhalten möchte, die vorstehend beschriebene Allokationsproblematik unausweichlich wäre und hingenommen werden müsste.

6. Das Kostenargument

Gegen die Legitimation der Subsidiaritätsregelung kann ferner ins Feld geführt werden, dass dadurch in mehrfacher Hinsicht Kosten verursacht werden: Zunächst ist darauf hinzuweisen, dass wenn man ausgehend von § 8 Abs. 1 S. 1

---

602 Wille, Die Organknappheit im Spannungsverhältnis zwischen Sozialpflicht und Selbstbestimmung, S. 161.

Nr. 3 TPG eine Pflicht zur Anmeldung der Patienten bei Eurotransplant – wie vorstehend erörtert[603] – als gegeben ansieht, für die Aufnahme des Patienten auf die Warteliste Meldekosten entstehen, die ohne die Subsidiaritätsvorschrift des § 8 Abs. 1 S. 1 Nr. 3 TPG nicht entstehen würden.[604] Vor allem müsste ein Patient, insofern die Subsidiaritätsregelung im konkreten Fall eine sofortige Organtransplantation im Wege der Lebendorganspende verhindern würde, über Jahre auf ein postmortal gespendetes Organ warten und während dieser Zeit mit anderen Behandlungsmethoden – z.B. im Falle einer Niereninsuffizienz mit Dialyse – versorgt werden, wodurch erhebliche Behandlungskosten entstehen.[605] Diese Behandlungskosten würden eingespart, wenn man dem Empfänger sofort das zur Verfügung stehende Organ des lebenden Spenders implantieren würde.

Auch wenn die Meldekosten für die Anmeldung bei Eurotransplant im Einzelfall nicht so sehr ins Gewicht fallen, stellen insbesondere die Behandlungskosten für eine über einen Zeitraum von Jahren durchzuführende Dialyse enorme Behandlungskosten dar, die durch Streichung der Subsidiaritätsvorschrift des § 8 Abs. 1 S. 1 Nr. 3 TPG vermieden werden könnten. Insofern spricht das Kostenargument gegen die Existenz der Subsidiaritätsregelung und muss in die Abwägung mit eingestellt werden.

Eine andere Frage ist jedoch, inwiefern Kostengesichtspunkte eine Rolle spielen dürfen, wenn es um den Schutz der körperlichen Unversehrtheit und Gesundheit des Lebendspenders geht. Die Befürworter des Subsidiaritätsprinzips könnten einwenden, dass angesichts der mit Gesundheit und körperlicher Unversehrtheit in Rede stehenden Rechtsgüter des Lebendspenders das Kostenargument zurücktreten und eine gesamtgesellschaftliche Bereitschaft bestehen müsse, für den Schutz solch hoher Rechtsgüter finanzielle Mittel in bestimmtem Umfang aufzuwenden. Allerdings ist hervorzuheben, dass aufgrund der derzeitigen und sich künftig voraussichtlich noch verschärfenden Knappheit an finanziellen Ressourcen im Gesundheitssystem kein Anlass besteht, die Bedeutung zusätzlich entstehender Kosten gering zu schätzen. Bei einer Dialysebehandlung über mehrere Jahre müssen Behandlungskosten von immensem Umfang ins Kalkül gezogen werden. Insofern ist festzuhalten, dass das Kostenargument Berücksichtung finden muss und gegen die Legitimation der Subsidiaritätsregelung spricht.

---

603 Siehe oben D.II.

604 Gutmann/Schroth in Oduncu/Schroth/Vossenkuhl, Transplantation, S. 271 (283).

605 Zylka-Menhorn, Deutsches Ärzteblatt 99 (2001), A 1727; Hohmann, Das Transplantationswesen in Deutschland, Österreich und der Schweiz, S. 84 f.

7. Wertschätzung gegenüber dem Lebendspender

So wie die Befürworter des Subsidiaritätsprinzips sich auf den „ethischen Respekt" vor der Entscheidung des Lebendspenders berufen, weshalb auf diese nicht unnötig zurückgegriffen werden dürfe[606], verweisen auch diejenigen, die sich für eine Ausweitung der Lebendspende entgegen dem Subsidiaritätsprinzip aussprechen, auf die Wertschätzung gegenüber der Entscheidung des Lebendspenders. Organspende sei „Ausdruck von Menschenliebe"[607]. Teilweise wird argumentiert, trotz Reduktion der gesundheitlichen Beschaffenheit des Spenders ergebe sich für diesen ein Vorteil „aus der direkten, engen persönlichen Beziehung zum Empfänger"[608], weshalb die Lebendorganspende akzeptiert und zugelassen werden müsse. *Hohmann* bringt sogar vor, „in einer Gesellschaft, in der gemeinschaftliches Verhalten und Hilfsbereitschaft immer stärker in den Hintergrund treten und der Einzelne nur noch seinen eigenen Vorteil im Blick hat"[609], dürfe „Menschen, die dem entgegenwirken wollen, dieser Schritt nicht versperrt werden"[610].

Die vorstehende Formulierung von *Hohmann* mag etwas weit gehen, da zweifelhaft ist, ob die Bereitschaft von Personen zur Lebendorganspende geeignet ist, einen gesamtgesellschaftlichen Mangel an gemeinschaftlichem Verhalten und Hilfsbereitschaft entgegen zu wirken, insofern denn dieser pessimistische soziologische Befund überhaupt zutreffen sollte. Ob die Lebendorganspende für den Spender, wenn man isoliert nur diesen betrachtet, unter dem Strich vorteilhaft ist, da der Vorteil aus der direkten, engen persönlichen Beziehung zum Empfänger die gesundheitlichen Nachteile überwiege, ist zumindest diskussionswürdig. Letztlich wird es kaum möglich sein, eine solche Abwägung zwischen einem möglichen psychologischen Vorteil und einem somatischen Nachteil messbar zu machen.

---

606 Bereits oben dargestellt unter I.I.3.

607 So der Präsident der Bundesärztekammer *Jörg-Dietrich Hoppe*, zitiert in Klinkhammer, Deutsches Ärzteblatt 99 (2002) A 2241 (A 2243).

608 So formuliert in der Antwort der parlamentarischen Sekretärin *Christa Nickels* vom 23.04.1999 auf die Frage der Abgeordneten *Christa Reichard* hin, welche Überlegungen es seitens der Bundesregierung gebe, eine Erweiterung der Zulässigkeit der Organentnahme in Deutschland zu ermöglichen, BT-Drs. 14/868, S. 21.

609 Hohmann, Das Transplantationswesen in Deutschland, Österreich und der Schweiz, S. 85.

610 Hohmann, Das Transplantationswesen in Deutschland, Österreich und der Schweiz, S. 85.

Unabhängig davon bleibt jedoch als Argument stehen, dass die Entscheidung des Lebendorganspenders, der sich zur Hergabe eines Organs bzw. Organteils zu Gunsten eines anderen Menschen bereit erklärt und dafür eine Operation und gesundheitliche Risiken in Kauf nimmt, unzweifelhaft Hochachtung und Respekt verdient. Dieser Gesichtspunkt mag über die bereits oben angesprochene[611] Patientenautonomie hinaus als zusätzlicher Aspekt contra die Subsidiaritätsregelung in die Abwägung mit einfließen.

---

611 Siehe dazu oben Punkt I.II.2.

J) Fazit und These von der „faktischen Subsidiarität"

Nach dem bisher Erörterten ist Folgendes festzuhalten: Zumindest ausgehend von der derzeitigen Situation in Bezug auf die langen Wartezeiten ist die Lebendorganspende, was die Erfolgsaussichten für den Empfänger betrifft, der Totenspende in medizinischer Hinsicht überlegen. Bei zutreffender juristischer Auslegung des Wortlauts des § 8 Abs. 1 S. 1 Nr. 3 TPG entfaltet die Subsidiaritätsregelung in der Praxis eine – wenn auch angesichts der derzeit langen Wartezeiten begrenzt auf relativ wenige Sachverhalte – normative Wirkung. Im Rahmen einer ethischen Betrachtung lässt sich die Lebendorganspende legitimieren, insbesondere unter dem Gesichtspunkt der Patientenautonomie des Spenders, wobei der Selbstbestimmung Grenzen gesetzt werden können. Die Subsidiaritätsregelung des § 8 Abs. 1 S. 1 Nr. 3 TPG ist ein paternalistischer Akt des Gesetzgebers; hieraus folgt jedoch nicht automatisch die Unzulässigkeit dieser Norm. Insbesondere in Anbetracht des dem Gesetzgeber zustehenden Gestaltungsspielraumes ist die Regelung des § 8 Abs. 1 S. 1 Nr. 3 TPG auch verfassungsrechtlich nicht zu beanstanden.

Beleuchtet man die in der Diskussion um die Legitimation der Subsidiaritätsregelung pro und contra vorgebrachten Argumente, ist nach dem oben Ausgeführten für die Legitimation der Subsidiaritätsregelung berücksichtigungsfähig das Argument der Beschränkung der Lebendorganspende lediglich als ultima ratio. Nicht stichhaltig als Argument für die Subsidiaritätsregelung ist insbesondere die vom Gesetzgeber in der Begründung des Gesetzesentwurfes vorgebrachte Befürchtung, die Lebendspende solle nicht dazu führen, dass das Bemühen um postmortale Organspender vernachlässigt werde.

Gegen die Legitimation der Subsidiaritätsregelung sind als berücksichtigungsfähig in die Abwägung einzustellen das medizinische Argument der besseren Erfolgsaussichten der Lebendorganspende gegenüber der Totenspende, eine weit reichende Einschränkung der Patientenautonomie des Spenders, die Geltung der Vorschrift auch für Patienten mit Vorbehalten gegenüber Leichenorganen – mit Einschränkungen –, im Rahmen der Organallokation das Vorenthalten eines postmortal entnommenen Organs für den nächsten Patienten auf der Warteliste sowie das Argument der beträchtlichen Kostenersparnis. Unter dem Strich sprechen mithin wesentlich mehr Argumente gegen als für die Beibehaltung der Subsidiaritätsregelung. Selbstverständlich ist jedoch die bloße Anzahl an Argumenten nicht ausschlaggebend.

Betrachtet man die gegeneinander streitenden Positionen, so steht auf der einen Seite vor allem der gesamtgesellschaftliche und politische Ansatz des Gesetzgebers, wonach das Bemühen um postmortale Organspender nicht vernachlässigt und deshalb der postmortalen Organspende der Vorrang eingeräumt werden soll. Dies kann man zutreffend als „Makro-Subsidiarität"[612] bezeichnen.

Auf der anderen Seite wird auf individueller Ebene durch § 8 Abs. 1 S. 1 Nr. 3 TPG für den Fall, dass zum Zeitpunkt der Organentnahme ein geeignetes Organ eines Leichenspenders zur Verfügung steht, die Durchführung der Lebendorganspende untersagt. Dies stellt eine „Mikro-Subsidiarität"[613] dar. Auf den Punkt gebracht könnte man sagen, dass der Gesetzgeber mit der strafrechtlichen Verbotsnorm des § 8 Abs. 1 S. 1 Nr. 3 TPG die Mikro-Subsidiarität einsetzt, um das politische Ziel der Makro-Subsidiarität gesamtgesellschaftlich zu erreichen.

Eine solche Vorgehensweise des Gesetzgebers ist jedoch nach Ansicht des Verfasser verfehlt und nicht zu tolerieren. Dass das gesamtgesellschaftliche Bemühen um die Gewinnung postmortaler Organspender nicht vernachlässigt, sondern intensiviert werden sollte, ist ein legitimes und unterstützenswertes Ziel des Gesetzgebers. Dies kann aber nicht Legitimation dafür sein, im konkreten Einzelfall die Patientenautonomie des potentiellen Lebendspenders derart einzuschränken und dem Empfänger in einer bestimmten medizinischen Sachverhaltskonstellation nur die Transplantation des Organs eines toten Spenders zu erlauben. Man muss sich vor Augen führen, dass es hier um erhebliche gesundheitliche Beeinträchtigungen und Risiken für den Empfänger geht.

Dem Gesetzgeber stehen zahlreiche andere Möglichkeiten zur Verfügung, um das Ziel der Gewinnung von mehr postmortalen Organspendern zu erreichen. Z.B. verstärkte Aufklärungskampagnen zur Erhöhung der Spendebereitschaft in der Bevölkerung oder insbesondere auch die Verbesserung des Verfahrensablaufes und der Organisation der Entnahme von Organen bei hirntoten Patienten, um zu erreichen, dass die derzeit zur Verfügung stehenden Ressourcen an postmortal zu entnehmenden Organen bei bestehender Spendebereitschaft überhaupt ausgeschöpft werden, dürften viel wirkungsvoller sein als die Subsidiaritätsregelung in § 8 Abs. 1 S. 1 Nr. 3 TPG, der ohnehin nur eine geringe praktische Relevanz zukommt.

Wenn aber im Anwendungsbereich dieser Norm sich die normative Wirkung im konkreten Einzelfall entfaltet, ist die Beeinträchtigung der Autonomie des potentiellen Lebendspenders und der Gesundheit des Organempfängers

---

612 Breyer/van den Daele/Engelhard/Gubernatis u.a., Organmangel S. 124.
613 Breyer/van den Daele/Engelhard/Gubernatis u.a., Organmangel S. 124.

immens. Man kann in diesem Zusammenhang von einer „staatlich angeordneten Instrumentalisierung"[614] der Betroffenen im Einzelfall zu Gunsten einer gesamtgesellschaftlichen und politischen Zielsetzung des Gesetzgebers sprechen. Beurteilt man Makro- und Mikro-Subsidiarität im Sinne einer Zweck-Mittel-Relation, rechtfertigt der paternalistische Eingriff des Gesetzgebers im konkreten Einzelfall nicht die vom Gesetzgeber verfolgte Intention auf gesamtgesellschaftlicher Ebene.

Vor diesem Hintergrund ist § 8 Abs. 1 S. 1 Nr. 3 TPG in seiner derzeitigen Fassung nach Ansicht des Verfassers verfehlt. In Hinblick auf die gesetzliche Regelung der Subsidiarität in § 8 Abs. 1 S. 1 Nr. 3 TPG könnte man eine diskussionswürdige Grundhaltung im deutschen Ethikverständnis ausmachen, wonach „Missbrauchsverhütung vor autonomer Entscheidung des Individuums kommt"[615].

Die Aufhebung dieser Vorschrift hätte auch eine weitere nach Auffassung des Verfassers vorteilhafte Konsequenz: Würde das Prinzip der Subsidiarität der Lebendorganspende auf gesetzlicher Ebene fallen gelassen, könnte man politisch legitim Ärzte dazu anhalten, insbesondere ihre kranken Patienten gezielt auf die Möglichkeit und ggf. die Vorteile einer Lebendorganspende hinzuweisen.[616] In diesem Zusammenhang propagiert *Lilie*, in bestimmten Konstellationen wie der Überkreuz-Lebenspende die „in der Praxis existierende Scheinsubsidiarität der Lebendorganspende durch rechtliche Regelungen aus der juristischen Grauzone zu holen"[617].

Selbstverständlich darf dies nicht dazu führen, dass die Bemühungen um postmortale Organspender vernachlässigt werden. Auch muss man das latente Risiko einer Strategie des aktiven Werbens für die Lebendspende im Blick haben, wodurch auf gesamtgesellschaftlicher Ebene zusätzlicher sozialer Druck zur Lebendspende aufgebaut und in Folge dessen im konkreten Fall z.B. durch Angehörige Druck auf den potentiellen Lebendspender ausgeübt werden könnte.[618] Hier gilt es, Vorkehrungen zu treffen, insbesondere was eine sorgfältige Prüfung der Freiwilligkeit der Spenderentscheidung durch die Lebendspendekommissionen angeht.

Parallel zur Lebendorganspende müssten Maßnahmen zur Steigerung des Aufkommens postmortal gespendeter Organe ergriffen werden. Wenn dann jedoch die Lebendspende als zusätzliche Möglichkeit der Gewinnung von Organen

---

614 Gutmann/Schroth, Organlebendspende in Europa, S. 28.
615 Baumann, Ethik in der Medizin 10 (1998) 43 (44).
616 Breyer/van den Daele/Engelhard/Gubernatis u.a., Organmangel S. 125.
617 Zitiert nach Siegmund-Schultze, Deutsches Ärzteblatt 104 (2007), A 2992 (A 2994).
618 Breyer/van den Daele/Engelhard/Gubernatis u.a., Organmangel S. 125.

zwecks Transplantation – allerdings unter der Voraussetzung eines vertretbaren medizinischen Risikos und hinreichender Aufklärung der Spender – hinzutreten würde, wäre dies gesamtgesellschaftlich zielführend.

Teilweise wird in der Literatur diskutiert, angesichts der erheblich größeren Risiken für den Spender die Subsidiaritätsregelung auf die Lebendspende von Leberteilen oder Lungensegmenten zu beschränken.[619] Dies ist jedoch nach Ansicht des Verfassers abzulehnen.[620]

Der Unterschied bei Leberteilen oder Lungensegmenten besteht in einem erhöhten medizinischen Risiko für den Spender. Dem wird jedoch bereits dadurch Rechnung getragen, dass zum einen gem. § 8 Abs. 1 S. 1 Nr. 1 c) TPG als Voraussetzung für die Zulässigkeit der Organentnahme das medizinische Risiko für den Spender begrenzt wird. Zum anderen sieht § 8 Abs. 2 TPG eine umfangreiche Aufklärung des Spenders, und zwar auch hinsichtlich der mittelbaren Folgen und Spätfolgen der beabsichtigten Organentnahme für seine Gesundheit vor. Nach Ansicht des Verfassers werden hierdurch Rechte und Interessen des potentiellen Lebendorganspenders hinreichend geschützt, so dass auch die Lebendspende von Leberteilen oder Lungensegmenten betreffend eine gesetzliche Normierung der Subsidiarität der Lebendorganspende gegenüber der Leichenspende nicht angezeigt ist.

Als Randbemerkung in Bezug auf gesetzlichen Änderungsbedarf ist noch darauf hinzuweisen, dass *Schreiber* darin zuzustimmen ist, dass unter der Prämisse, dass am Subsidiaritätsprinzip festgehalten werden soll, eine gesetzliche Klarstellung dahingehend erfolgen sollte, die Aufnahme des Empfängers einer Lebendspende auf der Warteliste für die postmortale Organspende zur Voraussetzung zu machen und explizit gesetzlich zu regeln.[621]

Ausgehend von der Aufrechterhaltung der Subsidiaritätsvorschrift des § 8 Abs. 1 S. 1 Nr. 3 TPG wäre dies anzuraten und erforderlich, um die normative Wirkung der Vorschrift zu sichern gegenüber den Kritikern, die eine Pflicht zur

---

619 Gutmann, Für ein neues Transplantationsgesetz, S. 84; Gutmann, Stellungnahme zur öffentlichen Anhörung „Organlebendspende" der Enquete-Kommission „Ethik und Recht modernen Medizin" v. 01. März 2004, Kom.-Drs. 15/135, S. 13.

620 Im Ergebnis lehnt dies auch *Gutmann* ab, siehe Gutmann, Für ein neues Transplantationsgesetz, S. 84; Gutmann, Stellungnahme zur öffentlichen Anhörung „Organlebendspende" der Enquete-Kommission „Ethik und Recht modernen Medizin" v. 01.03.2004, Kom.-Drs. 1515/135, S. 13.

621 Schreiber, Stellungnahme zur öffentlichen Anhörung „Organlebendspende" der Enquete-Kommission „Ethik und Recht modernen Medizin" v. 01.03.2004, Kom.-Drs. 15/139a, S. 4.

Aufnahme in die Warteliste nicht als gegeben ansehen[622]. Wenn man die Pflicht zur Aufnahme in die Warteliste ausdrücklich regeln und gesetzlich festschreiben würde, könnte nicht die Rechtsauffassung propagiert werden, trotz bestehender Subsidiaritätsvorschrift bestehe keine Verpflichtung zur Aufnahme des potentiellen Organspenders auf die Warteliste, wodurch die Wirkung der Subsidiaritätsregelung in der Praxis ausgehebelt würde. Durch eine solche gesetzliche Klarstellung würde der intendierte Normzweck gesichert.

Resümierend ist nach Ansicht des Verfassers eine gesetzliche Regelung der Subsidiarität der Lebendorgansspende gegenüber der Leichenspende abzulehnen. In diesem Zusammenhang wird vom Verfasser im Gegensatz zu einer gesetzlich angeordneten Subsidiarität die These von einer „faktischen Subsidiarität" vertreten.

Auch wenn selbstverständlich dies nicht für alle Personen verallgemeinernd mit absoluter Gültigkeit behauptet werden kann, kann doch davon ausgegangen werden, dass selbst bei grundsätzlicher Bereitschaft zur Lebendspende der potentielle Lebendspender sich dies genau überlegen und medizinisches Risiko und Nutzen abwägen wird. Eine Befragung im Rahmen einer Studie von *Hirte* und *Stötzner*, veröffentlicht im Jahre 2000, ergab eine überwiegende Zurückhaltung gegenüber der Lebendspende aufgrund gesundheitlicher Bedenken, wobei diese Bedenken der befragten Patienten größer waren als die tatsächlich bestehenden medizinischen Risiken.[623]

Es kann als faktischer Regelfall angenommen werden, dass ein vernünftig und rational denkender Mensch eine Lebendspende dann nicht durchführen wird, wenn eine begründete Aussicht auf baldige Transplantation eines geeigneten Organs eines postmortalen Spenders über die Warteliste besteht.[624] Besonders deutlich – aber nicht beschränkt auf diese Sachverhaltskonstellation – wird dieses Argument vor dem Hintergrund von Old-for-Old-Programmen, insbesondere dem von Eurotransplant entwickelten Eurotransplant-Senior-Program (ESP), im Rahmen dessen Patienten mit Erreichen des 65. Lebensjahres viel schneller ein Organ bekommen als in den vorangegangenen Jahren auf der Warteliste. Hier findet sich die faktische Subsidiarität abgebildet und wirkt sich dahingehend aus,

---

622 Vgl. oben Punkt D.II.

623 Hirte/Stötzner in Künsebeck/Muthny, Einstellungen zur Organspende und ihre klinische Relevanz, S. 85 (96 f.).

624 So auch Neuhaus, Stellungnahme zur öffentlichen Anhörung „Organlebendspende" der Enquete-Kommission „Ethik und Recht modernen Medizin" v. 01.03.2004, Kom.-Drs. 15/151, S. 3.

dass mit Erreichen des Alters, in dem der Patient in die Sonderallokation gerät, eine Lebendspende eher nicht mehr zum Tragen kommt.

Akzentuierend soll dabei hervorgehoben werden, dass bei der Annahme der These der „faktischen Subsidiarität" davon ausgegangen wird, dass tatsächlich ein geeignetes postmortal gespendetes Organ zur Verfügung steht und implantiert werden kann. Nichts anderes ist jedoch Tatbestandsvorrausetzung des § 8 Ab. 1 S. 1 Nr. 3 TPG. Vor diesem Hintergrund kann von einer „faktischen Subsidiarität" der Lebendorganspende gegenüber der Totenspende ausgegangen werden, ohne dass es hierfür einer strafrechtlichen Verbotsnorm bedürfte.

Dabei wird nicht verkannt, dass wenn die Subsidiaritätsvorschrift des § 8 Abs. 1 S. 1 Nr. 3 TPG gestrichen werden sollte, davon ausgegangen werden muss, dass Fälle vorkommen würden, in denen entgegen dem Regelungsgehalt der Subsidiaritätsregelung des derzeit geltenden § 8 Abs. 1 S. 1 Nr. 3 TPG sich trotz zur Verfügungsstehens eines geeigneten postmortal entnommenen Organs Personen zur Lebendspende und Hergabe eines Organs bzw. Organteiles bereit erklären würden. Diese Fälle wären jedoch über § 8 Abs. 1 S. 1 Nr. 1 c) TPG und Abs. 2 TPG zu lösen. Bei einem nicht mehr vertretbaren medizinischen Risiko für den Spender wäre die Organentnahme zwecks Transplantation gem. § 8 Abs. 1 S. 1 Nr. 1c) TPG ohnehin nicht zulässig. Ansonsten würde in jedem Fall der potentielle Lebendspender nach Maßgabe des § 8 Abs. 2 TPG umfangreich und hinreichend aufgeklärt. Insofern die vorstehend genannten und im Gesetz bereits verankerten Voraussetzungen vorliegen sollten, würden nach Ansicht des Verfassers keine Bedenken gegen die Durchführung der Lebendorganspende bestehen. Vor dem Hintergrund der Patientenautonomie des Lebendspenders wäre die Organentnahme zwecks Transplantation dann vorzunehmen.

Im Ergebnis propagiert der Verfasser, die gesetzliche Regelung der Subsidiarität der Lebendorganspende gem. § 8 Abs. 1 S. 1 Nr. 3 TPG ersatzlos zu streichen.

Die Reihe RECHT UND MEDIZIN wird von den Professoren Deutsch (†) (Göttingen), Kingreen, Kern (Leipzig), Laufs (†) (Heidelberg), Lilie (Halle a.d. Saale), Schreiber (Hannover) und Spickhoff (München) herausgegeben. Ihre Aufgabe ist es, Monographien und Dissertationen auf dem Gebiet des Medizinrechts zu veröffentlichen. Dieses Gebiet, das an Bedeutung noch zunehmen wird, umfasst auf der juristischen Seite sowohl zivilrechtliche als auch straf- und öffentlich-rechtliche Fragestellungen. Die Fragen können von der juristischen oder von der medizinischen Seite aus untersucht werden. Übergreifendes Ziel ist es, den medizinrechtlichen Fragen nicht etwa ein gängiges juristisches Denkschema überzuwerfen, sondern die besonderen Probleme der Regelung medizinischer Sachverhalte eigenständig aufzufassen und darzustellen.

Manuskriptzusendungen an die Herausgeber bitte per Brief- bzw. Paketpost. Die Adressen der Herausgeber sind:

Prof. Dr. Bernd-Rüdiger Kern (Zivilrecht, Rechtsgeschichte und Arztrecht)
Universität Leipzig
Juristenfakultät / Lehrstuhl für Bürgerliches Recht, Rechtsgeschichte
und Arztrecht
Burgstraße 27
04109 Leipzig

Prof. Dr. Hans Lilie (Strafrecht, Strafprozessrecht und Medizinrecht)
Martin-Luther-Universität Halle-Wittenberg
Juristische Fakultät: Strafrecht
Universitätsplatz 6
06108 Halle a.d. Saale
hans.lilie@jura.uni-halle.de

Prof. Dr. Dr. h.c. Hans-Ludwig Schreiber (Strafrecht und Rechtstheorie)
Grazer Str. 14
30519 Hannover

Prof. Dr. Andreas Spickhoff (Zivil- und Zivilprozessrecht, Internationales und
Vergleichendes Medizinrecht; federführender Reihenherausgeber)
Lehrstuhl für Bürgerliches Recht und Medizinrecht
Forschungsstelle für Medizinrecht
Juristische Fakultät
Ludwigstraße 29/I
80539 München

RECHT UND MEDIZIN

Band 1 Erwin Deutsch: Das Recht der klinischen Forschung am Menschen. Zulässigkeit und Folgen der Versuche am Menschen, dargestellt im Vergleich zu dem amerikanischen Beispiel und den internationalen Regelungen. 1979.

Band 2 Thomas Carstens: Das Recht der Organtransplantation. Stand und Tendenzen des deutschen Rechts im Vergleich zu ausländischen Gesetzen. 1979.

Band 3 Moritz Linzbach: Informed Consent. Die Aufklärungspflicht des Arztes im amerikanischen und im deutschen Recht. 1980.

Band 4 Volker Henschel: Aufgabe und Tätigkeit der Schlichtungs- und Gutachterstellen für Arzthaftpflichtstreitigkeiten. 1980.

Band 5 Hans Lilie: Ärztliche Dokumentation und Informationsrechte des Patienten. Eine arztrechtliche Studie zum deutschen und amerikanischen Recht. 1980.

Band 6 Peter Mengert: Rechtsmedizinische Probleme in der Psychotherapie. 1981.

Band 7 Hazel G.S. Marinero: Arzneimittelhaftung in den USA und Deutschland. 1982.

Band 8 Wolfram Eberbach. Die zivilrechtliche Beurteilung der *Humanforschung*. 1982.

Band 9 Wolfgang Deuchler: Die Haftung des Arztes für die unerwünschte Geburt eines Kindes ("wrongful birth"). Eine rechtsvergleichende Darstellung des amerikanischen und deutschen Rechts. 1984.

Band 10 Hermann Schünemann: Die Rechte am menschlichen Körper. 1985.

Band 11 Joachim Sick: Beweisrecht im Arzthaftpflichtprozeß. 1986.

Band 12 Michael Pap: Extrakorporale Befruchtung und Embryotransfer aus arztrechtlicher Sicht; insbesondere: Der Schutz des werdenden Lebens in vitro. 1987.

Band 13 Sabine Rickmann: Zur Wirksamkeit von Patiententestamenten im Bereich des Strafrechts. 1987.

Band 14 Joachim Czwalinna: Ethik-Kommissionen - Forschungslegitimation durch Verfahren. 1987.

Band 15 Günter Schirmer: Status und Schutz des frühen Embryos bei der *In-vitro*-Fertilisation. Rechtslage und Diskussionsstand in Deutschland im Vergleich zu den Ländern des angloamerikanischen Rechtskreises. 1987.

Band 16 Sabine Dönicke: Strafrechtliche Aspekte der Katastrophenmedizin. 1987.

Band 17 Erwin Bernat: Rechtsfragen medizinisch assistierter Zeugung. 1989.

Band 18 Hartmut Schulz: Haftung für Infektionen. 1988.

Band 19 Herbert Harrer: Zivilrechtliche Haftung bei durchkreuzter Familienplanung. 1989.

Band 20 Reiner Füllmich: Der Tod im Krankenhaus und das Selbstbestimmungsrecht des Patienten. Über das Recht des nicht entscheidungsfähigen Patienten, künstlich lebensverlängernde Maßnahmen abzulehnen. 1990.

Band 21 Franziska Knothe: Staatshaftung bei der Zulassung von Arzneimitteln. 1990.

Band 22 Bettina Merz: Die medizinische, ethische und juristische Problematik artifizieller menschlicher Fortpflanzung. Artifizielle Insemination, In-vitro-Fertilisation mit Embryotransfer und die Forschung an frühen menschlichen Embryonen. 1991.

Band 23 Ferdinand van Oosten: The Doctrine of Informed Consent in Medical Law. 1991.

Band 24 Stephan Cramer: Genom- und Genanalyse. Rechtliche Implikationen einer "Prädiktiven Medizin". 1991.

www.peterlang.com

MIX

Papier | Fördert
gute Waldnutzung

FSC® C083411

Zeitfracht Medien GmbH
Ferdinand-Jühlke-Straße 7
99095 Erfurt, Deutschland
produktsicherheit@kolibri360.de

Druck:
CPI Druckdienstleistungen GmbH
im Auftrag der
Zeitfracht Medien GmbH
Ein Unternehmen der Zeitfracht - Gruppe
Ferdinand-Jühlke-Str. 7
99095 Erfurt